ニューロサイコアナリシスへの招待
Introduction to Neuropsychoanalysis 岸本寛史 編著

誠信書房

口絵 1　　　　　　　　　　　図 9-1

口絵 2　　　　　　　　　　　図 9-2

口絵 3　　　　　　　　　　　図 9-3

口絵 4　　　　　　　　　図 9-4

口絵 5　　　　図 9-6

口絵 6　　図 9-7

口絵 7　　　　　　　　　　図 9-9

口絵 8　　　　　　　　　　図 9-10

口絵 9　　　　　　　　　　図 9-11

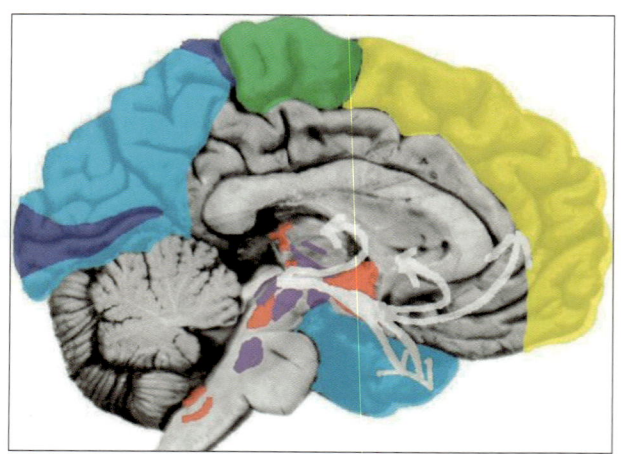

口絵 10

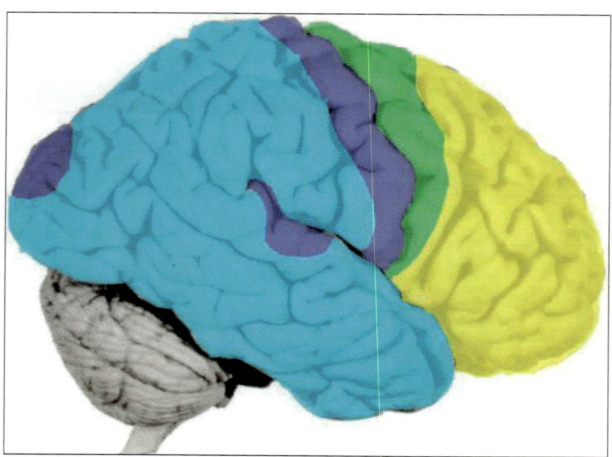

口絵 11

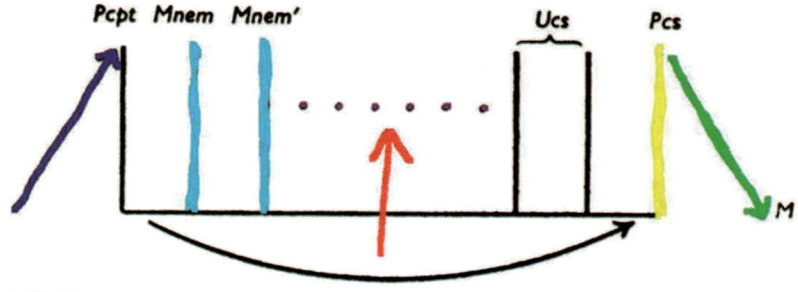

口絵 12

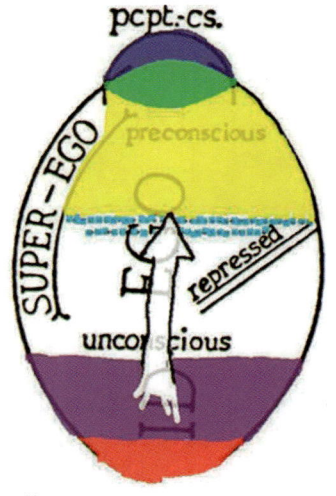

口絵 13

［口絵 10 〜 13 は Solms（2013）より引用］

口絵 14　　　　　図 10-3　箱庭①

口絵 15　　　　　図 10-4　箱庭④

口絵 16　　　　　図 10-5　箱庭⑦

はじめに

　本書はタイトルの通り，ニューロサイコアナリシス（神経精神分析，Neuropsychoanalysis, NPSA）という新たな学問分野を紹介することを目的としている。ブレイン・サイエンス（脳科学）やニューロサイエンス（神経科学）は，日進月歩どころか分進秒歩の勢いで進歩を遂げ，膨大な数の科学的知見が日々量産されている。書店に行くと，脳科学やニューロサイエンスに関連する書籍が，翻訳書も含め，専門書から一般向けの書まで，書棚を賑わせており，このフィールドへの関心の高さが窺われる。

　しかしながら，本書で紹介しようとするニューロサイコアナリシス（神経精神分析）は，これらの動向とは一線を画したユニークな取り組みであると編者は考えている。それは，脳科学と精神分析の二つを，一方を他方に還元したり，一方を他方の証明に用いたりするのではなく，まったく同等の重みを持って，「心そのもの」を複眼視しようとしているからである。少なくとも，ニューロサイコアナリシスの創始者，マーク・ソームズにはその姿勢が徹底している。脳科学と精神分析を並べると，科学性，客観性，実証性などの点で脳科学の方にプライオリティを置きたくなるかもしれない。実際，意識を研究する著名な科学者の多くが，客観的な脳科学の方法のみを重視し，主観的な観点を取ることを排除している（第4章参照）。しかしそれとは対照的に，ソームズは，客観的な脳科学の方法と主観から迫る精神分析のアプローチをまったく対等に重視している。その姿勢に私はとても惹かれるのである。今回，この学会を通じて知り合った仲間とともにニューロサイコアナリシスに関する書物をまとめることができたのは大変嬉しい。

　前半（第1章から第5章）ではこの新たな学問について，できるだけ創始者の意図が伝わるように紹介することに努めた。第1章ではニューロサイコアナリシスが成立するに至った背景について述べたが，フロイトとユングの邂逅にも匹敵すべき，カンデル（2000年にノーベル医学生理学賞受賞）とソームズの出会いについても触れている。二人の実際の出会いだけでなく，ソームズがカンデルの論文に触発され，励まされてこの領域を開拓していっ

たという点についても述べている。

　第2章では，ニューロサイコアナリシスの学会成立後の展開について，ミラーニューロンや共感といった最新のトピックについても触れながら紹介している。第3章では，学会の成立時の一つの目玉ともいえる，ソームズとホブソンの夢をめぐる論争について紹介している。第4章ではニューロサイコアナリシスの定義について，そして第5章では，数あるテーマの中から最近ソームズらが発表した「欲動」に関する議論を紹介している。

　後半では，われわれの取り組みについても述べている。第6章と第7章では，ヒステリーとトラウマという精神分析の核心をなすテーマについて，久保田が精神分析と脳科学を融通無碍に行き来しながら論じている。第8章では，成田が，ニューロサイコアナリシスの脳科学の重要な柱の一人であるパンクセップの考えを紹介しながら感情について論じている。第9章では脳の器質的損傷を持つ患者と豊富な臨床体験を重ねた秋本が自らの臨床事例について，第10章では平尾がモントリオールでわれわれのグループが発表した臨床事例にも触れながら臨床研究について，論じている。最終章ではソームズの革新的なアイデアをまとめた「コンシャス・イド」という論文を紹介するというラインナップになっている。

　最後に用語の問題について述べておきたい。欧米の学問を取り入れるときには避けられない問題であるが，たとえば，neuroscience を，漢字を用いて「神経科学」と翻訳するか，「ニューロサイエンス」とカタカナ表記するかは悩ましい問題である。漢字による翻訳は，日本が欧米の学問，思想，文化を取り入れつつもそれに呑み込まれることなく日本独自の発展を遂げる原動力となるものであるから，単に文字数の節約にとどまらない意義を持つ。一方で，たとえば漢字で表される「神経」という言葉は，既に日本語として長く使われてきており，独自の意味フィールドを持っている。「神経科」「神経症」「神経内科」「神経が細い」「神経の病」といった言葉から推察されるように，一つひとつの神経細胞を指す neuron という言葉にはない広がりを持っている。neuroscience を「神経科学」と訳してしまうと，「神経」という言葉が元々持っている意味フィールドに引きずられ，ニューロンに焦点を当てた科学というニュアンスが後退してしまうことが懸念される。ニューロンという言葉もある程度人口に膾炙した現状では，「神経科学」という漢字

によって生み出される意味フィールドより,「ニューロサイエンス」というカタカナ表記をする方が, neuroscience という言葉本来の意味フィールドに近くなる。執筆者の間でもさまざまな意見があり, 結局, 双方の利点と欠点を勘案し, 本書では一方に統一するということはしなかった。このような用語として, neuroscience の他に neuropsychoanalysis（神経精神分析／ニューロサイコアナリシス）, affective neuroscience（感情神経科学／アフェクティブ・ニューロサイエンス）, SEEKING system（探求システム／SEEKING システム）などがある。ご了承いただければ幸いである。

2015 年 8 月 29 日

岸本寛史

目　　次

はじめに　*i*

第 1 章　ニューロサイコアナリシスの源流　　　　　　　　　　　　　　1
　　　■ 岸本寛史
　　「もう 5 時だね」　*1*
　　作　話　*3*
　　マーク・ソームズの視線　*4*
　　神経外科の病棟へ　*6*
　　当時の夢の基礎研究の状況　*7*
　　夢見の臨床解剖学　*10*
　　ソームズの研究成果の反響　*13*

第 2 章　ニューロサイコアナリシスのはじまりと展開　　　　　　　　　19
　　　■ 平尾和之
　　はじめに　*19*
　　神経精神分析のはじまり　*20*
　　神経精神分析の展開　*22*
　　心理療法において脳の水準では何が起こっているのか？　*24*
　　神経科学の視点と精神分析・心理療法の視点を重ねること　*26*
　　神経科学は精神分析・心理療法に実りをもたらすのか？　*27*
　　おわりに　*30*

第 3 章　夢のニューロサイコアナリシス　　　　　　　　　　　　　　　32
　　　■ 平尾和之
　　夢の神経科学にもたらされた二つの新しい知見　*32*
　　ホブソンによる夢の神経科学モデル　*36*
　　ソームズによる夢のドーパミン仮説　*38*
　　フロイトの亡霊？　*40*
　　ホブソンのフロイト批判――夢は隠すのではなく，露わにしている　*42*
　　ソームズの反論――夢＝レム睡眠ではない　*44*
　　夢に潜在内容はあるのか？――精神分析の経験から　*46*
　　夢論争を通して見えてくるもの　*48*
　　精神分析と神経科学の両面から心／脳の現象を捉えること　*50*

v

第4章　ニューロサイコアナリシスの基盤 ──────── 56
■ 岸本寛史

ニューロサイコアナリシスとは何か　56

歴史的基盤　57

哲学的基盤　58

科学的基盤　60

ニューロサイコアナリシスではないもの　62

第5章　ニューロサイコアナリシスから見たフロイト理論 ──── 66
■ 岸本寛史

検討に入る前に　66

フロイトの欲動概念　72

欲動の神経的相関物　76

フロイトの感情理論　83

感情の神経的相関物　87

複眼視によって見えてくること　89

第6章　ヒステリーからの問い ──────── 96
■ 久保田泰考

神経精神分析の故郷　96

ヒステリーとアニメ　クララ　97

ヒステリー・神学・医学　98

われわれはまだ「ヒステリーの時代」にいる　100

右手をあげてみて下さい　101

ヒステリーとサイボーグ　105

精神療法のSF的極北　108

再び「最初の症例」について　109

転移の現実性　110

誰が欲望するのか？　112

第7章　トラウマとその帰結 ──────── 118
■ 久保田泰考

私たちはどこにいるのか　118

新しいPTSD観？　120

原初的な外傷──神話としての　123

トラウマを再生する身体　126

トラウマ──予測しがたいものを「反復」する脳　*129*
なぜ反復するのか　*133*
繰り返される条件付け　*135*
反復する希望　*137*

第8章　感情神経科学との接合によって開かれる世界 ― *143*
■ 成田慶一

筆者の臨床心理学とニューロサイコアナリシス，そして感情神経科学との邂逅　*143*
感情神経科学における感情の扱われ方　*144*
七つの基本感情システム　*148*
感情神経科学パーソナリティ尺度：ANPS　*152*
ANPSが切り開く世界観　*154*

第9章　脳損傷のリハビリテーションとニューロサイコアナリシス ― *162*
──架け橋としての箱庭療法
■ 秋本倫子

はじめに　*162*
筆者の背景と心理リハビリテーション　*163*
高齢脳損傷者との心理療法　*165*
京都NPSAスタディ・グループとの出会い　*168*
事例を通しての理解　*169*
ニューロサイコアナリシスから見た脳損傷者に対する心理療法　*185*
おわりに　*187*

第10章　ニューロサイコアナリシスの臨床研究 ― *191*
■ 平尾和之

はじめに　*191*
脳損傷をもつクライエントへの心理療法　*191*
精神科臨床における薬物療法と心理療法　*199*
おわりに　*203*

第11章　コンシャス・イド ― *205*
■ 岸本寛史

二つの身体　*205*
意識と無意識　*210*

もしイドが意識的だとしたら……　*222*
　　　ソームズはフロイトの信奉者ではない　*225*

おわりに　*227*

人名索引　*229*

事項索引　*232*

第1章
ニューロサイコアナリシスの源流

岸本寛史

「もう5時だね」

　ある病棟での会話。

> 患者　「もう5時だね」。
> 看護師「いや，まだ10時10分ですよ」。
> 患者　「いや，もう5時だ。もうすぐバフィー（彼の妻の名）が来るよ」。
> 看護師「5時まではまだまだ時間がありますよ」。
> 患者　「そんなはずはない。（あたりをきょろきょろ見回して）やっぱり5時じゃないか。ほら」。
> 　彼が指をさした先には禁煙マーク（赤い円に斜線が引いてある）があった。そのマークを見て，自分の言っていることが正しいと彼は言うのであった。
>
> (Solms & Zellner, 2012)

　「もう5時だね」と同意を求められたときに，どう応えればよいだろうか。時計を見て，実際の時間を伝えた看護師の対応は，常識的には間違ってはいない。しかし，この言葉は患者が求めていた言葉ではなかったようだ。「いや，まだ10時10分ですよ」と言われて，患者は自分の思いが伝わっていないと思ったに違いない。それでは，「もう5時だね」という患者の言葉を，どのように受け取れば，患者の思いを汲みとることになるのだろうか。
　そのためには，「5時」が彼にとってどういう意味があるかを知る必要が

あるが，その手がかりは既に彼の言葉の中にある。面会時間の午後5時になると決まって，妻のバフィーが面会に来ていたのだ。そう，彼にとって，「5時」は，妻に会える大切な時間だったのである。こういった事情がわかると，「もう5時だね」と言われたときに，私なら，たとえば「奥さん，早く来られるといいですね」とか，「まだ奥さん来ておられませんね，寂しいですよね」と返してみたくなる。そうすれば，自分の言うことの正しさを認めてもらおうと周りに必死に手がかりを探すのではなく，自分の気持ちを素直に語るという流れになる可能性も開けるのではないか。一方，「もう5時だね」という言葉を，認知の歪みと捉え，正しく認識できるように修正しようとする態度は，単に彼の思いを汲み損なうだけでなく，場合によっては，彼の心に深い傷を残すことさえある。

　　Ａ：「もう5時だね」「いや，まだ10時10分ですよ」
　　Ｂ：「もう5時だね」「奥さん，早く来られるといいですね」

　一見したところ，問いに正しく答えているように思われるＡの応答の方が患者の意を汲むことにならず，かみ合っているように見えないＢの応答の方が患者の心情に添った対応になるというのは，実に不思議なことだ。「こころ」は，論理的合理的な思考だけで成り立っているわけではない。言葉の背後に潜む，本人さえ意識していないような心の部分で動いていることにも目を配らなければ，彼の思いを汲むことは難しい。
　この「本人さえ意識していないような心の部分の動き」，無意識的な力動を，一世紀にわたって真剣に取り上げ，体系的に詳細に記述し，理論化を試みてきた学問がある。精神分析である。理論や学問的な枠組みを押し付けるような教条主義的な姿勢や，無意識的動機を暴き出すことで悦に入るような暴露趣味は，相手の心に傷を残すだけだが（このような精神分析家の姿勢[1]がアメリカの精神分析衰退の遠因の一つになったのではないかと思われるエピソードがある。これは本書のテーマであるニューロサイコアナリシスにも深く関わる話なので，後述する），精神分析の取り組みそのものは，心を意

---

[1] 念のため申し添えておくが，当然のことながら，精神分析家がすべて教条主義的で暴露趣味的だと言っているわけではない。

識のみならず無意識も含めて力動的に捉えようとするもので，心理臨床の大切な基礎の多くが精神分析によって築かれてきた。

作　話

　ここで先に進む前に，今一度「もう5時だね」という言葉に立ち戻っておく。この言葉は，医療者にとって，もう一つの異なる意味を持つからだ。先の患者は前交通動脈の動脈瘤が破裂し，両側の前頭葉と辺縁系が損傷を受けていた。前頭葉の基底部が障害を受けると作話と呼ばれる症状が出現することが知られている[2]。作話とは，記憶障害の一種で，過去の出来事や現在の状況について，誤った記憶に基づく発言や行動が認められるのがその特徴とされている。端から見ると明らかに間違っていると思われる話でも本人は大まじめに話す。何の悪意もなく，自分が言っていることは正しいと，素朴に信じて疑わない。それを訂正しようとすればするほど，話はどんどん膨らんで，都合の良い筋書きが作られていく（禁煙マークを5時と受け取るのもその一例といえる）。そんな症状を，医学や神経心理学は「作話（confabulation）」と呼ぶ。

　この患者でも動脈瘤の破裂によって同部位が損傷を受けていたので，作話がみられてもおかしくない。脳の損傷による認知の変化に配慮することは必要なので，この患者には「作話」の症状があるという情報は，当然ながら医療スタッフの間で共有される。そうすると，この患者のケアに携わる医療スタッフは，患者の（実際は10時過ぎであるのに）「もう5時だね」という言葉や，禁煙マークを指差して「やっぱり5時じゃないか」という言葉を，「作話」として受け取るようになる。作話だから無理に訂正しなくてもよいと受け止めて対応できるようになるという面もある。しかしこれは諸刃の剣である。「作話」をする患者の話をまともに聞こうという気持ちになる人がどのくらいいるだろうか。ともすると，脳に損傷があるのだからこちらの言

---

[2] 脳の解剖学的構造を知らなくても心配は無用である。ここでは，脳の血管の瘤（こぶ）が破裂して，脳の一部が損傷した，ということと，その損傷部位が作話を生じる部位であるということがわかれば十分である。

うことは通じない、とか、まともな会話ができないのだから聞き流しておけばよい、という態度になってしまう。「作話」という見方をするだけでは、あるいは、「作話」という見方をすることによって、大切な何かが抜け落ちてしまうのだ。

　後にニューロサイコアナリシスを創始することになるマーク・ソームズ（Mark Solms）もそのことを強く感じていた。カンデルの二つの論文（Kandel, 1979, 1983）に触発され（この論文については後述）、神経心理学の実習で神経外科と神経内科の患者に会い始めたソームズの心を惹きつけ、深く動かしたのは、それらの患者たちが、気持ちの面で（emotionally）かなりの困難を背負いながらも格闘しているその姿であった（Solms, 2012）。しかしながら、当時の神経心理学の教科書も、教官も、これらの患者が背負っている気持ちの面での（／情動面の emotional）困難に、ほとんどまったくといっていいほど関心を払っていない、ということがソームズにとってはショックだった。神経心理学者の関心は、認知面にのみ、つまり、記憶、言語、問題解決といった面での障害にのみあった。脳はまるで、情報処理機械、生物学的コンピューター以外の何ものでもないと考えているようだった。一方、ソームズの関心は、認知面の障害のみならず、気持ちの面での（／情動面の）大変さにも向けられた（Solms, 2012）。ソームズは、患者の身になって、患者がどのような困難を抱えているかを知ろうとしたのである。「作話」という視点を持つことで抜け落ちてしまうもの、それは、患者の視点から、患者自身がどのように世界を体験しているかを知ろうとすること、知覚や認知の変化だけでなく、心の情動面[3]、さらにいえば心そのものが変わってしまったことへの配慮なのである。

マーク・ソームズの視線

　冒頭で取り上げたエピソードはソームズが担当した患者の言葉である。ソームズは医者ではないが、南アフリカのウィットウォーターズランド大学

---

[3] 情動が意味する内容は多岐にわたるが、ソームズの考え方については後述する。

で神経心理学を専攻し，学位を取得した。ソームズが，脳に損傷を受けた患者と接する際，医学的・神経心理学的な観点だけでなく，患者自身の視点からも見ることができた背景には，ソームズの兄リーが6歳のときに脳に損傷を受けてその性格が変わってしまったという体験がある。ソームズは，1961年の生まれで，現在はナミビアの一部になっているアフリカの奥地の小さな村で育った。兄のリーはいつも一緒だった。というのも，村には英語を話せる子どもは彼と兄だけだったからだ。ソームズの父は，ダイヤモンド会社デビアスの重役で，ダイヤモンド産地のアフリカ南西部の旧ドイツ領に移り住んだ。リーが6歳のとき，遊んでいる最中に屋根に登り，転落して頭を打った。そして，リーの性格は変わってしまった。ソームズ自身，「振り返れば，兄の事故がきっかけで，こうした形で神経科学を研究するようになったのだと思う。人を人として機能させる脳の働きを理解したかった。話すことや読むことを学ぶといった認知面だけではない。脳が人格や自意識を形作る仕組みに興味があった」と述べている（Rock, 2003/2009）。

そんなソームズにとって，「脳卒中や脳腫瘍の患者には，精神科の患者が受けるような心のケアがまったく提供されていないこと」は大きな衝撃だった（Solms, 2012）。ソームズはこれを，脳と心を分けて考える二元論的考え方がもたらした最もショッキングな結果と捉えている。脳の器質的損傷を受けた患者に心のケアがなされないのは，脳に損傷は受けても，心は傷を受けていないと考えるからだ，つまり脳と心を別物と考える二元論の立場をとるからだ，というわけである。しかし，脳に損傷を受けた患者は結局のところ，まさに心の器官にも損傷を受けている。だから，患者自身，自分の心がまったく変わってしまって，混乱し，自分でも理解できず，文字通り信じられない状況に陥っていることに，気持ちの面でも対処しなければならない状況に陥っている。そのような患者の傍に座って，じっくりと耳を傾けながら，彼らの視点から世界を見ようとすることこそ必要なことだと考えたのである。

神経外科の病棟へ

　ソームズは，自然な環境でできるだけこれらの患者とともに時を費やし，患者のことを「人として」知るようになりたいと考えた（Solms, 2012）。カンデルの論文（Kandel, 1979, 1983）に後押しされ，大学院での臨床研修を，神経外科脳脊髄リハビリテーション部門でできるだけ長く受けたいと願い出る。当時の同級生たちは，それを職業的な自殺行為だと見なした。そこで働きたいと考えるものなど一人もいなかった。そこは，姨捨山のようなところ，科学者としてはそこで働いたらもうおしまいと考えられていた。

　しかし，神経心理学の研究者は，通常，外来とか急性期病棟で一日，場合によっては数時間だけしか患者をみない。彼らは患者を外から眺めているだけだ。ソームズは数週間から数か月にわたって，一人ひとりの患者が，家族や医療スタッフ，他の患者とどんなやり取りをしているか，時の経過とともにどんなふうに変化していくか，彼らが気持ちの面での困難にどんなふうに取り組んでいるのか，ちょっとした環境の変化がどういう影響を及ぼすか，ということを見ていきたいと考えたのである（Solms, 2012）。

　すぐに明らかになったのは，脳が損傷を受けると，心の面でも変化が生じるが，その変化は，脳が損傷を受けた部位に応じて，ある程度規則的で予測可能であるということだった。そこで，ソームズは，患者に生じたパーソナリティの変化の構造を調べてこれらの規則的な関係の地図を作ることができないかと考えた。脳のある部分が損傷を受けると，それに特徴的な心の異変が生じる。するとそこから元々の心の働きを推察することができる。このようにして得られたさまざまな心の働きを有機的にまとめ上げ，心の働きの全体像をつかむことができないかと考えたのだ。そしてそのためには，適切な調査方法と概念的言語が必要であった。

　その際，ソームズが拠り所としたのが精神分析であった。学生時代，神経科学の講義では物足りず，友人に勧められて受けたフロイト（Freud, S.）の夢理論に関する講義をきっかけに，精神分析に関心を持つようになり（Rock, 2003/2009），心の内面を観察し調べていくための体系的な方法とそ

れを記述するための言葉を発展させることに，精神分析以上に真剣に取り組んできた学問はないと考えたからである。ソームズはフロイトのペーパーバック版の著作を片手に，何の精神分析的訓練もスーパーヴィジョンもうけることなく，後に妻になるカレン・カプラン（Karen Kaplan）とともに，脳に器質的損傷を受けた患者たちの内的世界に入っていく。

神経外科の病棟に入っていったソームズは，患者の夢が脳に損傷を受ける前後でどのように変化したかに焦点を当てることにした。ソームズが夢を研究テーマに選んだのは，偶然ではなく，新たな科学的知見に基づいてフロイトの理論を書き直したいという明確な意図に基づいての選択であった。フロイトが最初に力動的無意識について推測したことの多くは，夢の解釈から生じている。夢においては自我の働きが弱まり，起きているときには自我の働きの下に押し込められているメカニズムが優勢になる。それゆえ，夢は無意識的な心を理解するための王道とされた。フロイトの考えを受けて，ソームズも，夢を精神分析に科学的な光を当てるための王道と考えたのだ。しかし，当時の科学的な基礎研究に基づく夢理論は，フロイトの理論に圧倒的に分が悪い状況であった。

当時の夢の基礎研究の状況

ソームズの研究の意義を理解するために，当時の夢の基礎研究の状況を概観しておこう。夢の科学的研究の端緒を開いたのは，レム（REM：rapid eye movement の頭文字をとった言葉）睡眠の発見であった。アゼリンスキー（Aserinsky, E.）は，睡眠中に，覚醒時のような波長の短い激しいパターンの脳波が 90 分の周期で表れ，その際眼球も激しく動くことを見いだして，これをレム睡眠と名づけた（Aserinsky & Kleitman, 1953）。レム睡眠中に起こすと，かなりの割合で夢を見ていることもわかり，レム睡眠は夢の生理学的相関物と考えられた。その後，ミッシェル・ジュヴェ（Michel Jouvet）が猫の脳波でレム睡眠と似たパターンが確認されたと発表し[4]，レ

---

[4] この研究がきっかけとなって，他の動物でも調査が進み，REM 睡眠は爬虫類には見られないが，哺乳類と一部の鳥類には見られることが明らかとなった。

ム睡眠の実験的研究を精力的に行った。ジュヴェは一連の切除実験を行い，前脳（人間では大脳皮質に相当）全体を脳幹から実質的に切り離した場合にも，レム状態はそのまま残り，脳幹の真ん中の領域である橋のレベルで切断した場合のみレム睡眠が消失することを明らかにした。このことはすなわち，レム睡眠は前脳ではなく，脳幹の橋にある諸構造によって生み出される，ということを意味する。この知見が示唆するところは非常に大きなものであった。

　脳と脊髄を杖（脊髄）の上にボール（前脳）がのった状態に喩えれば，脳幹は杖の最上部にあたり，脳と脊髄の間の移行部分に相当する。脳幹は，呼吸や心拍数の調節など，生命を維持するのに必要な基本的機能を司るのに対し，前脳はあらゆる高次精神機能を司る。レム睡眠が脳幹の構造によって引き起こされるのであれば，そして，レム睡眠が夢見の生理学的相関物だとすれば，夢見は高次の精神活動ではなく，単なる生理状態に過ぎないということになる。レム睡眠の神経学的メカニズムを明らかにしたアラン・ホブソン（Allan Hobson）は，実際そう主張した。そしてその主張は精神分析に対する徹底的な批判という形をとったのである。

　ホブソンの説をもう少しだけ詳しく見ておこう。ホブソンは橋の神経細胞を詳しく調べ，レム睡眠とノンレム睡眠のそれぞれのスイッチのオンオフのメカニズムを説明するモデルを提唱した[5]。このモデルは相反性相互作用モデルと呼ばれ，今なおレム睡眠の生成メカニズムを説明する有効なモデルであるとされている。

　ホブソンは，さらに一歩踏み込んで，レム睡眠と夢見を同一のものと見なし，同じモデル（相反性相互作用モデル）を夢見に拡大適用し，「活性化統合モデル」（Hobson & McCarley, 1977）を提唱した。これによると，夢見は，脳幹のコリン作動性メカニズムによって活性化された前脳が，脳幹からのランダムに刺激された表象群（記憶イメージ，思考，感情）を弱々しくつなぎ合わせ（統合し）ようとするものである。もう少しわかりやすくいえば，夢は，脳幹からのでたらめな信号に前脳が反応して，部分的にでも辻褄

---

[5] 中脳橋被蓋のコリン作動性細胞が産生するアセチルコリンはレム状態をオン，ノンレム状態をオフにする。これに対して，背側縫線核が産生するセロトニン，青斑核が産生するノルアドレナリンはレム状態をオフ，ノンレム状態をオンにする。

を合わせようと悪戦苦闘してできた代物だ（Rock, 2003/2009）ということになる。これは，夢は意識下に潜む願望から生まれるというフロイトの理論を真っ向から否定するものであり，精神分析に対して，強い衝撃をもたらした。

　ホブソンは，これらの「科学的データ」を，1976年のアメリカ精神医学会（APA）総会で発表した。その発表の後，彼の知見に照らしてフロイトの夢理論が依然として科学的に支持されるかどうかについて，APAのメンバーの間で投票が行われた。当時，APAではまだ精神分析に共感するメンバーが大半を占めていたにもかかわらず，投票の結果は，圧倒的にフロイトに反対であった。この総会を契機に，アメリカにおける精神分析に対する風向きが決定的に変わることになった，とソームズは述べている（Solms & Turnbull, 2002/2007）。

　ちなみに，ホブソンは，1955年にハーバード大学の大学院に入って精神医学と神経科学を学び始めた頃は，フロイトの熱烈な信奉者で，フロイトの著作はすべて，むさぼるように読んでいたという。そんなホブソンが精神分析に対して恨み百倍と反転した要因については，ホブソン自身がこう語っている。「（精神医学の研修を受ける）実習生は，精神分析を受ける患者のように扱われる。何か質問すると，潜在的な葛藤から出た質問のように受け取られるんだ。そういう扱いは患者にとっても不快だろうし，われわれも不快だった」（Rock, 2003/2009）。無意識という概念は相手をやり込めるにはとても都合の良い概念である。たとえば，「あなたは攻撃的なところがありますね」と言ったときに，相手が同意しなければ，「それこそあなたが自分の攻撃性に無意識であることを示しているのです」と言えばよい。簡単に「無意識」とか「潜在的な葛藤」ということを持ち出す精神分析家の態度にホブソンは反発したのであろう。そして，ホブソン自身，「（フロイトたたきに）血道を上げ，ほとんど悦に入っていた。その結果，生涯の敵を作ることになった」（Rock, 2003/2009）と述べるほど，精神分析を徹底的に批判した。

夢見の臨床解剖学

　このように，ソームズが神経外科の病棟で夢の研究に取り組もうとしていた当時，精神分析はホブソンによって科学的根拠を欠くものとして徹底的な批判に曝されていた。ソームズは，手始めに1977年のホブソンとマッカーリーの論文を読んだが，「フロイトの努力を実際以上に愚かしく見せるようカードを並べ替えた，必要以上に破壊的」な論文だと感じたという。とはいえ，ホブソンの理論は既に「定説になっており，一介の学生に過ぎない私がそれを疑う理由もなかった」。そこで，ソームズは，「脳幹から夢を発生させる刺激を受けて，前脳がどう働くか，もっと詳しく突き止めたい」と考えて研究に取り組んだのである（Rock, 2003/2009）。

　ソームズは，最初はヨハネスブルク，ついでロンドンの病院の神経外科で，脳梗塞や脳出血，脳腫瘍，脳挫傷など脳に器質的損傷を受けた患者一人ひとりに，損傷を受ける前と後で夢の中身に変化があったかどうかを尋ねた。すぐに手がかりが得られた。夢を見なくなったと答える患者が現れたのだ。その患者は頭頂葉に損傷を受けていた。その後，同じ部位に損傷を受けた患者に尋ねてみると，例外なく夢を見なくなったと語った。

　科学的な研究を行う上では，ここで一つの壁に行き当たる。「夢をまったく見なくなった」という患者の報告をどこまで信頼できるかという問題があるからである。痛みに刺激に対する反応時間，脳波，心拍数等，客観的に測定できるデータについては信頼できても，患者の言葉という主観的報告にどれほどの信頼性があるか，疑問視されるからだ。しかし，ソームズはここでも怯まなかった。体系的な臨床解剖学的方法をとることで，この壁を突き抜けようとしたのである。臨床解剖学的方法は約150年前，シャルコー（Charcot, J. M.）によって神経科学に導入された。それは，臨床症状の変化と脳の特定の領域の損傷との相関を調べる方法で，その突破口を開いたのはブローカ（Broca, P.）である。話すことができなくなった患者の死後，脳の解剖によって左前頭葉下部の損傷が明らかとなり，同様の症例が数例集まった時点で，この部位（後にブローカ野と呼ばれるようになる）が「言語の中

枢」であると発表したのが，その嚆矢となった（Solms & Turnbull, 2002/2007）。

　脳梗塞など脳の特定の部位が損傷を受けることによって，言葉が話せなくなったり，半身麻痺が生じたりするといった症状が生じるのと同じように，脳の特定の部位の損傷によって夢を見なくなることも十分に起こり得ることだと考えて，ソームズは系統的な調査に着手した。具体的には，神経心理学のルーチン検査の際に，夢見の変化に関する質問を行い，その変化と，病巣部位との関連を調べたのだ。4年間で361名の患者から，夢見の変化に関する証言を得て，夢見の変化に関する主観的な記述と，その他の臨床所見や病巣の解剖学的特徴との間に，一定の相関が見られるかどうかを，系統的に調べたのである（Solms, 1997）。

　この調査によって多くのことが明らかとなった。まず，頭頂葉の下部（頭頂葉，側頭葉，後頭葉皮質間の移行帯）もしくは両側深部前頭葉のいずれかが損傷を受けると，夢見が完全に停止することがわかった。前者は外界からの情報の受容，分析，貯蔵という機能ユニットのまさに中心にあり，心的イメージを生み出す能力と関わっていると考えられる。後者は非特異的な動機づけのシステム，欲求を満たすものを探そうと駆り立てるシステムがあり，脳幹部の情動システムからの神経繊維経路が前頭葉の皮質システムと相互作用を始める部位である。この部位の損傷が夢見の消失と関わっていることは，精神分析にとっても，大きな意味を持つが，それについては後述する。

　ソームズの研究によって明らかになった第2の点は，橋の損傷を受けた患者で夢を見なくなったと答えたものはいなかったということである。ホブソンの説によれば，橋に夢見の発生装置があるとされるので，脳幹部に損傷を受けた患者は夢を見なくなることが予想される。脳幹部には生命を維持するのに重要な働きを持つ神経核が多数あるので，脳幹への損傷は命に関わることが多く，命を長らえても話ができるような状態ではないことが多い。

　しかし稀に話ができるほど意識が回復する患者もいる。そのような患者に尋ねると，今でも夢を見るという答えが返ってきた。ソームズが調査した361名の患者中，脳幹部に損傷を受けていたのは61名で，その内，夢を見るか否かについて明確に答えられた51名中41名が発病後も夢を見ると答えた。夢をまったく見なくなったと答えた10名の患者はいずれも，脳幹だけ

でなく，既に述べた，夢見の停止と相関していた2カ所のいずれかの損傷を合併していた（Solms, 1997）。この結果は，当時定説とされていたホブソン－マッカーリーの説を根底から覆す知見であった。

　次に明らかにされた点としては，第2点からの必然的な帰結であるが，レム睡眠と夢見とを区別して考える必要性があるということである。前脳の二つの特定部位に損傷のある40人以上の患者は，脳損傷後，夢見が停止したが，レム状態は保たれていた。一方，橋のレム生成領域に損傷を被った6人の患者たちに，夢を見るかどうか尋ねたところ，夢を見ると答えた。「レム睡眠＝夢見」という公式は崩れた（Solms, 1997）。レム睡眠と夢見との関連が発見されて40年以上が経過して初めて，系統的な臨床解剖学的検討がなされ，レム睡眠と夢見とは同じでないことがはっきりしたのである。

　第4点として，患者の主観的報告に基づく臨床研究と，客観的なデータに基づく生理学的・解剖学的研究の両方の視点を同等に尊重することの大切さを強調していることが挙げられる。既にフォウクス（Foulkes, D.）らがノンレム睡眠中の夢に注目しその特徴を吟味したり睡眠開始相に見やすいことを見いだし，アントロバス（Antrobus, J.）らは，最後のレム相後，覚醒に近づけば近づくほど夢を見やすいことを見いだしていた。いずれも「レム睡眠＝夢見」という公式に反する知見であるが，これらの知見は長い間，顧みられることはなく，ホブソンの説が幅を利かせていた。その理由としてソームズは，ホブソンらの「脳の観察」と，フォウクスやアントロバスらの「精神の観察」を比べたとき，「臨床的・主観的報告という複雑な分野からの根拠よりも，正確に測定された生理学的・解剖学的変量による根拠の方を，より受け入れやすくなっているから」ではないかと述べ，両方の視点をしっかり考慮に入れることの重要性を強調している（Solms & Turnbull, 2002/2007）。

　第5番目に，臨床解剖学的方法の有効性が改めて確認されたことである。ブローカが失語症の研究において，臨床解剖学的方法で言語中枢を提唱したのをうけ，局在論と等脳論（脳の機能は全体がひとまとまりとして働く結果であり，大切なのは損傷部位ではなく損傷の程度であるとする立場）との間で論争が繰り広げられた。フロイトも，失語症について，極端な等脳論者の見解からは距離をとりつつも，局在論の言語理論に対して優れた批判を展開し，心の力動的な理解の萌芽が既にそこに認められる。

これらの論争は，ルリア（Luria, A. R.）が「機能システム」という概念を導入することで折り合いがつくことになった。たとえば，消化という機能は，胃だけが担っているわけではない。口での咀嚼，嚥下，消化液の分泌，胃腸の蠕動などさまざまな構造がさまざまな働きを行うことで果たされる。同じように，精神機能もさまざまな構造が複雑に相互作用することで生み出されるのであって，単独の「中枢」から生み出されるものではない。したがって，神経科学の課題は，「中枢」を局在化することではなく，「精神機能を生み出すようかかわりあっている，さまざまな複合的システムの構成要素を同定すること」であるとした。このような課題への取り組みをルリアは「力動的局在化」と呼んだ（Solms & Turnbull, 2002/2007）のだが，ソームズはまさにこの「力動的局在化」の方法を用いて，夢見の神経学的基盤を明らかにしたのであった。

ソームズの研究成果の反響

　ソームズの夢見に関するこれらの研究の結果は，当時定説であったホブソンの説を根底から覆し，精神分析の理論をむしろ支持するものであった。少し先走るが，ソームズが1997年に『夢の神経心理学』の中で，夢見の神経学的基盤に関する新しい理論とそれを裏付けるデータを発表してわずか数か月後，まったくの偶然とはいえ，それを追いかけるようにブラウンら（Braun et al., 1998）がPET（陽電子放出断層撮像法）という，脳のどの領域が活発に活動しているかを調べる技術を用いて，睡眠中の脳をPETスキャンした研究結果を発表したのだが，ホブソンの説から予想される結果に反して，レム睡眠中に脳の特定の領域が活性化されるという結果であった。
　この結果について，ソームズは「PET画像を見ると，夢を見ている可能性が一番高い時に，記憶や視覚・空間イメージ形成，動機づけにかかわる領域，そして哺乳類の感情体験にかかわりのあるすべての構造が，クリスマスツリーのように華やかに点滅しています。この画像データに私の脳の損傷研究を重ねれば，夢を見るとはどういう現象かがはっきりわかる。強く動機づけられ，感情に突き動かされた認知プロセスだということです。夢見は記憶

13

にはかかわりがありますが，普段私たちの行動に理性的・文明的な装いを与えている自省的な機構は，夢を見ているときは働いていません」と述べている（Rock, 2003/2009）。

これらのデータは，フロイトの夢理論を実証するとまでは言えないが，少なくともフロイトが提唱した多くのアイデアと矛盾しない。ソームズの研究結果は，単に夢見の神経的メカニズムを明らかにするに留まらず，ホブソンによって徹底的に批判された精神分析を復権させる扉を開くという意味も持っていた。ソームズは精神分析家に歓迎されて当然の成果を上げたのだ。

ところが不思議なことに，ソームズのこの研究は，精神分析家の同僚からは強い抵抗や無関心に曝された。夢に関するこれらの知見を徐々にまとめつつあったと思われる1990年前後，ソームズはロンドンで精神分析家になるための訓練を受けていたが，分析家仲間からは評価されなかった。しかし，この抵抗は普遍的ではなかった，とソームズは書いている（Solms, 2012）。ニューヨーク精神分析研究所に同好の士を見いだしたソームズはロンドンからニューヨークに通うようになる。そして運命の日がやってくる。

1991年にオストウ（Mortimer Ostow）はソームズ夫妻を招いて，その研究成果をニューヨーク医学アカデミー精神分析研究発達基金の研究会で発表させた。そこにエリック・カンデル（Eric Kandel）も来ており，ソームズはカンデルと初めて出会う。カンデルは記憶に関する研究で2000年にノーベル医学生理学賞を受賞する一流のニューロサイエンティストで，ソームズが神経外科の病棟に入っていくときに，支えとした論文を書いていたあのカンデルである。そのカンデルがソームズを高く評価し，研究会の後，ソームズとカンデルは，何人かの先輩の精神分析家とともにオストウの自宅でディナーに招かれ，何時間も語り合ったという。フロイトとユングの出会いを彷彿とさせるエピソードである。「私は，当時まだ精神分析の訓練候補生でしたから，これらすべてのことが私にとってどれほど興奮する出来事だったか，言葉には表せないほどです」とソームズは当時のことを述懐している（Solms, 2012）。

ところで，この1979年のカンデルの論文だが，超一流の医学雑誌である『ニューイングランド・ジャーナル・オブ・メディスン』に特別論文（special article）として掲載された「心理療法とシングル・シナプス：精神医学

的思考法が神経生物学的研究に与える影響」というタイトルの論文である。「このタイトルは，よくいえば早熟，ふつうは馬鹿げたタイトルだと思われるかもしれない」という書き出しで始まっており，それでもこのタイトルを選んだのは，精神医学の中で生物学的アプローチと心理学的なアプローチの間に強い緊張があるということを強調しておきたかったこと，そして，それでも究極的には，心理療法がどのように効果をもたらすのかということと，精神薬理学的な介入が一つひとつの神経細胞のレベルでどのように効果をもたらすのかということとは，同一の地平で論じられるようになるという素朴かもしれないが有用な立場を取りたいと考えてのことである，と述べている。

　カンデルが1960年（ソームズが生まれる1年前である！）にマサチューセッツ精神保健センターに精神科のレジデントとして入局した際，既に精神科の中で，客観的・生物学的なアプローチを柱とするグループと主観的・心理療法的アプローチを柱にするグループとの間に深い亀裂があった。カンデルは，生物学的パラダイムと心理学的パラダイムの一方を他方に置き換えるのではなく，新たな観点の創出につながるような実り豊かな相互作用がいかにすれば可能となるかについて熱く論じている。そして児童の発達における母性剥奪について，一方で心理社会的な観点から詳細に論じた後で，他方では感覚刺激の遮断が神経レベルで大脳皮質の構造にも変化をもたらすことを，暗室で育てられたチンパンジーを例に詳細に論じ，両者の知見を照らし合わせていくことの可能性について検討している。さらに成人における学習についても同様の議論を行っている。

　これらの例をもとに，実りある新たな視点を生み出すような心理学的パラダイムと生物学的パラダイムのクロストークの可能性を模索する。その一例として，精神医学で広く行われている疾患分類における，器質的疾患と機能的疾患の区別を見直し，それぞれの疾患で，器質的側面と機能的側面がそれぞれどの程度，損傷を受けているかという視点から分類が行われるのではないかと提唱している。

　このように，カンデルは精神分析にも大きな期待を寄せながら，精神分析家が生物学的アプローチや急速に進歩を遂げつつある神経科学の知見に関心を示さないことを残念に思っていた。そんなときに，まだ精神分析の訓練候

補生ではあるが，脳に器質的損傷のある患者に精神分析的アプローチを行って，精神分析の知見と神経学的な知見とを照応しようとしているソームズに出会ったのだから，カンデルがソームズに大きな期待を寄せたのも十分に理解できる。

　ソームズは，カンデルという一流のニューロサイエンティストの大きな後ろ盾を得たことで（しかもソームズがカンデルと初めて出会ったのはノーベル賞を受賞する10年近く前のことである），精神分析内部における抵抗も徐々に薄れ，ソームズは，最初はアメリカで，後には世界的に認められる精神分析家かつニューロサイエンティストとなっていった。カンデルの期待の大きさは，カンデルが同僚のジェイムズ・シュワルツ（James Schwartz）に協力を依頼したことによく表れている。カンデルには *Principles of Neural Science* という神経科学の名著がある[6]が，この大著をシュワルツとともに編集している。そのシュワルツが調整役となって，月に一度の割合で，カンデルのグループとシュワルツのグループから著名な神経科学者を招いてソームズらとニューヨーク精神分析研究所で定期的に研究会を持てるようにしてくれたのだ。最初は非公式の研究会であったが，後にニューヨーク精神分析研究所アーノルド・プフェッファー・センターの公式のレクチャーシリーズとして，今なお月に一回の割合で続けられている。

　さらにソームズらに追い風となったのは，1998年にカンデルの「精神医学の新たな知的枠組み」という論文（Kandel, 1998）がアメリカ精神医学会雑誌に掲載されたことである。この論文に対して，この雑誌の歴史上最多のレターが寄せられるという反響の大きさで，さらにその反響を受けて，その翌年，「生物学と精神分析の未来」（Kandel, 1999）という論文が発表された。このなかでカンデルは「精神分析は，依然として，最も一貫した，知的に満足のいく心の見方を代表している」と述べ，急速に発展をしてきた脳科学の知見を，人間の心の在り方と対応させていく上では精神分析が有効なモデルを提供するとの考えを表明した。カンデルがノーベル賞を受賞する前年のことである。このようにニューロサイコアナリシスの成立に，カンデルは極めて大きな役割を果たしているのである。

---

[6] 初版は1981年，2012年に第5版が出版され，2014年には『カンデル神経科学』の邦題で日本語訳も出版されている。約1700ページの大型本である。

1999 年にニューロサイコアナリシスの国際雑誌の第 1 号が発刊され，2000 年には第 1 回国際ニューロサイコアナリシス学会が開催された。この雑誌には，精神分析と神経科学の一流の錚々たる学者が名を連ねている。かくしてマーク・ソームズを中心にニューロサイコアナリシスという学際的ムーブメントが誕生したのであった。

　ところで，ソームズのこれらの成果をホブソンはどう受け止めただろうか。ソームズのこの夢見に関する研究に対し，ホブソンは「レム睡眠＝夢見」という見方が無効になったことを認め，ソームズの研究については「脳梗塞という自然の実験」を利用して，脳の特定部位の損傷が夢に及ぼした影響を調べ，前脳が夢の形成にどう関わっているかを明らかにしたとして，その功績をたたえた。夢研究の世界的権威としてその名を轟かせていたハーバード大学教授ホブソンは，ソームズをハーバードに招き，自身の研究チームの前で論文を発表させた。

　ソームズはそのお返しにニューヨーク精神分析研究所で講演を行ってほしいとホブソンを招いたが，ソームズの脳損傷研究のデータを認めるのはやぶさかではないが，それをフロイトの夢理論の根拠とするなら，そこでわれわれは袂を分かつことになる，との返事であった。これに関して，ソームズは，「その返事を受け取るまで，私はホブソンが科学者として公正な態度を取ったことに驚き，喜んでいました。どういうわけか，こと精神分析が絡むと，ホブソンは正気を失うようです。フロイトと聞いたとたん，まるで悪魔が来るように，十字架を取り出す。残念なことです。そのせいでホブソンはある分野については目隠しされたも同然になっているんです」と語っている（Rock, 2003/2009）。ソームズとホブソンの論争はこの後も続くのだが，それについては第 3 章で取り上げる。

文献

Aserinsky, E. & Kleitman, N. (1953). Regularly occurring periods of eye motility, and concomitant phenomena during sleep. *Science*, **118**, 273-274.

Braun, A. R., Balkin, T. J., Wesensten, N. J., et al. (1998). Dissociated pattern of activity in visual cortices and their projections during human rapid eye movement sleep. *Science*, **279**, 91-95

Hobson, J. A. & MaCarley, R. (1977). The brain as a dream state generator: An activation-synthesis hypothesis of the dream process. *American Jounrnal of Psychiatry*, **134**, 1335-1348.

Kandel, E. (1979). Psychotherapy and the single synapse: The impact of psychiatric thought on neurological research. *New England Journal of Medicine*, **301**, 1028-1037

Kandel, E. (1983). From metapsychology to molecular biology: Explorations into the nature of anxiety. *American Journal of Psychiatry*, **140**, 1277-1293.

Kandel, E. (1998). A new intellectual framework for psychiatry. *American Journal of Psychiatry*, **155**, 457-469.

Kandel, E. (1999). Biology and the future of psychoanalysis: A new intellectual framework for psychiatry revisited. *American Journal of Psychiatry*, **156**, 505-524.

Kaplan-Solms, K. & Solms, M. (2000). *Clinical Studies in Neuro-Psychoanalysis*. Karnac Books

Rock, A. (2003). *The Mind at Night: The New Science of How and Why We Dream*. Basic Books. 伊藤和子(訳)(2009). 脳は眠らない. ランダムハウス講談社.

Solms, M. (1997). *The Neuropsychology of Dreams: A Clinico-Anatomical Study*. Psychology Press.

Solms, M. & Turnbull, O. (2002). *The Brain and the Inner World*. New York: Other Press. 平尾和之(訳)(2007). 脳と心的世界――主観的経験のニューロサイエンスへの招待. 星和書店.

Solms, M. (2012). Foreword. *The Psychoanalytic Review*, **99**(4), 461-470.

Solms, M. & Zellner, M. R. (2012). The Freudian Unconscious Today. Fotopoulou, A., Pfaff, D., & Conway, M. A. (Eds.) *From the Couch to the Lab*. Oxford.

第2章

ニューロサイコアナリシスのはじまりと展開

平尾和之

はじめに

　人の心に興味を持つ私たちにとって，心理的視点と医学・生物学的視点をどのようにつないでいくかは，大きなテーマである（Solms & Turnbull, 2002/2007; 平尾, 2008）。たとえば，日々の臨床において，心理療法と薬物療法はどのように関わりあっているのだろうか？　そのような問いに答えようとするとき，私たちは私たちの専門領域の背景になっている心理的視点（個別的・主観的視点）と医学・生物学的視点（普遍的・客観的視点）が，現在，あまりにも離れたものになってしまっていることに気づく。

　精神医学の歴史においては，さまざまな文脈で，生物学的な流れと心理学的な流れの盛衰が繰り返されてきた。フロイト（Freud, S.）が神経学の道を断念し，精神分析を創ってから百年。精神分析や心理療法はさまざまな展開をみせ，他方，神経科学においてもそのテーマが（当時の神経学者フロイトのテーマであった）聴神経の伝導路の解明といったレベルから，情動や記憶，思考，意識・無意識，さらには夢といった主観的な心の状態や対人関係を扱うレベルにまで進展してきた（Solms & Turnbull, 2002/2007; Panksepp, 1998; Cacioppo & Berntson, 2005）。

　しかし，専門化し，細分化されながら，それぞれの領域の溝はますます大きくなってきているようにもみえる。そのような現状は，目の前の一人の患者／クライエントにとっては不幸なことに違いない。

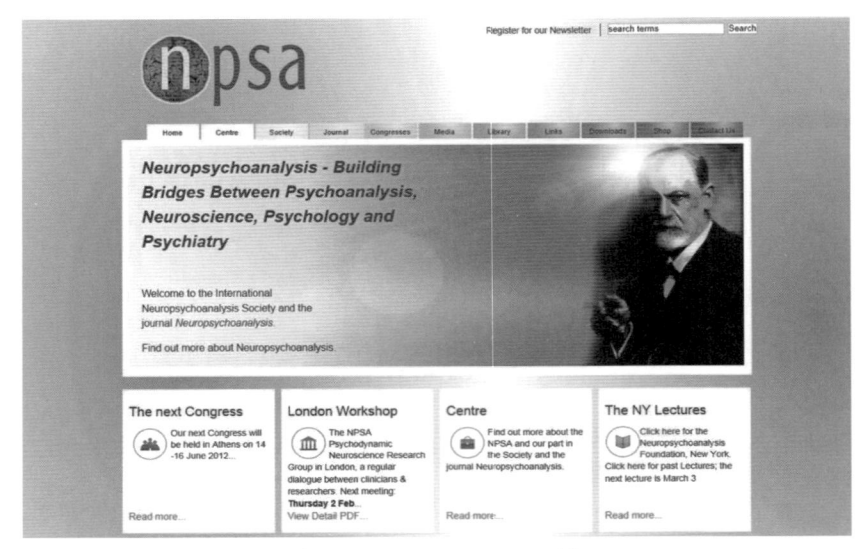

(http://www.neuropsa.org.uk)

図2-1　国際神経精神分析学会のホームページ

神経精神分析のはじまり

　筆者自身がこのような二つの視点の間で模索する中で出会ったのが,「神経精神分析（Neuropsychoanalysis: NPSA)」である。精神分析と神経科学の橋渡しを試みるこの学際的なムーブメントは, 1990年代からニューヨークやロンドンを中心として, 心理療法家と脳科学者がお互いに関心を持つテーマについて対話をするところから始まった。その後, 世界各国で同様の学際的研究グループが生まれ, 2000年には国際神経精神分析学会が設立された（図2-1)。いまや心理療法家・精神分析家, 精神科医, 神経科学者, 心理学者などが, さまざまな学派を超えて参加している。さらに, このムーブメントは, 精神分析と神経科学の橋渡しにとどまらず, 心理的視点と生物学的視点の橋渡しをし, 2000年のノーベル賞受賞者カンデル (Kandel, E.) の言葉を借りれば, 21世紀の「精神医学の新しい知的枠組み」を担うので

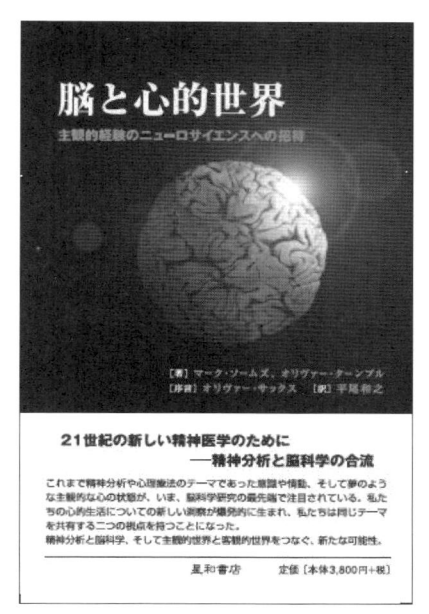

図2-2 『脳と心的世界』と『神経精神分析の臨床研究』

はないかと期待されている(Kandel, 1998, 1999)。

　この神経精神分析というムーブメントの中心になっているのが，マーク・ソームズ(Mark Solms)である。ソームズは南アフリカで神経心理学の学位を取得後イギリスに渡り，ロンドンの精神分析研究所で精神分析のトレーニングを積んだ。以来，ロンドンの大学や病院，精神分析研究所を中心に，神経心理学者および精神分析家として臨床・研究・教育の各方面で活動。神経心理学における主要なテーマは夢の脳メカニズムで，その成果は *The Neuropsychology of Dreams*(『夢の神経心理学』1997)にまとめられている。さらに，彼は精神分析と神経科学を統合するような臨床・研究手法を発展させ，妻であり同僚でもあるカレン・カプラン=ソームズ(Karen Kaplan-Solms)とともに2000年に *Clinical Studies in Neuro-Psychoanalysis*(『神経精神分析の臨床研究』)を発表した(図2-2)。神経精神分析のコンセプトを紹介し，臨床事例を体系的にまとめたこの本は，欧米の精神分析学会で脚光を浴びる。その後，ターンブルとの共著で2002年に出版した神経精神

分析の入門書 The Brain and the Inner World（『脳と心的世界』）はベストセラーとなった（図2-2）。現在は，母国・南アフリカのケープタウン大学教授やニューヨーク精神分析研究所の神経精神分析センター長を務め，神経精神分析の顔として，世界各国を飛び回って活躍している。

　ソームズが神経精神分析の顔であるとすれば，実務的側面を支えているのがオリヴァー・ターンブル（Oliver Turnbull）である。ケンブリッジ大学出身の神経心理学・臨床心理学者で，主に病態失認や作話などの誤信念（とくにそのような認知形成における情動の役割）をテーマにしている。現在はウェールズのバンガー大学認知神経科学センター教授・心理学部長。長年務めてきた国際神経精神分析学会の事務局長や Neuropsychoanalysis 誌の編集長を，最近，次世代の若手に引き継いだが，依然として神経精神分析における中心的な役割を担っている。

神経精神分析の展開

　国際神経精神分析学会の現在の動きについては，ぜひ学会のホームページ（http://www.neuropsa.org.uk）をご覧いただきたい（図2-1）。文献・映像資料を含め，示唆的な情報にあふれ，充実している。Neuropsychoanalysis 誌の編集顧問には，神経科学から，サックス（Sacks）やラマチャンドラン（Ramachandran），ダマシオ（Damasio）をはじめ，カンデル（Kandel），ルドゥー（LeDoux），シャクター（Schacter），そしてパンクセップ（Panksepp）といった錚々たる面々が，精神分析からは，日本でも最近著書が紹介されているフォナギー（Fonagy），フランスの重鎮グリーン（Green），それにカーンバーグ（Kernberg）らまでが参加している。この専門誌はニューヨーク精神分析研究所で開催されている対話形式，すなわち，お互いに関心を持つテーマについての標的論文と，それに対する精神分析と神経科学双方の領域からの専門家による論評を一緒に発表する，というスタイルをとっている。

　2000年から毎年，さまざまな世界の都市で大会が開かれている。「情動」をテーマにロンドンで開催された第1回，「記憶」をテーマとした第2回

（ニューヨーク）に始まり，昨年（2014年）の第15回は「神経精神分析研究の現在」（ニューヨーク）がテーマであった。筆者も2006年のロサンゼルス大会を皮切りに，Kyoto NPSA Study Groupの仲間たちと毎年参加しているが，世界各国から専門領域・学派を超えて集まった臨床家・研究者による最新知見の発表，討議，そして交流は，大変刺激的である。たとえば，2007年のテーマは「うつ」であったが，心理療法家・精神分析家，精神科医，神経科学者，心理学者などがさまざまな学派を超えて参加する学際的な雰囲気の中で，ピューリッツァー賞候補になった作家ソロモン（Solomon）が自らの主観的経験としてのうつについて話し，またうつの脳科学研究の第一人者であるメイバーグ（Mayberg）や，心理療法家，精神科医たちの発表も行われた。2011年は「心と身体」をテーマとしてベルリンで開催され，意識の脳科学で著名なジンガー（Singer）をはじめ，ダマシオ，ガレーゼ（Gallese）（ミラーニューロンの発見者），フォナギー，パンクセップらが参加した。今年（2015年）は「可塑性と反復」をテーマに，アムステルダムで開催された。これらの学会の記録は書籍・DVDとしても出版されており，一部ダウンロードが可能なコンテンツを含め，学会ホームページから入手できる。

　現在，世界各国で神経精神分析の活動が展開されている。ひとつの大きな拠点はニューヨークである。ニューヨーク精神分析研究所の神経精神分析センターでは，公開レクチャー・シリーズが毎月開催されており，そのビデオをインターネット上でみることができる。臨床面では2004年に神経精神分析臨床研究センターが設立され，脳損傷をもつクライエントへの心理療法を提供している（http://neuro-npap.org）。ゼルナー（Zellner）を中心とする若手の研究グループも活動している。神経精神分析基金がこれらの臨床・研究・教育活動をサポートしている（http://npsafoundation.org）。ロンドンには国際神経精神分析学会の事務局があり，フォトポーロー（Fotopoulou）やイェイツ（Yeates）を中心としたLondon NPSA Study Groupが開催されている。他に国際神経精神分析学会の重要人物として，ヨヴェル（Yovell）（イスラエル），ノーソフ（Northoff）（ドイツ→カナダ）らの名前を挙げておく。

　筆者らは，神経精神分析の入門書『脳と心的世界』（2007）の翻訳出版を

機に，Kyoto NPSA Study Group をつくり，活動を行っている。そのような中で，専門領域や学派を超えて，同じようなテーマ，関心をもつ方々とのやりとりが広がってきた。

　神経精神分析と連動するように，精神分析や心理療法の世界でも，学派を超えて，神経科学の知見を積極的に取り入れていこうとする動きがある（Ansermet & Magistretti, 2004; 岡野，2006, 2013; Theo, 2006; Wilkinson, 2006, 2010）。ソームズ自身，学派を超えてつなぐことを大切にしており，さまざまな学派の学会に招かれ，学際的対話を熱心に行っている。

心理療法において脳の水準では何が起こっているのか？

1．ミラーニューロンと内的発話——行うことと語ること

　ここで，神経精神分析のひとつのトピックとして，心理療法において脳の水準では何が起こっているのかについて，考えてみたい。

　これまでに心理療法の効果に関連して行われた脳機能イメージング研究はそろって，治療に特異的な変化が「前頭葉（前頭前野）」にみられたと報告している。たとえば，治療前には，不安や恐怖を誘発する対象の刺激により，情動認知にかかわる「扁桃体」の過活動がみられている。心理療法により，不安発作などの症状が消失した後の脳活動をみてみると，不安を誘発する刺激により，扁桃体は治療前とほとんど同程度に活性化しているが，それと同時に前頭葉が強く活性化されている，という所見がみられる。系統発生的に人間において最も高度に発達した前頭前野は，情動や思考をコントロールしつつ，主体的な活動を実現する機能を担っている。それでは心理療法でのやりとりは，どのような仕方でクライエントの脳に影響をおよぼすのだろうか。

　サルの研究や子どもの前頭葉機能発達の研究などから，相手の行為の内在化にかかわる「ミラーニューロン」，相手の言葉の内在化に関わる「内的発話」などの前頭葉機能が報告されている。「ミラーニューロン」とは，相手の行為を見ているだけで，自らの脳に行為している相手と同じパターンの脳

活動がみられる現象のことである。また「内的発話」とは心の中での発話である。たとえば親から「危ないからこの花瓶に触っちゃだめ」と言われた幼い子どもは，当初，花瓶を指差しながら，「あぶない」とか「だめ」といった自分が聞いた言葉をそのままくり返している。このような発話はしだいに内在化され，私たちは自分の心の中で「あぶない」と唱えることになる。この過程の中で受動的に知覚された禁止の言葉が，能動的に自らの行動を抑制する思考に変換されているのが興味深い。このような仕組みは心理療法において脳の水準では何が起こっているのかということを探る手がかりとなる。

2．共感と転移——生身の人間が相対することの大切さ

　心理療法家としてクライエントと接するとき，私たち自身はどのような能力をつかっているのだろうか。心理療法の中では，言語的あるいは非言語的なやりとりが行われる。なかでも表面上の言語的なやりとりの背景にある相手の内面（相手の考えていることや感じていること）を推測する能力のことを，認知神経科学では「心理化（mentalizing）能力」という。とくに感情的な心理化能力，「共感（empathy）」は脳科学のホットなテーマのひとつであり，さまざまな脳科学的知見から，共感が成立するための三つの要素が提唱されている（Decety & Jackson, 2004）。

　私たちはまず無意識的なレベルで瞬間的に，相手の様子，表情や声のトーン，その場の雰囲気を感じとる。この際には知覚-反応結合という脳のメカニズムにより，自身の主観的な感情にかかわる脳部位が活動していることがわかっている。このことにより，自分と相手との間で感情が共有される。それからその感情のそもそもの出どころが自分ではなく，相手であることに気づき，さらに自らの感情的反応を抑制しつつ，相手の視点に立って相手の内面を理解しようとする。

　このように私たちは，自らの身体を通じた無意識的なレベルでの直感を働かせながら，クライエントとの情緒的交流を実現し，その中で相手の内面を思いやる。このような転移の中で，「ミラーニューロン」や「内的発話」などが作用し，クライエント（そしてセラピスト）が変容していく可能性が考えられないだろうか。このような探求はまだ始まったばかりである。

神経科学の視点と精神分析・心理療法の視点を重ねること

　私たちは「心」にアプローチする際，二つの異なった視点を持っている。あなたがいま愛するものを失って悲しんでいる。その状態を，機能的イメージング技術を用いて外側からみれば，私たちは脳のどの部位が活動しているのかという「客観的な」知覚を得ることができる。これは「心」に対する客観的なアプローチで，神経科学が用いる手法である。そのようなときに活動している脳部位，分泌されている物質は，健康な人間であれば，だいたいみなに共通している（病的な状態の場合には，この活動が異常なパターンを示すこともあるだろう）。一方，私たちは内側をみることによって，自分の悲しみについての「主観的な」実感を得る。これは「心」に対する主観的なアプローチで，精神分析・心理療法が用いる手法である。この場合の主観的な内的世界はそれぞれの人において個別的なものである。

　しかし，結局のところ，そのような人の「心」はひとつであり，私たちは同じものを二つの異なった視点からみているに過ぎない。したがって，このような二つの視点をつき合わせることで，私たちは人の「心」についてのより正確な理解を得ることができるだろう。このことは，「人間の心」をテーマとする私たちにとって，強みになる可能性がある（図2-3）。

　神経精神分析はこのような二面的一元論（dual aspect monism）という哲

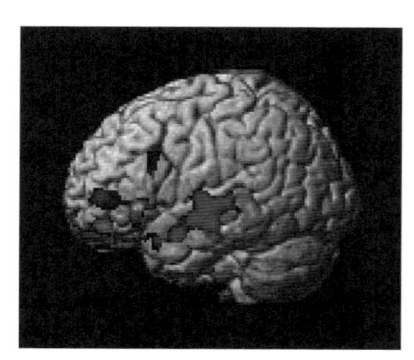

図2-3　「心」についての二つの視点—〈脳イメージング〉と〈風景構成法〉

学的立場をとっている。この立場は心身問題・心脳問題に対する態度にとどまらない。もう少し広く臨床的な視野で捉えると，神経科学と精神分析の視点だけではなく，精神分析や心理療法においても，さまざまな学派の視点がある。それぞれの立場から心についての知見や理論が生み出され，ときに対立することもあろう。

　しかし，これは視点の違いによるもので，結局は人の心というひとつのものを探求しているのだ。ある人は鼻を触って綱のようだと言い，ある人は足を触って柱のようだ，ある人はお腹を触って壁のようだ，と言う。どの人も真実の一端には触れているのだが，視点の違いにより，違った知見が出てくる。このように多様な立場の人々の共存を説く喩えのように，神経科学と精神分析・心理療法も，そして精神分析・心理療法のそれぞれの学派も，お互いの視点の違いを尊重し，共存していけないだろうか。

神経科学は精神分析・心理療法に実りをもたらすのか？

1．理論編

　ここで，精神分析や心理療法にとって，神経科学が実りをもたらすのかどうかについて，筆者の考えを述べたい。精神分析・心理療法は精神分析・心理療法の経験を通して心についての知を見いだし，理論をつくりあげる。一方，神経科学も実験によって知を見いだし，理論をつくりあげる。精神分析・心理療法によって生み出される経験知による理論・モデル，神経科学によって生み出される実験知による理論・モデルのいずれも，人の心／脳の仕組みを探求する経験的／実証的な「メタサイコロジー」である。そのお互いの理論・モデルを照らし合わせることで，視点バイアスが減じ，人間の心／脳についての理解がより正確なものとなる。

　さらに，精神分析・心理療法の経験を通じて積み上げられてきた経験知を，精神分析・心理療法とはまったく別の視点から見いだされた客観性や信頼性の高い神経科学の知見によって検証することができるという利点もある。実際に神経精神分析の活動のなかでは，さまざまな精神分析・心理療法

のテーマが神経科学によって検証されようとしている。加えて，筆者自身が最も興味を持ってこのムーブメントにかかわっているのは，照らし合わせによって新たなアイデアや可能性が生まれるということである。

　注意を喚起しておきたいのは，神経科学の知は客観性が強く説得力があるのだが，だからといって精神分析の知より優れているわけではない，ということである。私たちが精神分析や心理療法の場で経験する主観的でリアルな「心の現象」と，神経科学で扱える「心の実験パラダイム」の間にはまだまだ開きがあり，単純には結びつけられない。

　フロイトは精神分析の経験から夢見る精神のモデルを提出し，ホブソンは神経科学の実験から夢見る脳のモデルを提出した。またソームズは脳損傷患者との精神分析の臨床研究から，両側の前頭葉腹内側部の機能不全により，フロイトが精神分析の経験から見いだした「無意識系」の四つの機能的特徴が現れることを検証し，同じく前頭葉の機能不全が生じる統合失調症や前頭葉が未成熟な子どもにそのような無意識系の特徴が現れやすいことと関連づけている。このように双方からの理論・モデルを照らし合わせることで，その重なりと違いを見いだすことができるだろう。

2．実践編

　2013年にソームズのホームタウン，ケープタウンで開催された第14回国際神経精神分析学会のテーマは，「神経精神分析の臨床的応用」であった。この学会では，「神経科学の知見は果たして私たちの精神分析・心理療法の臨床実践に実りをもたらすのだろうか？」というテーマのもと，ディベート・シンポジウムが行われた。

　神経科学の知見は私たちの臨床実践に実りをもたらさないという立場からは，「臨床実践における現象は，それ自体が固有の体験であり，先入観を持たずにそこで起こっていることを一義的に扱うべきである」，「神経科学の知見はかえって精神分析や心理療法で生じる固有の体験を享受する邪魔をする」，といった意見が提出された。

　一方，神経科学の知見は臨床実践に実りをもたらすという立場からは，「なんらの先入観も持たずにクライエントと会うことは難しい」，「現象の認

識の仕方はセラピストのスキーマに影響されている」，「神経科学の知見は，人間の心を別の側面からみたものであり，心の現象を理解するのに用いない手はない（両面からみることで，視点バイアスが減じる）」，という意見が提出された。

　以上を踏まえての筆者の考えであるが，私たちが精神分析・心理療法を実践しているときは，意識的な思考だけでなく，無意識的な感情・感覚・直感をも現在進行形で働かせながら，やっている。他のスポーツや芸術活動と同様，実践しているときには，意識的に過ぎず，無意識的な動きを大切にすることが必要であろう。しかし，いくら無意識的に実践していても，私たちの心の動きはどこかで無意識的な認知的枠組みの影響を受けている。神経科学の知も，他の精神分析・心理療法の理論と同様，私たちが臨床実践を行っていく上でのひとつの枠組み（framework），スキーマとして機能するのではないだろうか。

　ここでも注意を喚起しておきたいのだが，だからといって神経科学の知識が，精神分析・心理療法の体験を制限するものであってはならない，と思う。精神分析・心理療法のプロセスはその固有の流れにしたがって進め，あるところまで突き詰めてから，神経科学の相関や示唆について振り返ればいい。コラボレーションとしてもそれが大切ではないだろうか。

　私たちの心が動いているときには，意識，無意識，脳，身体，行動のそれぞれのレベルで同時に何かが表現されている。そして，脳のレベルで何かが起こると心に影響が及ぶことからもわかるように，これらのレベルは相関している。そして，それぞれのレベルには，それぞれの特性・ルールがある。

　私たちが生身のセラピストとして，心理療法の中でクライエントと向き合っているときには，意識や無意識のみならず，身体を通してのやりとりも行っている。そのことを考えると，身体レベル・脳レベルで起こっていることについての知，すなわち神経科学や脳科学についての知にも触れていることは，私たちの臨床実践をより豊かにすることにつながるのではないかと考えられる。

　たとえば，臨床実践の中で，精神科医と臨床心理士がお互いの領域に対する理解とオープンマインドを持ち，共有するひとつのケースについての合同カンファレンスの中で，お互いの視点を重ねていくなどの工夫をしていくこ

とが，もっと実現できないだろうか。生物学的な視点は薬物療法に限らず，たとえば脳画像（脳の構造的あるいは機能的変化）による評価なども，今後はどんどん臨床の現場に入ってくることになるだろう。私たち人間が心と身体を持つ生き物であることを思うとき，目の前のクライエントを心と脳の両面から理解しようとする神経精神分析的態度は，クライエントをより全体として理解するための手がかりになるのではないだろうか。

おわりに

　心にかかわるそれぞれの学問領域にはそれぞれのユニークな立場があり，その重要な独自性を安易に統合することはできない。人の心という複雑な現象を研究する上で，このような多様なアプローチが可能であることは，私たちにとっての「強み」でもある。そして，人の心の不可思議さを実感すればするほど，さまざまな学問の個別性を大切にしたいと思う。
　一方，異なる領域で培われた経験をつきあわせてみることもまた重要であろう。そこから新たなアイデアが生まれてくることこそ，このような学際的コラボレーションの面白さではないだろうか。この神経精神分析のような活動を通して，異なる学問領域間の交流がよりスムーズになり，それぞれの豊かな経験が深化し，連携が実りあるものになればと願う。

文献
Ansermet, F. & Magistretti, P. (2004). *A Chacun Son Cerveau*. Odile Jacob. 長野 敬・藤野邦夫(訳) (2006). 脳と無意識. 青土社.
Cacioppo, J. & Berntson, G. (2005). *Social Neuroscience*. New York: Psychology Press.
Decety, J. & Jackson, P. (2004). The functional architecture of human empathy. *Behavioral and Cognitive Neuroscience Reviews*, 3, 71-100.
平尾和之 (2008). 心理療法と脳科学のコラボレーション. 臨床心理学, 8(2), 228-233.
平尾和之 (2011). 神経精神分析（ニューロサイコアナリシス）. 臨床心理学, 11(2), 282-286.
Hirao, K., Naka, H., Narita, K., Futamura, M., Miyata, J., Tanaka, S., Hayashi, A., & Kishimoto, N. (2008). Self in conflict: Recovery from non-fluent aphasia through sandplay therapy—collaboration between subjective and objective image. The 9 th

International Neuropsychoanalysis Congress in Montreal.
Hirao, K., Miyata, J., Namiki, C., Yamada, M., & Murai, T. (2008). Affective mentalizing and medial prefrontal lobe pathology in schizophrenia. The 9th International Neuropsychoanalysis Congress in Montreal
Kandel, E. (1998). A new intellectual framework for psychiatry. *American Journal of Psychiatry*, **155**, 457-469.
Kandel, E. (1999). Biology and the future of psychoanalysis: A new intellectual framework for psychiatry revisited. *American Journal of Psychiatry*, **156**, 505-524.
Kaplan-Solms, K. & Solms, M. (2000). *Clinical Studies in Neuro-Psychoanalysis*. London: Karnac Books.
岸本寛史（2009）．病の意味／無意識的身体心像／脳と心．臨床心理学，**9**(3)，430-432.
岸本寛史（2010）．脳科学から見たフロイトとユング．山中康裕（編）心理学対決！フロイト vs ユング．ナツメ社，pp.178-181.
岡野憲一郎（2006）．脳科学と心の臨床．岩崎学術出版社．
岡野憲一郎（2013）．脳から見える心．岩崎学術出版社．
Panksepp, J. (1998). *Affective Neuroscience*. New York: Oxford University Press.
Solms, M. (1997). *The Neuropsychology of Dreams: A Clinico-Anatomical Study*. London: Psychology Press.
Solms, M. & Turnbull, O. (2002). *The Brain and the Inner World*. New York: Other Press. 平尾和之（訳）（2007）．脳と心的世界――主観的経験のニューロサイエンスへの招待．星和書店．
Theo, A. C. (2006). *Fear of Jung: The Complex Doctrine and Emotional Science*. London: Karnac Books.
Wilkinson, M. (2006). *Coming into Mind: The Mind-Brain Relationship: A Jungian Clinical Perspective*. London: Routledge.
Wilkinson, M. (2010). *Changing Mind in Therapy: Emotion, Attachment, Trauma and Neurobiology*. New York: Norton.

第3章

夢のニューロサイコアナリシス

平尾和之

夢の神経科学にもたらされた二つの新しい知見

　神経科学と精神分析という異なる領域の間で対話を試みることは，実際，どのような可能性と難しさをはらんでいるのだろうか。神経精神分析が国際学会や学会誌を立ち上げた1999～2000年には，「夢」というテーマをめぐっての熱い対話がすでに始まっていた。本章では，第1章の「ニューロサイコアナリシスの黎明」に引き続き，学会誌 *Neuropsychoanalysis* の創刊時より展開された，夢が生じる脳メカニズムとフロイトの夢理論の評価をめぐる，ホブソンとソームズを中心とした"ドリーム・ディベート（夢論争）"を紹介したい[1]。

　ハーバード大学の精神科教授で，睡眠研究の第一人者であるホブソンは（主に動物を対象とした）自らの神経科学研究に基づき，1975年にレム睡眠についての相反性相互作用モデル，1977年には夢見についての活性化統合モデルを発表した（Hobson et al., 1975; Hobson & McCarley, 1977）。これらのモデルは，夢は脳幹から生じる生理現象であって，大脳から生じる感情や思考といった人間の高次機能は関係しない，したがって夢には心理的に複雑な意味はない，と主張するもので，フロイトの夢理論を根本から否定するものだった（図3-2）。

　それから20年，夢の脳メカニズムに関して，二つのエポックメイキングな新しい知見がもたらされた。ひとつは，1997年にソームズによって発表

---

[1] この論争はさらに「意識の科学に向けて」と題された学会でも繰り広げられ，その模様はDVDとして出版された（図3-1）が，残念ながら現在では絶版となっていて入手は難しい。

第3章 夢のニューロサイコアナリシス

図 3-1　ホブソンとソームズのドリーム・ディベート

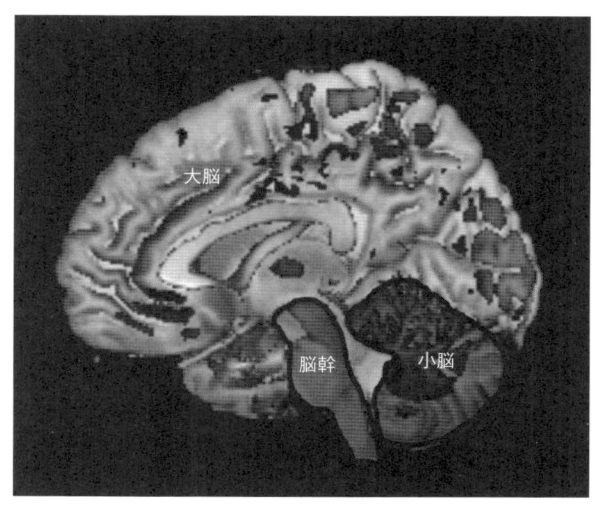

図 3-2　脳幹と大脳
（Chris Rorden's MRIcron ©2012 のテンプレートを元に筆者が作成）

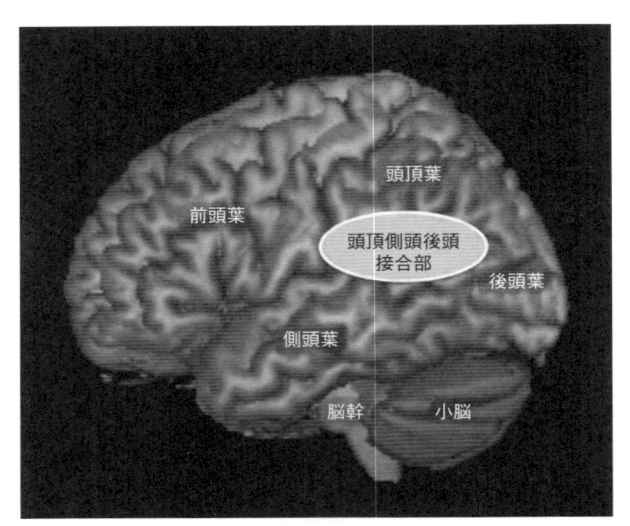

図 3-3　損傷すると夢を見なくなる部位①－頭頂側頭後頭接合部
(Chris Rorden's MRIcron ©2012 のテンプレートを元に筆者が作成)

された，脳卒中や事故の怪我で脳を損傷した人たちにおける夢見の神経心理学研究からの知見である（Solms, 1997）。ソームズは臨床解剖学的な手法を用いて，ホブソンが夢を生成する一次的原動力であるとした脳幹の橋を損傷しても夢を見続ける患者たちが存在することを明らかにした。さらに，損傷すると夢を見なくなるのは，脳幹ではなく大脳の別の部位，すなわち頭頂側頭後頭接合部（図 3-3），あるいは両側の前頭葉腹内側部白質のどちらかを損傷した場合であることを発見した（図 3-4）。

　もうひとつは，時を同じくして発表された PET を用いた神経イメージングの知見で，レム睡眠中の脳活動を撮像すると，大脳はホブソンのモデルのようにでたらめに活性化しているのではなく，情動に関わる辺縁系を含むいくつかの特定の領域に活性化が見られるというものだった（Madsen et al., 1991; Maquet et al., 1996; Braun et al., 1997; Nofzinger et al., 1997：図 3-5）。夢の神経科学領域にもたらされたこれらの二つの新しい知見を踏まえ，ホブソンは自らの夢理論，そしてフロイトの夢理論についてどう考えるのか？　ニューヨークの精神分析研究所にある神経精神分析センターでの発表に引き続き，1999 年，*Neuropsychoanalysis* 誌にホブソンの考えが標的論文

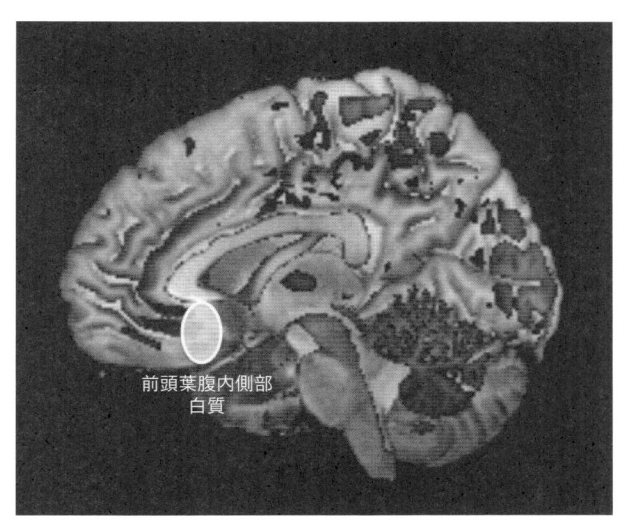

第3章 夢のニューロサイコアナリシス

図3-4 損傷すると夢を見なくなる部位②—前頭葉腹内側部白質
(Chris Rorden's MRIcron ©2012のテンプレートを元に筆者が作成)

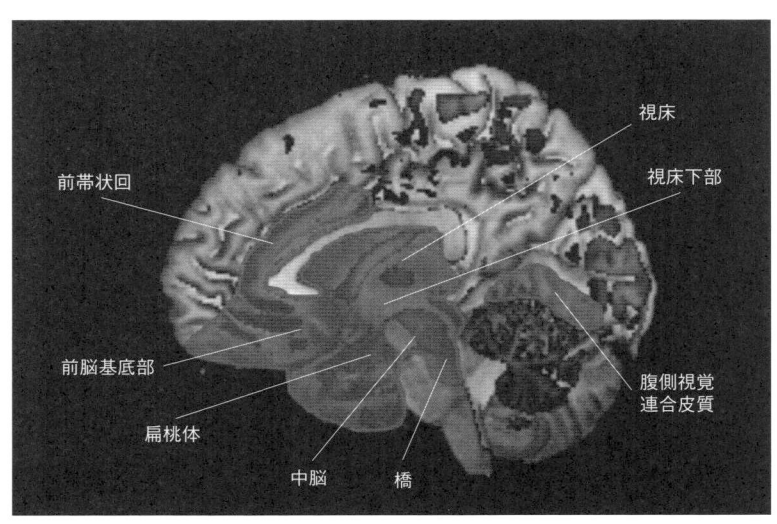

図3-5 レム睡眠中の脳活動—視床下部，視床，扁桃体，海馬，前脳基底部，前帯状回などは，情動や記憶を担う「辺縁系」を構成
(Chris Rorden's MRIcron ©2012のテンプレートを元に筆者が作成)

として掲載された（Hobson, 1999）。

ホブソンによる夢の神経科学モデル

　ホブソンはまず，これら人間を対象とした神経イメージングと脳損傷の研究からの新しい知見によって，これまで自らが動物を対象とした細胞・分子生物学的研究によって示してきた，レム睡眠中の夢の生成における脳幹の役割が補完されたと主張した。一方で，夢の筋書きを選択し練り上げる上で，予想外に情動に関わる辺縁系が顕著な役割を果たしていることを認めた。
　彼はもともとの活性化統合モデルを発展させ，1990年頃より活性化・入力源・修飾（Activation-Input Source-Modulation: AIM）モデルを発表していたが（Hobson, 1990, 1992; Hobson et al., 2000），これらの新しい知見を踏まえ，自らの理論を更新した。彼の主張とフロイトの夢理論に対する評価は以下のようである。
　①夢を生み出す原動力は，睡眠中の脳の活性化によるものだ。レム睡眠中の大脳の活性化は，脳幹の橋のアセチルコリンを分泌する神経細胞の自律的・周期的な興奮である。フロイトが言うような，覚醒時の抑圧から解放された無意識的な願望が高まるからではない。
　②夢が奇妙なのは，橋からのボトムアップ式活性化によってでたらめに大脳が刺激されること，さらに覚醒時には分泌されているセロトニン・ノルアドレナリンの低下とそれに伴う前頭葉の血流変化・活動性低下によって，覚醒時に前頭葉が司るようなトップダウン式のコントロールができなくなることによる（図3-6）。意識に受け入れられない無意識的な願望を中和するために，検閲によって潜在夢が顕在夢に変形されるからではない。
　③夢の視覚的な性質は，橋からの信号（PGO波）が大脳の視覚に関わる部位（外側膝状体と後頭葉）を刺激することによる。フロイトが言うような感覚側への退行ではない。
　④夢の情動的な性質は，情動に関わる大脳の部位（扁桃体などの辺縁系・傍辺縁系皮質）の活性化の産物である。夢においては覚醒時よりも情動が認知に及ぼすインパクトがより明確になり，その夢見手の情動への認知的連想

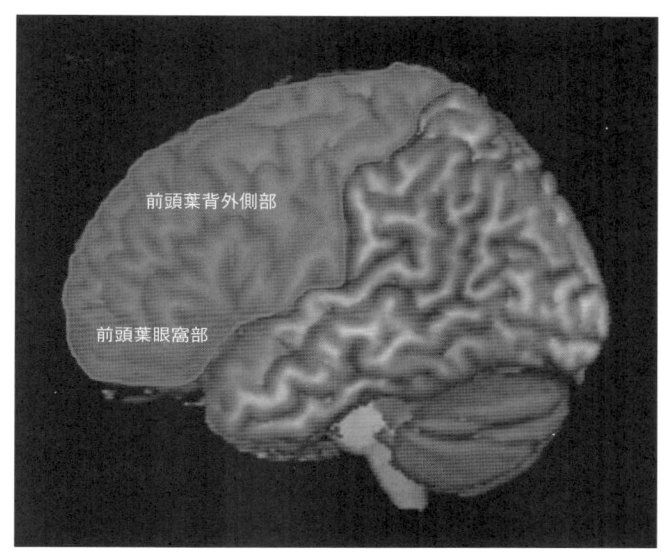

第3章　夢のニューロサイコアナリシス

図 3-6　レム睡眠中の脳活動の低下
（Chris Rorden's MRIcron ©2012 のテンプレートを元に筆者が作成）

や対処法がクリアに表現されている。夢は情動的に重要な関心事を，隠すのではなく明らかにするものである。夢に伴う感情としては，不安，高揚感，怒りの頻度が高いが，フロイトの夢理論ではこのような陰性感情を伴う夢や悪夢をうまく扱えていない。

⑤夢が忘れられやすいのは，覚醒時に注意や記憶を高めているセロトニン・ノルアドレナリンの分泌が低下し，作業記憶（進行中の出来事を一時的に覚えておく記憶）を司る前頭葉の背外側部の活動性が低下するためである（図 3-6）。フロイトの言う抑圧によるものではない。

⑥夢の機能は，レム睡眠の機能とは区別されなければならない。レム睡眠の機能は，体温調節や免疫機能のメンテナンス，また注意などの認知能力の回復や記憶の固定化に関わっているという説がある（Crick & Mitchison, 1983, 1995）。記憶固定化の際には情動が重要な役割を果たしているのかもしれない。生物学的な観点からは，夢はレム睡眠の副産物である。無意識の動機という観点から夢を解釈することは，せん妄や認知症，精神病患者の妄想を解釈するのと同じようなもので，論理的に混乱しているとみれば無意味だ

37

し，情動的な重要性をみれば意味がある。

　結局，夢の検閲説を除けばフロイトの夢理論には何も残らない。夢の語りを主観的な真実として，象徴的に解釈するのは，文学的ではあっても科学的とはいえない。そうホブソンはフロイトを痛烈に批判する。この最初の論文では，ホブソンは基本的に生物学的還元論者の立場をとって，レム睡眠の脳メカニズムを緻密に展開している。しかし，この脳メカニズムに基づいて夢の心理学理論をつくる段になると，とたんに論理が飛躍したり，立場がゆれているようにみえる。精神分析に対しては，非常に好戦的である。

ソームズによる夢のドーパミン仮説

　このホブソンの標的論文に対して，ソームズは次のように応える（Solms, 1999）。ホブソンは依然としてレム睡眠の脳幹メカニズムによって夢見を説明しているが，「夢見の脳メカニズム」と「レム睡眠の脳メカニズム」はそれぞれ異なったものとして区別する必要がある。①夢見がノンレム睡眠中（特に寝入りばなと朝目が覚める直前）にも生じること，②脳幹橋の損傷患者ではレム睡眠がなくなるが夢は見続けること，③大脳辺縁系を発生源とするてんかんの複雑部分発作に伴ってノンレム睡眠中に夢が生じることから証明されるように，夢見とレム睡眠に乖離がみられるからである。レム睡眠でないときの夢見は，当然ながら，ホブソンが主張するような脳幹メカニズムやアセチルコリンによる神経修飾からは説明できない。

　ソームズが自らの神経心理学的研究によって夢見に必要な部位として発見したのは，頭頂側頭後頭接合部に加え，両側の前頭葉腹内側部白質であった（Solms, 1997：図3-4）。白質とは，神経細胞の信号の通り道である軸索の集まった部分である。この前頭葉中央奥深くの部位は脳構造の中でも比較的守られていて，病気や怪我でこの部位を損傷する患者は多くはないのだが，歴史的にはこの部位に損傷を受けた患者が多くいた。それは，統合失調症などの幻覚妄想の治療のために，前頭葉白質切断術という精神外科的処置を受けた人たちだった。これらの人々は術後，幻覚妄想が治まると同時に，夢も見なくなるということが以前から知られていた。

この部位は中脳から辺縁系，中脳から皮質へのドーパミンの伝達経路である。現在では前頭葉白質切断術は行われなくなっているが，統合失調症の治療に用いられる抗精神病薬はこのドーパミン伝達を遮断するという効果を持っている。このドーパミンというホブソンの夢のモデルでは出てこなかった神経伝達物質が，実は私たちの夢見の原動力になっているのではないかとソームズは考えた（これら二つの脳部位に損傷のある患者は，脳損傷後，夢を見ることがなくなったが，一方で，レム睡眠は保たれていた）。この前頭葉腹内側部白質を損傷した患者を精神分析的な観点から見ていくと，精神分析で言うリビドーが枯渇していることもわかった。

　さらに，ハートマンは，健康な人にドーパミンを飲んでもらい，夢見がどう変わるかという実験を行ったが，ドーパミンを飲んだ群は，レム睡眠の頻度は変わらないが，より鮮やかで強い感情を伴った夢を見ることがわかった（Hartmann et al., 1980）。ドーパミンは食欲，性欲，意欲など「欲」に関わる神経修飾物質で，対象世界への私たちの欲求的な関心を駆動する，動機づけに関わる探求（SEEKING）システム（Panksepp, 1998）を活性化させるものである（第8章参照）。このドーパミン作動性の探求システムこそ，夢を生み出す一次的原動力であると，ソームズは結論づけた。これは，夢は願望によって動機づけられているというフロイトの理論に合致する。

　フロイトの夢の検閲説へのホブソンの批判に対しては，フロイトは夢の奇妙さを検閲によるものだけで説明していないと，ソームズは反論する。睡眠中にはエスに対して自我が弱まり，現実原理に従う「二次過程」から快原理に従う「一次過程」に退行するのだというフロイトの考えは，夢の奇妙さを前頭葉背外側部の活動性低下によるものとするホブソンの説に矛盾しない（図3-6）。検閲はさらに自我に大きな不安を生じさせるようなときに働く。この検閲の神経相関物は，レム睡眠中にも活動がみられる前頭葉腹内側部ではないか，とソームズは推測する（図3-5）。ソームズの神経心理学的研究において，前頭葉腹内側部を損傷した患者では，この検閲機能が働かなくなった状態が見られたからである。

　ソームズは夢見の脳メカニズムを次のように考えている。睡眠中には現在進行形の心のプロセスがある。このプロセス中に，眠っている者を覚醒させる何かが起こる。これは心のプロセスそのものかもしれないし，外界からの

刺激かもしれないし，レム睡眠かもしれない。この刺激は眠っている脳を活性化させ，睡眠者を目覚めさせる恐れがある。もし，この覚醒刺激が（リビドー的な）欲求的関心を引いた場合は，前頭葉腹内側部のドーパミン作動性「探求システム」が興奮し，夢が始まる（図3-5）。

　欲求的関心は通常，目的志向性を持った活動の原動力となり，行動化される。しかし，実際に行動化されてしまうと睡眠は維持できない。そのようなわけで，睡眠中は前頭葉背外側部が担う脳の実行機能は（背髄の運動システムとともに）活動性が低下しているのだ（図3-6）。このような活動システムが利用できない結果，情動と記憶システムは知覚システムを準備し，幻覚に至る。運動性の活動の代わりに，退行的な幻覚プロセスが起こるのだ。これが夢の仕事の基本である。

　前頭葉の腹内側部の動機づけシステムから，まずは側頭葉の内側部（扁桃体・海馬）における情動とエピソード記憶の退行的な活性化があり，それから頭頂側頭後頭接合部での意味的処理と空間的表象システムを通って，最後に，後方的に腹側側頭後頭領域の視覚システムに至る（これが顕在夢における意識的な視覚体験を表象する：図3-5）。そこで生じる幻覚的な体験は，前頭葉の背外側部の現実検討機能の活動性低下のために，実際の出来事と誤って受け取られる。夢の幻覚的な体験が無批判に実際の出来事として受け取られる別の理由は，前脳基底核が夢見の睡眠中は抑制されているからかもしれないし，その抑制はレム睡眠中の橋からのアセチルコリンによる活性化が前脳基底核に及ぼす特異的な効果かもしれない。この前脳基底部の損傷患者は幻想と現実を区別できなくなることがわかっている（Solms, 1997）。

フロイトの亡霊？

　この二人の熱い論争に対して，PET研究でレム睡眠中の脳活動を明らかにしたブラウンは，神経科学者の立場から次のように論じる（Braun, 1999）。ホブソンのAIMモデルは，彼らのPET研究やソームズの臨床解剖学的研究を受けて，夢見における大脳の活発な役割を認め，修正されている。ソームズの議論は，ホブソンが20年前に提出した活性化統合モデル，

すなわち夢は脳幹からのでたらめな刺激を大脳が二次的に統合しようとする試みで，夢には心理学的に複雑な意味はないとする考えに，対抗するものであるかのようだ。ホブソンはいまや情動的に重要な記憶が夢の筋書きを形づくると主張している。ホブソンの情動的重要性とソームズの動機づけられた心の状態は重なっているのではないか。

　さらに，レム睡眠中のPET研究では，アセチルコリンの起始部である橋もドーパミンの起始部である中脳も両方とも活性化している（図3-5）。ドーパミンとアセチルコリンの分泌に関わる核同士もそれぞれつながりを持っており，ホブソンのレム睡眠夢とソームズのドーパミン媒介夢は統合的に説明できるかもしれない。ブラウンはこのように二人のモデルの重なりと統合の可能性を示唆する。

　一方，ホブソンが指摘するように，フロイトの夢理論である検閲説については，PETデータからはうまく説明できない。レム睡眠中には前頭葉背外側部と眼窩部の活動性は低下している（図3-6）。前頭葉背外側部は，作業記憶に加えて，自己モニタリング，合理化，意味的・象徴的処理を行っている。フロイトの夢理論における無意識から現れる衝動の隠ぺい，このような衝動や願望の検閲，衝動や願望を受け入れ可能な夢の象徴に変形するという「二次過程」を担うであろう前頭葉背外側部はどの睡眠段階においても活動性が低下している。現実原理を停止して快原理に従っている状態で，フロイトの言葉で言えばむしろ「一次過程」への退行と言えるのではないか。

　前頭葉の背外側部と眼窩部の活動性低下は，潜在夢を顕在夢にする象徴や圧縮ができないことを示すだけでなく，それ自体が夢の特徴（批判的洞察の欠如，注意をシフトできないこと）の多くを説明する。夢の奇妙さ（時間や場所を認識する見当識の自律的な変化，物語が一貫していないこと，同一性の移動と変形）は，作業記憶が働いておらず，その結果生じる一貫した文脈の欠如とみることができる。したがって，夢には潜在内容はない。しかしながら，検閲は受けていないが歪んだ欲動や記憶やそれに伴うイメージは，意味にあふれている。変形されて解読が必要な状態ではなく，夢の意味は表面に描かれているのだ。ユングがユダヤ教の律法，道徳，習慣をまとめたタルムードを引用して述べているように「夢は自ずから解釈を提示している」のである（Jung, 1937）。

ブラウンは自身の論文を次のように締めくくる。有能な生物学的精神医学者であるホブソンはいまや還元論者に対抗して主観的意識経験を情熱的に主張している。精神分析家であるソームズは力動的心理学に神経科学的な光を当てようと試みている。これらの紳士は共通の地平に近づいているようにみえる。フロイトの亡霊だけが邪魔をしているのかもしれない。

ホブソンのフロイト批判
——夢は隠すのではなく，露わにしている

　自らの標的論文に対する以上のようなコメントに対し，ホブソンは次の論文で応えた（Hobson & Pace-Schott, 1999）。夢がノンレム睡眠中にも生じ，そのときにレム睡眠夢と区別がつかない夢があることから，夢見＝レム睡眠という見方が無効であることは認める。しかし，レム睡眠が夢見を安定持続させるのに最も適した状態であることは変わらない。

　そして，夢見における大脳の役割の重要性，とりわけ情動に関わる辺縁系の活性化の重要性を認め，夢には心理学的に複雑な意味はない，との見解は撤回する。夢の筋書きのつくられ方は，それぞれの夢見手の認知や情動のスタイル，個人史的な経験について知らせてくれ，個人的な意味を見いだしたり，夢見手をよく理解する機会となる。しかし，大脳は脳幹からの影響を受けており，覚醒から夢見に至るまでどのような意識状態においても，やはり脳幹は重要な役割を果たしている。

　ホブソンはこの論文において，あらためて夢見の脳メカニズムについての統合モデルを提示する。夢見は大脳が活性化されていて，脳の入力・出力ゲートが閉まっているときに生じる。このような状態は，睡眠開始時，レム睡眠時，目覚め前である。このうち持続的な夢見にとって最適な生理学的状態はレム睡眠で，神経修飾物質がセロトニン・ノルアドレナリンからアセチルコリンに移行している。この移行は少なくとも脳幹，視床下部，視床，辺縁系のレベルで生じている。ドーパミンの役割は明らかでないが，予備的なエビデンスによれば，夢見を増強させるような役割を果たしているかもしれない。

夢見はレム睡眠中に最も起こりやすく，レム睡眠中には，脳幹橋，前脳基底部，辺縁系（とりわけ扁桃体），傍辺縁系皮質，各知覚の連合皮質，頭頂側頭後頭接合部が選択的に活性化されている（図3-5）。前頭葉背外側部は活動性が低下していて，これはすべての睡眠段階でそうである（図3-6）。夢見は，空間認知に関わる頭頂側頭後頭接合部や，前頭葉内側部が皮質下入力から切り離される損傷によって，少なくとも一時的に停止したり減弱したりする（図3-2，3-3）。辺縁系や傍辺縁系領域の損傷によって夢見が増強したり，視覚連合皮質の個々の領域の損傷によって夢内容の視覚要素が変化する（モノクロの夢になったり，静止画の夢になったり）。

　夢意識は脳が入力・出力情報から切り離され，セロトニン・ノルアドレナリン修飾が減じ，前頭葉の働きが弱まったときに生じやすい。このような生理学的な状態によって，夢における記憶や見当識の障害，奇妙な認知，思考コントロールの欠如，自省的な気づきの不十分さが説明できる。さらに，アセチルコリン作動性の脳幹からの自律的・周期的な活性化，辺縁系の局所的な活性化，後外側皮質の活性化の組み合わせが，夢においては情動が強まり，視覚性の幻覚を体験することにつながっている。

　しかし，このような夢見の脳メカニズムについての自らの統合モデルに照らして，フロイトの夢理論についての否定的見解は変わらなかった。夢の原動力としての無意識的な願望について，夢は確かに動機づけられている。この動機づけは不安や高揚や怒りなどの感情に結びついているかもしれない。これらは脳で生じるという点で身体的な欲動だが，特にフロイト的な意味での無意識的な願望ではないとホブソンは言う。

　さらに，ソームズの夢のドーパミン仮説に対しても，ホブソンは神経科学的知見を重ね，反論する。薬理学的なエビデンスの複雑さを踏まえると，ソームズのドーパミン仮説は一つの可能性に過ぎず，夢見におけるドーパミンの役割を過大評価している。しかしながら，ドーパミン仮説を検証する必要はあるし，ドーパミンが動機づけを媒介していて，動機づけが夢の意識状態の主要な要素であることは認める。夢の中で私たちはいつも何かを探したり，何かをやろうとしていたり，移動したりしている。しかし，この動機づけはフロイトの言う抑圧から解放された無意識的な願望とは異なる。

　夢の奇妙さのメカニズムとしての夢の検閲説は，最も大きな争点である。

夢は確かに圧縮や置換や象徴化に関わっている。これは連想の統合や方向づけられた思考，自己モニタリングの力を損なった状態で，心が情動的に重要な一貫した筋書きを生み出そうとしているからである。このような心のプロセスが防衛的（フロイト的）に解釈される必要はまったくない。異常な生理学的状態で脳／心が働いているのである。それは器質的に決められたものだ。精神力動的な重要性はこれまでの精神分析の偏見から自由に論じられる必要がある。

　ホブソンは，ブラウンの言う「夢は自ずから解釈を提示している」という見解に同意する。夢は現在の心配や過去の葛藤や認知・情動スタイルの「率直な」統合である。明らかな情動的重要性によって特徴づけられている。夢は隠すのではなく，露わにしているのだ。ブラウンが指摘しているように，ソームズが主張している前頭葉腹内側部は夢の変形の役割を果たさない。このような役割を果たす前頭葉背外側部や眼窩部の活動性は低下している[2]。夢見の奇妙な認知は，脳の組織化能力が失われるためであって，内的刺激から受け入れられない意味を取り除く入念な変形のためではない。検閲説が否定されたら，フロイトの夢理論には何も残らない。

ソームズの反論——夢＝レム睡眠ではない

　これに対してソームズもさらに応じる（Solms, 2000）。まず夢の脳メカニズムについて，あらためて夢見とレム睡眠は独立した事象であることを確認し，ホブソンらのソームズに対する批判の多くは，夢見とレム睡眠を同一のものとしているところに基づいている，と反論する。さらに，覚醒から夢見に至るまでどのような意識状態においてもやはり脳幹は重要な役割を果たしているとするホブソンに対して，ソームズは次のように論じる。脳幹は単に

---

[2] 近年，従来は低下しているとされていたレム睡眠中の前頭葉背外側部の活動が，一過性に増加しているとの知見が脳磁図（Corsi-Cabrera et al., 2008; Ioannides et al., 2009），fMRI（Hong et al., 2008），および NIRS を用いた研究（Kubota et al., 2011，本書執筆者のひとり）により得られている。これらの活動は従来の測定法の時間解像度では捉えがたい短時間のものであり，夢見中の変容した自己意識の生成と関連しているかもしれない。

意識的な体験に背景を提供しているだけで，レム睡眠を生じさせる脳幹メカニズムは夢の生成に必要でも十分でもない。夢見はノンレム睡眠のような別の意識をサポートするメカニズムでも生じる。夢生成メカニズムの最も有望な候補はドーパミン作動性の探求システムである。

　夢に検閲が働いているかどうかについては，前頭葉腹内側部の損傷によってフロイトが検閲として特徴づけた機能が重度に障害された自らの事例をもとに，前帯状回を含む前頭葉腹内側部，前脳基底核，そして視床や基底核のいくつかの要素（これらはすべて選択的注意やゲーティング機能を担っている）が検閲機能に関わっていることが示唆されるとする。少なくともレム睡眠中にはこれらの構造は活性化している（図３-５）。その活性化は覚醒時に比べると低いのだが，フロイトも睡眠中は検閲機能が比較的弱まっているとしている。前頭葉背外側部や眼窩部の活動性低下に比べると比較的には活性化しているのである。この前頭葉腹内側部を損傷すると，非常にしばしば強い夢を見ることは，検閲機能が働かなくなったためであるとも考えられる。

　一方でソームズは，神経科学と精神分析の対話において，精神分析の側が，現代の神経科学的知見から利益を得られるよう，開かれていることの重要性も強調する。精神分析におけるライバル同士の争点を解決するために，あいまいな問題を明らかにするために，行き詰まりを乗り越えるために，神経科学的な知見は有益である。しかし，精神分析の概念を神経科学の調査に委ねる前に，このような概念の身体的相関物をしっかり決定する必要がある。そうしないと梨（レム睡眠）を計測してリンゴ（夢）を検証するような危険がある。夢見＝レム睡眠とすることによって，空腹で泣いている赤ん坊の空腹（レム睡眠）の生理学的メカニズムを説明して，泣くこと（夢）の生理学的メカニズムを説明したことになってしまう過ちを犯してしまう。

　そしてソームズは，夢についての精神分析からの知見を同等に尊重する姿勢を強調する。この姿勢に応え，論争に刺激された精神分析家たちが議論に参加していく。

夢に潜在内容はあるのか？——精神分析の経験から

　オストウはニューヨークの精神分析研究開発基金，神経科学・精神薬理学・精神分析研究グループの長を務める精神科医で，第1章で述べられたようにソームズとカンデルの出会いをアレンジした人物である。彼はこの論争において自らの精神分析の経験から臨床事例を提示し，夢の潜在内容の妥当性について問いかける（Ostow, 2000）。
　25歳の女性がオストウのもとにやって来た。彼女は父親が橋から飛び降り自殺をしたことを知らされてショックを受けていた。分析の中で，彼女は前夜入眠時の夢の体験について語る。「眠ろうと横になったとき，部屋がボートになって，まるで波に揺られているようでした。漕ぎに出て，橋の下のお父さんに会いに行くような感じがしました。お父さんが水の中に身投げした，まさにその場所に」。これは顕在内容である。しかし，彼女が父親に合流しようとしているとすれば，それは何を意味するだろうか？　彼女は死を企図しているのではないか？　彼女の部屋はアパートの6階にあった。彼女はガラス戸を開けてバルコニーに出ていただろうか？　実際，彼女はそうしていた。彼女は地面を見下ろしていただろうか？　やはりそうしていた。潜在内容は明らかで，彼女は入院となった。潜在内容を突き止めていなかったら，どうなっていただろうか？
　それから12年後，彼女は結婚していたが，夫とのいさかいから離婚を考えていた。分析の中で，彼女は次のような夢を報告する。「私はキッチンの戸棚の前に立っていて，夫が私に皿を手渡します。彼はそれを私の手に載せます。私はそれを割ってしまうのではないかと恐れています」。夢の中の皿は結婚祝いにもらったもので，前夜，その皿を使って彼女たちは来客をもてなしていた。彼女はこの夢を，自分が結婚生活を壊してしまうのではないかと恐れている，という意味に解釈した。分析家にとってもそれは妥当な解釈に思える。夢の顕在内容の感情である「皿を割ってしまうのではないか」という恐れは，彼女自らが提供した潜在内容，すなわち「結婚生活を壊してしまうのではないか」という恐れと同じである。しかし，彼女が意識的には抱

えられないような心配こそ，夢には表現されるのではないだろうか？
　オストウは「彼がそれを私の手に載せる」という一見取るに足らない細かい部分に注目する。このイメージは身体的な要素を導入するように思われる。手についての夢は，たとえば，マスターベーションに関する恥ずかしい気持ちを扱っていることがしばしばあり，夢見手はそのような気持ちを抑圧しようとする。それで，分析家は彼女に，皿を洗った後，夢を見るまでの間に，何か性的なことがなかったかを尋ねた。実はそういうことがあり，問題になっていた。その夜，夫が性的なアプローチをしてきたのだが，彼女はかつての症状がぶり返してきて，動揺していたのだ。彼女は分析治療を受ける前，男性との性的な交わりが始まると，レイプされるように感じ，拒否していた。その結果，大事に思っていた若い男性を何人も失っていた。その晩，夫が彼女の身体に手を触れたとき，彼女はショックを受け，引き離すのに精一杯だった。再発におびえていたのだ。
　この問題については，分析治療の中で以前に扱っていて，彼女の男性との身体接触への抵抗感は，3歳のときに，父親が彼女を風呂に入れながら彼の性器で遊ぶようにさせていたという経験と結びついていることが明らかになっていた。彼女は姉妹の中でも特に父親に愛着を持っていて，父親が気にかけてくれるのを嬉しく思っていたが，青年期に性的な経験をするようになってはじめて反抗心が出てきていた。このような背景があったので，彼女と分析家は，夢の中で彼女の手に夫が載せた壊れやすい皿は夫のペニスで，彼女はそれを傷つけるかもしれないと恐れている，という解釈に至った。「寝る前にトイレの開いているドアの前を通り過ぎるとき，夫が小便をしていて，彼のだらんとしたペニスがとても弱々しくみえると思いました」。
　これが潜在内容だろうか？　ホブソンならこのような夢をどう扱うだろうか？　オストウはそう問いかける。オストウがこの事例を通して示すように，フロイトの探求した性と死のテーマは，現代においても依然として意識下に抑圧されやすいものであるだろう。
　このように争点である夢の検閲説については，精神分析の側からも次々に議論が展開される。香港のユーは，ホブソンらがフロイトの夢理論を顕在内容と潜在内容の違いに恣意的に限定するのは間違っている，と指摘する（Yu, 2000）。フロイトはすべての夢が変形されていると主張したわけではない。

47

変形を受けていない「率直な夢」が多くみられる中で，私たちの心的生活から切り離されて意味がわからない夢においてこそ，顕在内容と潜在内容の区別が重要になってくると述べているのである（Freud, 1901）。さらに，臨床においては，ひとつの夢に対して，顕在内容と潜在内容という二分法ではなく，顕在内容から潜在内容に至るまでの連続体の中で，多層的な解釈が役立つことが多い。夢の顕在内容を以前の情動体験や無意識的な素材という潜在内容に結びつけることによって，多層的な解釈が可能になり，クライエントをより深く理解することができる。

オーストラリアのボアグは，フロイト理論における「抑圧」と「検閲」という二つの競合する概念を整理することによって，フロイトの夢理論と神経科学の知見との整合性がとれると論じる（Boag, 2006）。夢の内容を意図的に変形する主体として働くような「検閲」というフロイトの説明は，問題がある。一方，フロイトの精神分析理論においてより全般的に展開される「抑圧」という説明は，動機づけられた葛藤によって引き起こされる認知的な抑制の観点から，神経レベルでの抑制と関連づけることができる。このような観点からは，夢の奇妙さは，願望の直接的な表現を妨げるべく，内的に生じた葛藤の中から形成される，代理目的の表現として捉えられる。

夢論争を通して見えてくるもの

ホブソンは 2001 年に脳梗塞で倒れる。運命のいたずらからか，脳梗塞を生じた部位は，自らが探求してきた脳幹であった。一命をとりとめたホブソンは，科学者らしく，自らの状態を観察し，記録する。梗塞は脳幹だけで生じたので，長期的に認知障害が残ることはなかった。しかし，脳梗塞を生じた直後にホブソンが苦しんだ症状は不眠と幻覚だった。約 1 か月して，ホブソンは初めて鮮やかで持続的な夢を見た。その夢にはホブソンが抱いていた不安，強い感情が表現されていた。このような自らの身を持った体験を経て，ホブソンは夢見には脳幹と大脳の両方の働きが必要であること，夢見に感情が密接に関わっていることをあらためて認めるようになった（Rock, 2004/2009）。ホブソンはその後，意識研究のほうに傾斜し，意識の一状態と

しての，夢意識，夢原意識説を展開している（Hobson, 2004, 2009; Hobson & Friston, 2012）。

　一方，ソームズも，レム睡眠を引き起こす脳メカニズムとは別個の夢を紡ぎだす脳メカニズムを解明するために，機能的 MRI を用いて，ノンレム睡眠中にレム睡眠時の夢と質的に変わらない鮮やかな夢を見ているときの脳の活動を調べる研究に向かった。争点の一つである夢の検閲説については，夢の非論理性や奇妙さを説明するのに，能動的に変形させるような検閲という仮説は必要なく，快原理に従う一次過程への退行だけで十分かもしれない，という考えも持つようになった（Solms & Turnbull, 2002/2007）。2006 年の「意識の科学にむけて」と題された学会では，ホブソンとソームズのいわゆる"ドリーム・ディベート"が実現した（図 3-1）。

　この夢論争を通して，ホブソンは自身の夢の神経科学モデルを更新した。さらに，神経科学に基づいた自らの夢理論が臨床実践に示唆するところをより意識していっているようにみえる。一方，ソームズも自らの夢の神経科学モデルをより精緻化し，その仮説を検証すべく次の研究に向かって行く。さらに，神経科学的知見に照らした精神分析の夢理論の修正を意識していっているようにみえる。このように双方の視点を突き合わせ，お互いの心／脳に対する理解を深め，次の臨床・研究に臨んでいくことは，このような論争の生産的意義であろう。

　一方，この論争は異なる領域間の対話の困難さも浮き彫りにする。ホブソンは神経科学者として，心の現象は神経科学によって脳のレベルの現象として説明できるという還元論者に近い。これはホブソンだけでなく，多くの神経科学者の立場であろう。ホブソンの議論は，科学者として，科学的にはフェアで，緻密である。ブラウンらによる神経イメージングやソームズによる神経心理学からの新しい知見に対しても，フェアに受け止め，自らの理論を修正している。しかしながら，精神分析に対しては必要以上に敵意を前面に出し，その評価はかなり偏見に歪んでいるようにみえる。夢の検閲説は間違っている，したがってフロイトの夢理論は間違っている，したがって精神分析全体が間違っている，という極端な論調である。その攻撃性を受けてのソームズの反応は，フロイトの夢理論全体を擁護するような防衛的なものになる。

異なる領域間の対話においては，自分の専門領域ではない事柄について，相手に対する尊重がないと，相手を負かすことはできても，自分の領域を豊かにしたり，そこから何か新しいものを生み出していくような生産性は生まれてこないのではないかと思う。ソームズは，重要な意見の相違は残っているものの，ホブソンの最初の活性化統合モデルより AIM モデル，さらには統合モデルにはより同意できるとしている。この論争の中で，ホブソンとソームズが近づきながら，フロイトの亡霊が邪魔をしているとブラウンが述べているのに対して，ソームズは，フロイトの亡霊だけではなく，一世紀にわたって神経科学と精神分析という二つの学派を隔ててきた両陣営の亡霊――マイネルト[3]の亡霊もフロイトの亡霊同様，邪魔をしていると述べている。神経科学と精神分析の実ある対話のためには，お互いを尊重すること，人の心という私たちのテーマの複雑さに向き合う謙虚さ，それがいかに不快なものであったとしても経験的な事実を受け入れる純粋なコミットメントが必要であると。

精神分析と神経科学の両面から心／脳の現象を捉えること

　このように展開していく夢論争の中で，双方の視点を同等に尊重し，新しい知見を取り込んでいこうとするライザーらの態度は印象的である。エール大学精神科教授のライザーは次のように論じている（Reiser, 1999）。この論争においては，心脳問題の難しさがある。心と脳のそれぞれのレベルで生じている現象の関係は，因果関係というよりは相関関係にある。脳のレベルで生じるレム睡眠という現象は，心のレベルで生じる夢と同じではない。したがって，脳レベルのレム睡眠の知見によって，心のレベルのフロイトの夢理論が間違っていると証明することはできない。
　しかしながら，ここで注目すべきは，夢の重要な要素である情動は心と身

---

[3] テオドール・マイネルト（Theodor H. Meynert）は19世紀後半に活躍したオーストリアの精神科医・神経解剖学者。ホブソンの研究対象であるアセチルコリン作動性のマイネルト基底核の名前は彼に由来する。フロイトも一時期，マイネルトの下で研究したが，後に袂を分かった。

体両方の領域にまたがっている，ということである（LeDoux, 1996）。フロイト理論においても，欲動は心と身体をつなぐ概念だ（Freud, 1915）。双方の視点を同等に尊重するような，心理生物学的な観点から，夢をみていけないか？　ライザーはそう提案する。

　心のレベルにおける精神分析的研究からは，夢に表象される考えや記憶は，結節点をもったネットワーク状に配置されていると考えられる（Freud, 1900）。さらに最近の臨床研究からは，印象的な感情体験を伴って知覚されたイメージがこの結節点となる，長期記憶のネットワークも明らかになってきた。ライザーはこれを記憶の感情的組織化の原理と呼ぶ（Reiser, 1984, 1990）。

　一方，脳のレベルにおける実験的認知神経科学からは，皮質と辺縁系を結ぶ回路によって，現在の知覚が情動に結びつけられ，過去の情動記憶に照らし合わせて，意味あるものになるという，神経記憶ネットワークが明らかになっている。この知見に合致するウィンソンやクリックらによるレム睡眠の「オフライン情報処理」説は，以下のようである（Winson, 1985; Crick & Mitchison, 1983）。レム睡眠中には，外界からの入力・外界への出力が遮断された「オフライン」の状態で，日中に刻まれた新しい記憶が過去に経験してきた記憶と照合され，情動的に意味があるか，生存に重要かどうかが判断される。そうして選り分けられた重要な記憶が長期記憶として固定化されるのである。このようにして，個体は日中に出会う初めての経験に対して，蓄積された経験からの学習に基づいて行動することができるのだ。夢は，このような「オフライン情報処理」の中で，プリントアウトされるようなものである。

　ここでライザーは，自らの精神分析の経験から二つの臨床事例を提示する。そのうちのひとつの事例は，キャロルという女性である。彼女は4歳半のときに母親を亡くしていた。出産時に思いがけず亡くなったのだ。陣痛が始まる前の日，キャロルは喧嘩し，母親のお腹を蹴っていた。それ以降，彼女はずっと母親の死に対する罪責感を持っていた。

　35歳になり，彼女は妊娠のことを考えていて，次のような夢を見た。「私はトイレの中にいて，出ようと思いますが，扉が固く閉まっていて，外に出られません。心臓がドキドキします。体が震えて，息が詰まったように感じ

ます」。

　この夢に対する連想として，彼女は8歳のときに母親のお墓を訪れたことを思い出した。そこでおしっこをしたくなり，地下のトイレに行ったのだ。トイレに座りながら，彼女は冷たく湿ったコンクリートの壁に触れ，思った。「お母さんはちょうどこの壁の反対側にいる。もしお母さんが生きたまま埋められていて，出られないでいるとしたら，どうなるだろう？」。彼女はパニックとなり（心臓がドキドキし，汗が出て，手が震え，息が詰まりそうに感じて），階段を駆け上がって屋外に飛び出した。

　この事例では，夢によって，妊娠についての現在の不安が，お母さんが生きたまま埋められていて出られないかもしれないという，お墓でのファンタジーの記憶とつながった。このつながりは夢の中のパニックによって明らかになった。このように，現在の問題は過去の問題とつながりを持つが，その際に感情体験を伴ったイメージによってつながれる。このようなイメージは，「でたらめ」ではなく，現在の葛藤に結びついた感情によって，過去の記憶ネットワークから「選ばれて」夢に表れると考えられる。

　以上のような臨床研究からも示されるように，夢の内容は夢見手の現在の葛藤や人生の問題と関連していることが示される（Cartwright, 1977, 1991）。これは上記に述べたような認知神経科学の知見とも合致する。しかし，夢見手の現在の生活の問題，個人史，夢の内容，特に夢のイメージに対する自由連想という，心理学レベルでの情報がなければ，目の前のクライエントの心／脳の状態を統合的には理解できないだろう。

　神経科学からのデータと精神分析からのデータは補い合うものである。お互いに豊かになり生産的であるように。神経科学のデータに照らしてフロイトの定式が正しいか正しくないかという観点からの論争は，どちらに肩入れするかという偏見をデータや理論の評価に導入するだけで，非生産的である。フロイトの豊かな理論的遺産を仮説の生成源とするのがより生産的なのではないか。このように論じるライザーの態度こそ，神経精神分析のキーコンセプトである，二面的一元論に立っているように思う。

文献

Boag, S. (2006). Freudian dream theory, dream bizarreness, and the disguise-censor controversy. *Neuropsychoanalysis*, 8, 5-16.

Braun, A. R. (1999). Commentary on "The new neuropsychology of sleep: Implications for psychoanalysis." *Neuropsychoanalysis*, 1, 196-201.

Braun, A. R., Balkin, T. J., Wesensten, N. J., Carson, R. E., Varga, M., Baldwin, P., Selbie, S., Belenky, G., & Herscovitch, P. (1997). Regional cerebral blood flow throughout the sleep-wake cycle. An H_2 ^{15}O PET study. *Brain*, 120, 1173-1197.

Braun, A. R., Balkin, T. J., Wesensten, N. J., Gwadry, F., Carson, R. E., Varga, M., Baldwin, P., Belenky, G., & Herscovitch, P. (1998). Dissociated pattern of activity in visual cortices and their projections during human rapid/eye movement sleep. *Science*, 279, 91-95.

Cartwright, R. D. (1977). *Night Life*, Vol. 1. Englewood Cliffs, NJ: Prentice-Hall.

Cartwright, R. D. (1991). Dreams that work: The relation of dream incorporation in adaptation to stressful events. *Dreaming*, 1, 3-10.

Corsi-Cabrera, M., Guevara, M. A., & del Rio-Portilla, Y. (2008). Brain activity and temporal coupling related to eye movements during REM sleep: EEG and MEG results. *Brain Research*, 1235, 82-91.

Crick, F. & Mitchison, G. (1983). The functions of dream sleep. *Nature*, 304, 111-114.

Crick, F. & Mitchison, G. (1995). REM sleep and neural nets. *Behavioural Brain Research*, 69, 147-155.

Freud, S. (1900). *The Interpretation of Dreams. Standard Edition*, 4&5. London: Hogarth Press, 1953.

Freud, S. (1901). On dreams. *Standard Edition*, 5, 629-685. London: Hogarth Press, 1953.

Freud, S. (1915). Instincts and their vicissitudes. *Standard Edition*, 14, 109-117. London: Hogarth Press, 1957.

Hartmann, E., Russ, D., Oldfield, M., Falke, R., & Skoff, B. (1980). Dream content: Effects of L-DOPA. *Sleep Research*, 9, 153.

Hobson, J. A. (1990). Activation, input source, and modulation: A neurocognitive model of the state of the brain-mind. Bootzin, R., Kihlstrom, J., & Schacter, D. (Eds.) *Sleep and Cognition*, Washington, DC: American Psychological Association, pp. 25-40.

Hobson, J. A. (1992). A new model of brain-mind state: Activation level, input source, and mode of processing (AIM). Antrobus, J. & Bertini, M. (Eds.) *The Neuropsychology of Sleep and Dreaming*. Hillsdale, NJ: Lawrence Erlbaum, pp. 227-247.

Hobson, J. A. (1999). The new neuropsychology of sleep: Implications for psychoanalysis. *Neuropsychoanalysis*, 1, 157-183.

Hobson, J. A. (2004). A model for madness? Dream consciousness: Our understanding of the neurobiology of sleep offers insight into abnormalities in the waking brain. *Nature*, 430, 21.

Hobson, J. A. (2009). REM sleep and dreaming: Towards a theory of protoconsciousness. *Nature Reviews Neuroscience*, **10**, 803-813.

Hobson, J. A. & Friston, K. J. (2012). Waking and dreaming consciousness: Neurobiological and functional consideration. *Progress in Neurobiology*, **98**, 82-98.

Hobson, J. A. & McCarley, R. W. (1977). The brain as a dream state generator: An activation-synthesis hypothesis of the dream process. *American Journal of Psychiatry*, **34**, 1335-1348.

Hobson, J. A., McCarley, R. W., & Wyzinki, P. W. (1975). Sleep cycle oscillation: Reciprocal discharge by two brainstem neuronal groups. *Science*, **189**, 55-58.

Hobson, J. A. & Pace-Schott, E. F. (1999). Response to commentaries on "The new neuropsychology of sleep: Implications for psychoanalysis." *Neuropsychoanalysis*, **1**, 206-225.

Hobson, J. A., Pace-Schott, E. F., & Stickgold, R. (2000). Dreaming and the brain: Toward a cognitive neuroscience of conscious states. *Behavioral and Brain Sciences*, **23**, 793-842.

Hong, C. C., Harris, J. C., Pearlson, G. D., Kim, J. S., Calhoun, V. D., Fallon, J. H., Golay, X., Gillen, J. S., Simmonds, D. J., van Zijl, P. C., Zee, D. S., & Pekar, J. J. (2008). fMRI evidence for multisensory recruitment associated with rapid eye movements during sleep. *Human Brain Mapping*, **30**, 1705-1722.

Ioannides, A. A., Kostopoulos, G. K., Liu, L., & Fenwick, P. B. (2009). MEG identifies dorsal medial brain activations during sleep. *Neuroimage*, **44**, 455-468.

Jung, C. G. (1937). *Terry Lectures*. New Haven, CT: Yale University Press.

Kubota, Y., Takasu, N. N., Horita, S., Kondo, M., Shimizu, M., Okada, T., Wakamura, T., & Toichi, M. (2011). Dorsolateral prefrontal cortical oxygenation during REM sleep in humans. *Brain Research*, **1389**, 83-92.

Le Doux, J. (1996). *The Emotional Brain: The Mysterious Underpinnings of Emotional Life*. New York: Simon & Schuster.

Madsen, P. C., Holm, S., Vorstup, S., Friberg, L., Lassen, N. A., & Wildschiodtz, L. F. (1991). Human regional cerebral blood flow during rapid eye movement sleep. *Journal of Cerebral Blood Flow & Metabolism*, **11**, 502-507.

Maquet P, Peters, J. M., Aerts, J., Delfiore, G., Degueldre, C., Luxen, A., & Franck, G. (1996). Functional neuroanatomy of human rapid-eye movement sleep and dreaming. *Nature*, **383**, 163-166.

Nofzinger, E. A., Mintun, M. A., Wiseman, M. B., Kupfer, D. J., & Moore, R. Y. (1997). Forebrain activation in REM sleep: An FDG PET study. *Brain Research*, **77**, 192-201.

Ostow, M. (2000). Commentary on J. Allan Hobson and Edward Pace-Schott's Response. *Neuropsychoanalysis*, **2**, 214-216.

Panksepp, J. (1998). *Affective Neuroscience*. New York: Oxford University Press.

Reiser, M. (1984). *Mind, Brain, Body: Toward a Convergence of Psychoanalysis and Neurobiology*. New York: Basic Books.

Reiser, M. (1990). *Memory in Mind and Brain: What Dream Imagery Reveals*. New Haven, CT: Yale University Press.

Reiser, M. (1999). Commentary on "The new neuropsychology of sleep: Implications for psychoanalysis." *Neuropsychoanalysis*, 1, 201-206.

Rock, A. (2004). *The Mind at Night: The New Science of How and Why We Dream*. New York: Basic Books. 伊藤和子(訳)(2009). 脳は眠らない――夢を生みだす脳のしくみ. ランダムハウス講談社.

Solms, M. (1997). *The Neuropsychology of Dreams: A Clinico-Anatomical Study*. London: Psychology Press.

Solms, M. (1999) Commentary on "The new neuropsychology of sleep: Implications for psychoanalysis." *Neuropsychoanalysis*, 1, 183-195.

Solms, M. (2000). Commentary on J. Allan Hobson and Edward Pace-Schott's Response. *Neuropsychoanalysis*, 2, 193-201.

Solms, M. & Turnbull, O. (2002). *The Brain and the Inner World*. New York: Other Press. 平尾和之(訳)(2007). 脳と心的世界――主観的経験のニューロサイエンスへの招待. 星和書店.

Winson, J. (1985). *Brain and Psyche: The Biology of the Unconscious*. New York: Doubleday/Anchor Press.

Yu, C. K. (2000). Commentary on J. Allan Hobson and Edward Pace-Schott's Response. *Neuropsychoanalysis*, 2, 212-213.

第4章 ニューロサイコアナリシスの基盤

岸本寛史

ニューロサイコアナリシスとは何か

　本章では，ニューロサイコアナリシスがどのような基盤の上に成り立っているかをみておく。次章以降，いくつかのテーマを取り上げ，ニューロサイコアナリシスによってどのようなことが明らかになりつつあるのかを紹介したいと考えるが，その基盤について本章で確認しておこうと思う。

　ニューロサイコアナリシスという言葉は，さまざまな人々が，さまざまな目的のために，さまざまなやり方で使われてきた。しかしその定義については，やはり，この言葉を作り出し，同名の学会を立ち上げたソームズ自身の考えを出発点とすべきであろう。幸い，ソームズがまさにこのタイトルで論文を書いている（Solms & Turnbull, 2011）ので，その要旨を紹介しながらニューロサイコアナリシスの輪郭を描いてみる。彼らは，歴史的基盤，哲学的基盤，科学的基盤，ニューロサイコアナリシスではないものの4点について論じているので，一つひとつ見ていくことにする。

　なお，ニューロサイコアナリシス（神経精神分析）という言葉が最初に公式に用いられたのは，1999年，『ニューロサイコアナリシス』という雑誌が創刊されたときである（第1回国際神経精神分析学会は2000年に開催されていて，学会の開催より雑誌の創刊の方が早かった）。だが，この言葉を着想したのは，1998年，ソームズがアーノルド・プフェファー（Arnold Pfeffer）の自宅のリビングルームで，翌年から新しく発刊される雑誌のタイトルを考えているときに思いついたとのことである[1]。

第 4 章　ニューロサイコアナリシスの基盤

歴史的基盤

　精神分析とニューロサイエンスとの関係はニューロサイコアナリシスの成立よりもはるかに古く，フロイトまで遡る。フロイト自身，精神分析に足を踏み入れる前の十数年にわたって神経科医として脳神経の研究に携わっていたということだけでなく，精神分析を創始して後も脳科学への関心は失っていなかった（Solms & Saling, 1986）。精神分析でフロイトが試みたことは，人間の「心」の構造と機能の全体像を描き出すことだったが，それは，人間の「脳」の構造と機能とも密接に関連していた。

　ただ，当時の脳科学は，人間の心と脳の関係を研究できるほど進歩していなかった。当時の脳科学の主な方法といえば，「臨床解剖学的方法」であった（第 1 章参照）。脳の損傷もしくは脳の疾患を患った患者の症状を，その患者の死後，解剖して得られた所見と対応させ，脳のさまざまな部位がどのような機能を持っているかを研究するという方法である。1891 年の『失語症の理解に向けて』（Freud, 1891/2009）を読むと，フロイトがこの方法を熟知していたことが一目瞭然となるが，同時に，その限界についても深く考えていたことがわかる。つまり，臨床解剖学的方法では脳の働きの力動的な側面を捉えられないこと，そして，心は意識よりもはるかに広大な無意識からも成り立っているという観察を扱えないことにこの方法の限界があると見抜いていた[2]。そのことを十分知り抜いていたフロイトは，脳科学から離れ，純粋に心理学的な方法に移っていったのである。

　この 1891 年の「失語症の理解に向けて」をひとつの転機として，それ以後，フロイトは神経学の言葉で語ることを止め，精神分析の方法を洗練させ，心の力動的な性質と無意識的構造を探求し理解できるような科学（メタサイコロジー）を可能にするような理論の構築に専心する。フロイトは「私

---

[1] 2008 年，カナダにおける第 9 回国際神経精神分析学会におけるレクチャーのなかでソームズ自身がそう語っていた。
[2] ルリアは，「機能システム」という概念を導入し，「力動的局在化」と彼が呼んだ方法を取り入れることで，この限界に挑んだことについては既に第 1 章で論じた。

57

たちがここで問題にしている心的装置が解剖標本の形でも知られているという事実を考慮しないでおく」よう主張し，「心理学の地平に留まる」よう読者に訴えたが，これは当時の脳科学的方法の限界を自覚した上での暫定的な主張である。フロイトの後に続く分析家の多くは，これを誤読し，神経科学がどれほど進歩しようとも，精神分析は臨床的・心理学的アプローチの枠内に留まるべきだと主張する。しかし，それはフロイトの真意ではない。脳科学と精神分析の分離は，便宜的なものであって，近い将来（フロイトは数十年先と考えていた），脳科学が十分進歩すれば，その溝を埋められるようになると考えていた。

　フロイトは，脳科学の方法を放棄したのではなく，それが十分に進歩して脳の構造や機能の詳細がもっと明らかになるまでの間，差し控えるよう求めたのである。そして，その後数十年の間に，脳波，事象関連電位，脳磁図，CT，MRI，PET，SPECT，fMRI（機能的 MRI）など，さまざまな方法が開発され，脳の構造と機能をかなり詳細に調べることが可能となった。フロイト自身が意図していた，心理学的アプローチと生物学的アプローチの統合に着手することがまさに可能となってきたのである。この意味では，ニューロサイコアナリシスこそ，まさに精神分析の正統な衣鉢を継ぐものだといえる。

哲学的基盤

　精神分析のモデルを，脳の構造や機能について知られていることと対応させようとすると，心と脳の関係をどう捉えるかという哲学的な問題と直面することになる。この問題に対しては，ニューロサイコアナリシスは二面的一元論という立場を取る。

　二面的一元論は，われわれ人間が，ただ一種類のマテリアルからできている（一元論）が，それは二つの異なるやり方で知覚される（二面的）と考え，その本質においては，「精神的な存在でも物質的な存在でもどちらでもない」(Solms & Turnbell, 2002/2007，傍点は原著）との立場を取る。つまり，外側から客観的に見たときには物質的に見え，内側から主観的に見たと

きには精神的に見えるようなものから成り立っている，と考えるのである．この，精神的でも物質的でもどちらでもないものをフロイトは「心的装置（mental apparatus）」と呼んだ．

　心的装置そのものを直接認識することはできない．この考え方の背後にはカントの哲学があるとソームズらは指摘する（Solms & Turnbull, 2011）．フロイトが「心そのもの（the mind *in itself*）」という言い方をしているからである．カントにとって，われわれが主観的に考えることや，内面を見つめたときに知覚される物事は，「心そのもの」ではない．「心そのもの」は直接知覚できない．意識という現象を通して知ることができるのは，「心そのもの」の間接的で不十分な表象に過ぎない．原理的に「心そのもの」を直接知ることは不可能とされる．この立場からすると，究極的には，すべての心理学の目指すところは，心そのものを知ることではなくて，適切な心のモデルを形成することに他ならない，ということになる．

　フロイトは，認識論的に「心そのもの」は知ることができないと主張するのみならず，存在論的に「心そのもの」は自然の他の事物と何ら異なるところはないとも論じている．カントの観点からは，世界のすべてのものは，「現実」の間接的な表象に過ぎず，したがって，分野を問わず，すべての科学者が行っていることというのは，自分が手にしたデータの向こうにある，「現実の真相（real states of affairs）」の様相をよりよく描き出そうとしていることに他ならない．つまり，物理学が行っていることも，「自然そのもの」を知ることではなく，観察できる事象の向こうにある「自然そのもの」をよりよく描き出せるモデルを作っていることに他ならないということになる．言い方を変えれば，物理学におけるモデル生成と，精神分析におけるそれとは，原理的には違いはなくなる．これはニューロサイコアナリシスにおいて，ニューロサイエンスと精神分析の双方の観点を同等の重みで考えていくという上で非常に大切なポイントである．というのも，ともすると，ニューロサイエンスの知見の方が実証的で堅実であると考えて，そちらを優位においてしまいやすくなるからである．

　「心そのもの」を直接知ることができないのであれば，われわれにできることは，せいぜい，それを適切に記述しよりよいモデルを作り上げていくこととなる．その際，二つの方法を利用できる．外側から客観的に眺めると，

59

脳が見えてくる。一方，内面に目を向けると，欲望とか快といった心の状態が観察される。二つの方法を利用できるのに，なぜ半分の方法をまるごと捨て去る必要があるのだろうか，とソームズは問う。クリック（Crick），デネット（Dennett），エーデルマン（Edelman）など，意識を研究する著名な科学者は，主観的な観点をとることを排除している。これは非常にもったいないことだと思わないだろうか。一方，精神分析家の中には，せっかく利用できる有用な客観的データがあるのに，それらを排除しようとする者もいる（Blass & Carmeli, 2007; Karlsson, 2010 など）。曖昧模糊とした精神分析の概念をより正確なものにしていくためにも，先入観と偏見を最小限にするためにも，精神分析がニューロサイエンスの知見を参照し，相互に対話を重ねていくことが必要になってくる。

科学的基盤

　心的装置に迫る二つの道のうち，精神分析の採る，主観から迫る道は，科学的な基盤という点では堅固なものではない。科学がとる客観的なアプローチは，厳格な検証の積み重ねによって堅固な基盤を積み重ねていく。これに対し，精神分析家が手にする患者の語りは，移ろいやすく捉え難い主観的な体験の一面を表し，科学的な検証に耐えられるものではない。精神分析家の中には，患者が語る主観的体験の方が，目に見ることのできない分子や原子，クォークといった概念より，よほど確かな現実を示しているのではないかと批判するものもある。しかし，分子や原子，クォークは確かに目に見ることはできなくても，さまざまな方法で，極めて厳密に驚くほど正確に理解されていて，その物理的な事象を予測できる数式によっても裏付けられている。精神分析が手にする主観的なデータに，そこまでの精度を求めることはできない。

　それでは，外側からの理解についてはどうだろう。ニューロサイエンスの中で，ニューロサイコアナリシスに寄与するような新たな進歩が見られただろうか。科学的心理学の分野では，極端な行動主義を離れ，認知モデルを採用して，エピソード記憶，視覚的注意，実行機能のコントロールといった側

面の理解において劇的な進歩をとげた。しかし，これらの認知的ニューロサイエンスの知見が精神分析に示唆できる部分は少ない。

　ニューロサイコアナリシスにとって重要な示唆をもたらしうる科学としては，アフェクティブ・ニューロサイエンス（affective neuroscience，感情神経科学），ミラーニューロンの発見，愛着・分離・喪失にかかる一連のエソロジカル（行動生物学的）な業績が挙げられている。そしてもうひとつ，忘れてはならないのが，カンデルの存在である。カンデルの1998年と1999年の論文が，ニューロサイコアナリシスの設立に大きな役割を果たしたことについては既に第1章で述べた通りだが，これらの論文にはニューロサイコアナリシスに関連するさまざまなトピックが示唆されていた。

　歴史的に見ると，フロイトが失語症研究において臨床解剖学的方法に限界を感じて科学的アプローチから距離をとって以降，1970年前後に発達したルリアの力動的局在化（第1章参照）と，1990年代に発達したアフェクティブ・ニューロサイエンス（後述）の二つの進歩が，ニューロサイコアナリシスの成立に大きな影響を与えている。ニューロサイコアナリシス設立の端緒を作ったソームズらの科学的研究が，ルリアの力動的局在化の方法を用いたものであったことは象徴的である。フロイトがちょうど断念したその地点から新たな展開を始めたのがニューロサイコアナリシスだと言えるからである。

　ソームズらは，（ルリアによって改良された）臨床解剖学的方法をニューロサイコアナリシスの科学的方法論として，とりわけ重視している。いくつかの理由が挙げられているが，一つには，この方法は，精神分析の対象を，脳の器質的損傷を持つ患者に変えるだけで，精神分析家に大きな変更を求めないからである。もちろん，疾患による障害に合わせた配慮，具体的な表現，感情や記憶への配慮，チームアプローチを心がけるといった留意点はある（Turnbull, 2013）が，基本的な臨床のスタンスは大きく変えることなくアプローチできる。そして第二の理由として，その治療実践から得られた推論を，神経科学的な損傷部位の特徴と関連づけて考察することが可能となる。そして，第三の理由としては，ソームズが脳外科の病棟に入って強い印象を受けたこと，すなわち，脳の器質的損傷を被った患者たちに対する心のケアが提供されるという点である。認知的ニューロサイエンティストたち

は，伝統的に，これらの患者の症状を，認知的な障害，つまり認知的なモジュールに対する損傷として捉え，記述してきた。しかし，これらの患者の苦しみを理解しようと思えば，単に認知的な障害に目を向けるだけでは不十分であり，さまざまな情動状態をめぐる無意識的な力動にも目を配る必要がある。このように，ソームズらが臨床解剖学的方法を重視するのは，治療と研究とを堅固な基盤の上に展開できるからだと思われる。

ニューロサイコアナリシスではないもの

　この論文の中で，ソームズとターンブルはニューロサイコアナリシスではないものについて論じている。ここにニューロサイコアナリシスの特徴がよく表れていると思うので，少し詳しく見ておこう。

1．学派ではない

　ソームズは，ニューロサイコアナリシスは精神分析の「学派（school）」ではない，と強調している。ニューロサイコアナリシスは，フロイト派，クライン派，間主観派，自我心理学派などの学派と並んで，精神分析に一派をなすものではない。ニューロサイコアナリシスは，精神分析全体（*all* of psychoanalysis）（強調は原著）とニューロサイエンスとをつなぐものである。そう考えてもらうのが一番いい，とソームズらは言う。フロイト派にしろ，ユング派にしろ，創始者亡き後，細分化を繰り返し四分五裂していく状況の中で，学派の違いを超えて「つながる」ことを強調するこの学会のスタンスに，筆者は強く共感する。

　とはいえ，その道は茨の道である。ソームズが臨床解剖学的方法によって夢見の神経学的基盤を明らかにしつつあった頃，精神分析の同僚からは強い抵抗と無関心を被ったことについては既に第1章で述べたし，『脳と心的世界』（Solms & Turnbell, 2002/2007）の第10章には，その苦労が並大抵ではなかったことについて触れられている。そして，ニューロサイコアナリシスに対する批判は，精神分析の内外から今なお続いている（たとえば，

Blass & Carmeli（2007）や Ramus（2013）など）。ソームズはそれに丁寧に応答し，とるべきところはとり，誤解は正し，言うべきことは言って，ニューロサイコアナリシスの意義を説き続けている（Solms, 2013）。精神分析と脳科学をつなぐというと聞こえはよいが，その狭間にあって両方からの批判を受けながら，その批判に誠実に応答していくのは容易なことではない。ニューロサイコアナリシス学派を作ってその中に安住する方がよほど楽であろう。しかしそれでは学問としても臨床実践も深めることができないというのがソームズの信念だと感じる。

２．最終法廷ではない

　精神分析と脳科学との合流を考えるときに，陥りやすいひとつの誤りとして，ニューロサイコアナリシスを，あるいはニューロサイエンス全般を，精神分析の最終法廷と見なす，と考えることが挙げられる。後で述べるように，ニューロサイコアナリシスは，哲学的には二面的一元論という考え方を基本に据えており，ニューロサイエンスと精神分析のそれぞれを，同等の重みをもって尊重する。仮に，ニューロサイエンスの知見と精神分析の概念の間で合わない部分が見いだされたとき，その精神分析の概念は間違っていると見なしたくなるかもしれない。それは，ニューロサイエンスの知見の方が科学的に実証されていてより真実に近いと思ってしまうからであろう。精神分析の側からのニューロサイコアナリシスに対する強い抵抗や無関心は，この誤解に由来する部分が多いのではないかと思われる。しかし，ニューロサイエンスは，精神分析の正誤を判定する最終法廷ではない。

　それでは，なぜ，ニューロサイエンスは精神分析の最終法廷ではないと言えるのだろうか。急速に進歩を遂げてきたとはいえ，ニューロサイエンスで明らかになっていることは，精神分析的アプローチが明らかにするような詳細な心模様や複雑な力動に比べると，まだまだ目の粗い，ラフなスケッチにしかすぎない。しかし仮にその精度が上がって，肌理の細かな像が描けるようになったとしても，状況は変わらない。

　それは，先に述べたように，ニューロサイコアナリシスが二面的一元論の立場を取るからである。ニューロサイエンスは，心的装置に外側から迫るア

プローチであり，精神分析は内側から迫るアプローチである。そして，ニューロサイエンスは，あくまで外側からのアプローチに留まり続ける。だから，ニューロサイエンスの知見と精神分析の知見を照合させることはできても，一方を他方に置き換えたり，一方を絶対視することはできないと考えるのである。仮に，双方相容れない知見があったときには，それを暫定的に取り入れて，精神分析的実践の中で検証すればよいのである。精神分析の最終法廷は精神分析そのものの中にある。この点については後に「欲動」の項でも改めて述べる。

　一方で，ニューロサイエンスにおいては，細部に目を向ければ向けるほど全体像が見えなくなるということも生じやすい。脳科学の進歩により集積してきた知見を，より広い全体像の中で捉えようとするとき，精神分析の概念がひとつの導きの糸となるのではないかと提唱したのが，かのカンデルであったことは既に述べた。ニューロサイエンスは精神分析から学び，精神分析はニューロサイエンスから学ぶ。それがニューロサイコアナリシスの目指すところであって，精神分析を脳科学によって正誤判定しようとするのではない。

3．机上の空論ではない

　ニューロサイコアナリシスではないものの3番目として，実践を伴わない憶測（armchair speculation，机上の空論）が挙げられている。典型的な例としては，精神分析家が，ニューロサイエンスの論文を読んで，そこに書かれている新しい知見から，精神分析のこれこれの現象とか理論を漠然と思い浮かべ，そのニューロサイエンスの知見は，精神分析のある側面の生物学的相関物を明らかにした，などと主張するものである。このような憶測を重ねても，ニューロサイコアナリシスは前進しない。フロイト以後，精神分析は何十年にもわたって十分すぎるほどの憶測に憶測を重ね，その憶測に基づいてさまざまな学派が生まれることになったが，科学的な面での進歩はほとんどみられなかったという事実を踏まえての主張であると思われる。

　このような憶測はニューロサイコアナリシスとは違うと述べる一方で，精神分析のアイデアに触発されたfMRIやPETなど最新のニューロイメージ

ングの技術を用いた研究は，厳密には「精神分析の知識に基づくニューロサイエンス（psychoanalytically informed neuroscience）」と呼ぶべきものであるが，これもニューロサイコアナリシスに含めたいとしている。これは，アームチェア・スペキュレーションを非ニューロサイコアナリシスとするのとは対照的であるが，これは，精神分析が，脳科学の知見を都合の良いように解釈して，自らの枠内に安住することを戒めているのではないかと思われる。

　以上のように，ニューロサイコアナリシスは，元来フロイト自身の意図したものであり，ニューロサイエンスの発展によりようやく現実のものとなった学問分野であるといえる。哲学的には二面的一元論を，科学的には，臨床解剖学的方法やアフェクティブ・ニューロサイエンスなどを基礎に据える。それは，新たな学派の形成を目指すものでもなく，科学を最終法廷とするのでもなく，机上のスペキュレーションに安住するものでもない，新たな学際的ムーブメントなのである。

文献

Blass, R. & Carmeli, Z. (2007). The case against neuropsychoanalysis: On fallacies underlying psychoanalysis's latest scientific trend and its negative impact on psychoanalytic discourse. *International Journal of Psychoanalysis*, 88, 19-40.
Freud, S. (1891). *Zur Auffassung der Aphasier*. Verlag Franz Deuticke. 中村靖子（訳）(2009). 失語症の理解に向けて．フロイト全集第1巻．岩波書店．
Karlsson, G. (2010). *Psychoanalysis in a New Light*. Cambridge University Press.
Ramus, F. (2013). What's the point of neuropsychoanalysis? *British Journal of Psychiatry*, 203, 170-171.
Solms, M. (2013). Justifying psychoanalysis. *British Journal of Psychiatry*, 203, 389.
Solms, M. & Saling, M. (1986). On psychoanalysis and neuroscience: Freud's attitude to the localizationist tradition. *International Journal of Psychoanalysis*, 67, 397-416.
Solms, M. & Turnbull, O. (2011). What is neuropsychoanalysis? *Neuropsychoanalysis*, 13 (2), 133-145.
Solms, M. & Turnbull, O. (2002). *The Brain and the Inner World*. New York: Other Press. 平尾和之（訳）(2007). 脳と心的世界——主観的経験のニューロサイエンスへの招待．星和書店．
Turnbull, O. (2013). Psychotherapy with neurological patients. The fourteenth Neuropsychoanalysis Congress. Cape Town. 2013.8.22

第5章
ニューロサイコアナリシスから見たフロイト理論

岸本寛史

検討に入る前に

1．ソームズによるフロイト全集英訳版の改訂と訳語の問題

　本章では，ニューロサイコアナリシスによって，フロイト理論がどのように読み直されるかを「欲動」と「感情」を例に取り上げて，見ていくことにする。いずれのテーマについても，ソームズ自身が，ゼルナーとの共著で論じている（Solms & Zellner, 2012 a, 2012 b）ので，これに準じ，精神分析とニューロサイエンスとの対話を具体的に示しながら，その方法の醍醐味を伝えられればと思う。

　フロイトの「欲動」概念についてみる前に，訳語の問題について触れておきたい。ソームズは，フロイト全集の英訳（ストレイチー版）の改訂版を準備している[1]。この一事を以てしても，ソームズのフロイトの丹念な読み込みがニューロサイコアナリシスの基礎にあることがわかる。既に2007年頃

---

[1] フロイト全集の原著はドイツ語である。出版社の名前からフィッシャー版と呼ばれている。英語版は翻訳者の名前をとってストレイチー版と呼ばれることもある。ストレイチーは「その強い使命感と言語力をもって，ほとんど独りで英訳することに挑んだ。部分的にはフロイト自身の訂正と校閲も受け，多くの人々の協力を得て完成した全集は，スタンダード・エディションとして，フロイト理解の飛躍的深化を国際的レベルで可能にする画期的なものとして今なお輝きを放っている」（「BOOK」データベースより）。精神分析が英語圏で発展したこともあり，ドイツ語版よりもストレイチーのスタンダード・エディションの方が「標準」となっているのが現状であることを考えると，「欲動」の訳語の問題は看過できない。

第 5 章　ニューロサイコアナリシスから見たフロイト理論

には，ソームズによる改訂版が間もなく出版されると話題になっていたが，残念ながら未だに出版されていない。翻訳は既に完成しているようだが，版権をめぐる問題，精神分析研究所の利権に絡む問題など，さまざまな問題が複雑に絡み合って障壁となり，実現に至っていないようである（Jones, 2007）。

　ソームズは英語のスタンダード・エディションの改訂にあたり，ストレイチー版において，そっくり抜けている文章や節を補うといった明らかな間違いを訂正するだけでなく，不適切と思われる訳語をより適切な訳語に置き換えるという作業を行っている（Jones, 2007）。その筆頭にあがっているのが，本章のテーマのひとつ，「欲動」である。フロイトの「欲動（Trieb）」は，ストレイチー版では instinct（本能）と訳されている。しかし，Trieb に対応する英語として drive という言葉があるし，英語の instinct に対応するドイツ語として Instinkt という語もある。それにもまして，後で述べるように，フロイト自身，Trieb と Instinkt とを明確に区別して論じているので，Trieb を instinct と訳すことは間違いの元となる。この訳語のために，特に英語圏では「欲動」概念がフロイトの意図したように伝わらなかったのではないかと懸念される。このような事情から，以下の「欲動」に関するソームズの議論は，ニューロサイエンスとの対応を考えていくというニューロサイコアナリシスの目的のみならず，特に英語圏においては，精神分析における「欲動」概念の意義を見直すという意味も持っている。

　一方，感情を意味する言葉の和訳も混乱を招きかねない状況にある。感情に関連する用語として emotion, affect, feeling などがあるが，その日本語訳は一定していない。精神分析では affect を「情動」，emotion を「感情」と訳す場合と，その逆の場合とある。feeling も「感情」と訳されたり「感じ」と訳されたりする。脳科学の領域では affect を「感情」，emotion を「情動」と訳すことが多い。また，用語の問題は翻訳に留まらない。たとえば「感情」は，ある者にとっては包括的な用語であり，別の者にとっては情動の表出のみをさす言葉であり，また別の者にとっては主観的な体験のみをさす言葉である，というように，その意味内容も研究者や臨床家によってさまざまである。本章では，マーク・ソームズの『脳と心的世界』を訳した平尾の翻訳に倣って，affect を「感情」，emotion を「情動」，feeling を「感じ」と訳

すことにする（Solms & Turnbull, 2002/2007）。

２．目的と方法

　第3章で述べたように，ニューロサイコアナリシスの取り組みは，たとえば，フロイトの欲動理論を，脳科学によって証明しようとするものではない。ニューロサイエンスと精神分析の双方において，何がどこまで，どんな方法によって明らかになっているのかを丁寧に見ながら，それらを慎重に照合し，精神分析の観点とニューロサイエンスの観点から，「欲動」を複眼視して立体的に捉えようとする，それがニューロサイコアナリシスの目指すところだと筆者は考えている。

　そのために，ソームズらがとっている方法の要点をここでまとめると，次のようになる。まず，予備的考察として，議論の対象となる概念（本章では「欲動」と「感情」）について，その概念がどのような特徴や性質を持っているかを考察する。たとえば，精神分析の「感情」理論とニューロサイエンスとを照合させようとしても，後述するように，ニューロサイエンスのほとんどは，感情の主観的な側面をその研究の対象から外している。その中で，パンクセップのアフェクティブ・ニューロサイエンスは，感情の主観的な側面を真剣に取り上げ取り組んできた。このような状況を理解しておかないと，無駄に労力を使うことになりかねない。些事にとらわれて的外れの議論にならないよう，その背景や文脈を見ておくことが大切である。本項に続く第3項と第4項では，この観点から，ソームズらによる欲動と感情についての検討を紹介する。

　その上で，精神分析における（特にフロイトの）「欲動」や「感情」概念を整理し把握する。先に述べたように，ソームズはフロイト全集の英訳版の改訂を準備しているほどであり，ニューロサイコアナリシスの土台のひとつは，いうまでもなく精神分析の理論である。ソームズがそこまで精神分析にこだわるのは，精神分析が心の主観的側面に迫るための最も洗練された方法論と理論をもち，主観的な観点から心的装置の働き方を理解しようとする，系統的な取り組みを行ってきた，という信念があるからだ。また，フロイト自身がかつてニューロサイエンティストであったため，その論文において

も，脳の解剖学的構造や神経機能などを暗黙のうちに想定しながら論述していることがあり，ニューロサイエンスの知見と照合しやすいという点も挙げられるかもしれない。

　その次に，その概念に対応するような神経的相関物（neural correlate）を探すことが次の作業となる。ニューロサイコアナリシスでは，以下に述べるような神経学的基盤が，欲動そのものを説明するものだとは決して言わない。それは第4章で述べたように，二面的一元論という立場を取り，心的装置そのものを直接知ることはできないというカントの認識論を基礎に据えているからである。ここで論じるのは，あくまで「相関物」である。ニューロサイエンスと精神分析の間には越えられない一線がある。そこを単純に結びつけてしまう危険性については常に意識しておく必要がある。しかしながら，一方で，ニューロサイエンスが明らかにする神経学的メカニズムと，フロイトによる精神分析の概念とが，相互によく照応しているのであれば，「心的装置」の真相をより適切に捉えることが可能になる。心の主観的側面と客観的な側面と，それぞれが描き出す現実の両方に目を配る方が，一方の知見のみに頼るよりは，先入観による誤りを減らせる。

　上述の順序は便宜的なもので，逆でもよい。つまり，ニューロサイエンスで得られた知見を丁寧に把握した後に，それに照応する精神分析的相関物について検討するという順序でも，もちろんよい。第1章と第2章で述べた夢に関する知見は，研究の動機はフロイト理論を現代科学の視点から見直すということであったが，実際の方法としては，臨床解剖学的方法によって得られたニューロサイエンティフィックな知見を精神分析の夢に関する理論と照合するという形で行われた。

　いずれにせよ，こうして両方の観点が出そろったところで，当の概念を双方の観点から複眼視し，そこで見えてくる新たな観点や疑問をそれぞれの領域に持ち帰り，それぞれの領域で検証していくことがその次のステップとなる。本章では，ニューロサイコアナリシスにおいて，精神分析とニューロサイエンスとがどのように統合されていくのかを，フロイトの「欲動」と「感情」という概念を例に論じてみたい。

3.「欲動」という概念の性質

　前節で述べたように，本題に入る前に，ソームズらは「欲動」という概念自体の性質について考察している。木を見て森を見ずという事態にならないように，吟味しようとしている概念の特徴をまずはつかんでおくという姿勢にソームズの視野の広さが窺われる。

　「欲動」は「今していることをなぜするのか」を説明する上で基礎となる概念だが，この課題は最初から困難を抱えることになる，とソームズらは指摘する。というのも，フロイトは「欲動」を心と体の境界を理論化する概念として位置づけているからである。このことは「欲動」が精神分析の概念の中では最も生物学的な概念であることを意味し，主観を入り口とする精神分析の方法によっては，最も捉えにくい概念だということになる。事実，欲動は精神分析の理論化において非常に大きな問題だと見なされるようになり，フロイト自身の考えも二転三転した。

　「欲動」に，精神分析的方法だけでアプローチをしようとすると，得られる観察データが主観的なものしかない状況で，実際に観察される行動と関連づけて，最も基本的な心のメカニズムを分類し理解する，という難問に突き当たることになる。ここに，客観的なニューロサイエンスのアプローチが寄与できる余地がある。ニューロサイエンスの観点からは，心の器官である脳と体のその他の部位との関係を研究することになり，（主観（心）と客観（体）の関係ではなく，客観（脳）と客観（体）の関係を検討することになるので）認識論的な障害がない。そして，欲動の脳的な側面は，実験的研究によって観察することが可能である。

　「欲動」は非常に問題の多い概念として，精神分析の内部においてさえ，あまり関心が払われなくなっている。精神分析は確かに，欲動を生物学的な次元にまで辿ることのできる方法論をもっていない。しかし，だからといって産湯とともに赤子を捨ててもよい（欲動という概念を放棄してよい）ということにはならない。客観的なアプローチによって得られる知見は，主観的なアプローチによって得ることはできないが，反対に，主観的な体験が明らかにする脳の機能に関する事柄の中には，遺伝子や分子レベルの研究では決

してわからないこともある。両方の観点が必要なのだ，とソームズは強調する。

4．感情の科学と主観

「感情」に関して，ソームズら（Solms & Zellner, 2012 b）は，主にこれらの用語が指し示す現象的な状態に焦点を当てて論じている。たとえば，嬉しいという「感じ（feeling）」，悲しい「感じ」，怒りの「感じ」などである。精神分析は，長らく伝統的に，感情の「本来の感じ（raw feelings）」に焦点を当ててきており，この「感じ」は，精神分析においては中心的な重要性をもつ。

ところが，ニューロサイエンスにおいては，事情は異なる。脳の働きに関する主観的な側面は，神経科学においては，長い間，ただ無視され続け，その基底にある情動プロセスとはあまり関係のない，取るに足らない副次的現象として扱われ，三人称的な観察では近づくことにできないもの，研究不可能な領域と見なされてきた。特に，行動科学者にはその傾向が強く，現代でも多くの行動科学者は，「感じ」の状態を科学に含めることを呪いのように嫌悪する。内的な状態は客観的には観察できないのだから，情動的な刺激と反応のような，外的に観察できるもの，行動とか，生理学的な変化のような情動に客観的に相関するものに焦点を当てようというわけである。

現代のニューロサイエンスのこのような状況の中で，パンクセップが提唱するアフェクティブ・ニューロサイエンス（Panksepp, 1998）のみが，主観的な感じの状態を真剣に，科学的研究がなされるべき現実の一部として取り上げてきた。現代のニューロサイエンスにおいては，ほとんどの研究者が，感情は高次の（大脳皮質の）脳機能によって生み出されるという立場を取っている。パンクセップは，これらを「読み出し理論（read out theory）」（大脳皮質が読み出すことで感情が生まれる）と総括して批判している（Panksepp & Biven, 2012）。アフェクティブ・ニューロサイエンスは，情動的な「感じ」は事実存在し，それらはまさに自然の一部であるとする存在論的立場を取る。この立場は，心の主観的側面にも生物学的な存在理由が充分あり，それらの理由も説明される必要があるとする。

感情の主観的な側面を無視したりまじめにとりあげなかったりするのは，奇妙な省略だ，とソームズらは言う。なぜなら，感情が主観的に感じられるということは，情動に本来備わっている絶対的な性質だからである。主観的な体験を問うことを避けたり蓋をしたりすることは，それを研究する方法がない時には正当だったかもしれないが，さまざまな方法によってエビデンスを集約することが可能となった現代ではそうはいかない。

　ニューロサイコアナリシスにおいて，ニューロサイエンスの柱がパンクセップのアフェクティブ・ニューロサイエンスであることには，十分な理由があるのである。以下の「感情」に関する議論において，ニューロサイエンスとして想定されているのは専らこのアフェクティブ・ニューロサイエンスだと考えていただきたい。

フロイトの欲動概念

1. 現象からだけでは導き出すことのできない概念

　いよいよ本題に入る。まず，フロイトの「欲動」概念から見ていく。ソームズら (Solms & Zellner, 2012 a) は，フロイトの1915年の論文「欲動と欲動運命」に拠りながら論を進めている。この論稿は，「欲動を包括的に論じたほぼ最初のものにあたり，後の論稿によって修正や補足が加えられるにせよ，フロイトの考える欲動の問題領域を明確に示している」(新宮・本間, 2010) ものであり，議論の出発点として相応しいものである。

　この論文の冒頭で，フロイトは，科学は諸現象を記述することから始まり，それらの現象を分類し秩序づけていくと相互の連関が見えてくるのだが，その際，それらの現象からだけでは導き出すことのできないある種の抽象概念をそこに持ち込むことが避けられない，と述べている (Freud, 1915/2010)。そしてそのような概念が後に科学の基礎概念になるのだとも述べ，「欲動」はまさにそのような概念だという。フロイトがこのように冒頭で断りを入れている理由については後で明らかになる。

2．外界に由来する刺激と身体内部で発生する刺激

　欲動を説明するため，フロイトはまず，生理学における反射図式と比較を行っている。熱いものに触れると反射的に手を引っ込める。「熱」という侵襲的な刺激に対して，生体は「手を引っ込める」という行動を反射的に起こすことで熱から身を守る。外界からの「刺激」が反射によって「行動」を引き起こすというシンプルな例である。

　欲動も心的なものにとっては「刺激」のひとつではある。しかし，それは外界から発生するのではなく，有機体そのものの内部から発生するという点が異なる。喉の渇きや空腹を感じるとき，その感じを生じさせる喉の粘膜や胃粘膜への刺激は欲動刺激である，とフロイトは言う。

　さらに，外界からの刺激はその場限りの「一回きりの衝撃」のように働くと仮定できるのに対し，欲動は，瞬間的衝撃力としてではなく，恒常的な力として働いている。欲動は体の内部から常に襲いかかってくるのであるから，そこから逃れようとしても無駄である。抑圧と防衛の理論全体も，この事実から生まれてきたものであり，実際には逃れることのできない，この内的圧力源から逃れようとする方法を述べたものだといえる。欲動を「欠乏状態」と言い換えることもできる。「欠乏状態」は「満足」させることによってなくなるものだからである。この「満足」は「内的な刺激源泉に，その目的に適った（適合的な）変化が生じることによってのみ」得られる。

　神経系には，その刺激を克服し適合しようとする傾向が備わっているのであれば，外的な刺激より欲動刺激の方が適応の動因として強い影響を持つ。外的侵襲刺激に対しては，一時的にそれに対応し，その刺激から逃れれば事足りる。しかし，欲動は身体内部から発生して恒常的に働き，外的刺激よりもはるかに高度な要請を神経系に課すからである。そして，神経系は，それに応えようとして，「内的な刺激の源に充足を与える程度にまで外界を変化させるような，錯綜した外に入り組んださまざまな活動に駆り立てられる」ことになる。こうして見ると，欲動こそが，神経系を現在の姿にまで発展させたその動因であると言える。

　ここまでのフロイトの議論は，欲動の身体的側面（客観的に迫ることので

きる神経への影響）に向けられていたが，このすぐ後で「ついでに，高度に
発達した心の装置の活動も快原理の支配下にある」と述べ，欲動が心に及ぼ
す影響について，初めて言及している。この議論は，（心の）現象を記述す
るところから導き出されたものではなく，生理学における刺激-反応図式と
の類比から想定されたものと考えられる。だからこそ，フロイトはこの論文
の冒頭で，「現象からだけでは導き出すことのできないある種の抽象概念を
そこに持ち込むことが避けられない」と断っているのである。

3．「欲動」の定義と四つの側面

　このように「欲動」を体（神経系）だけでなく心にも影響を及ぼすもので
あると想定すると，「欲動」は心と体の境界に位置づけられることになる。
フロイト自身，「ここで，生物学的な側面から心の生活を眺めておくことに
すると，『欲動』は，心的なものと身体的なものとの境界概念としてわれわ
れの目に映るようになる」と述べている。こうして，「欲動（Trieb, drive）」
とは，「体の内部から生じ，心の内へと到達する刺激を心的に代表するもの
で，体とつながっているがために，心に働くよう迫る要求の大きさ」（Freud,
1915/2010）[2]という定義が導かれる（この定義は，ソームズら（Solms &
Zellner, 2012 a）も引用している）。

　さらにフロイトは，欲動について，衝迫（Drang, pressure），目標，対象，
源泉という四つの側面を区別した。ちなみに，ソームズは，その順序を変え
て，源泉，目標，対象，衝迫の順に論じている。これはその方がニューロサ
イエンスの知見と照らし合わせる上で，やりやすいからであろう。ここでも
ソームズが取り上げた順に見ていくことにする。

　欲動の源泉は定義上，身体的なものである。フロイト自身，「欲動源泉の
研究となると，もはや心理学の領分ではない」と述べている。ソームズら
は，「欲動」は身体経済が「心的なものになる（mentalize）」最も基本的な
方法であり，欲動そのものは無意識である，と論じている。文献ではしばし
ば，欲動は人が「感じる（feel）」ものとして記述されるが，欲動を直接経

---

[2] 訳は引用者により一部変更されている。

験することはできない。口が渇くと水を飲みたくなる（駆り立てる，drive），というが，フロイトにとって口喝を感じることは欲動そのものではない。欲動とは，人が体験しているものではなく，人が水を飲みたいと思った時に，なぜ口喝を感じるのかを説明するものである。口が渇くという「感じ（feeling）」は，欲動の派生物とされる。心的な観点からは，欲動そのものは，類推される実体（inferred entities）で，心の無意識的な状態である。

　このように，心の側から間接的に働きかけることのできる部分は，欲動そのものではなく，欲動の派生物であり，それは最初に欲動が満たされて学習が生じたことから作り出される心的表象である。「心の生活においては，欲動はただそのもろもろの目標を通じてのみわれわれに知られてくる」のであって，欲動そのものは無意識なのである。

　欲動の目標は，「満足にあることは間違いなく，またこの満足は，欲動源泉にある刺激状態を除去することによってしか達成されえない」。しかし，その最終目標は不変でも，そこに至る道筋はさまざまであり，そこに至る手近な目標や中間目標もさまざまに生じ，相互にむすび合わさったり入れ替わったりする。

　欲動の対象は，「それにおいて，あるいはそれによって欲動が自らの目標を達成しうるもの」であり，欲動の目標が不変（その満足）であるのに対し，その対象は次々と変わりうる。欲動の満足を可能にするという性質を持つが故に「欲動の対象」として一括りにされるが，元からその欲動と結びついているわけではない。

　欲動の衝迫（圧力）について考えることで，「その欲動の運動モーメント，力の総和，欲動が代表する要求の大きさ」が理解できる。岩波書店版のフロイト全集で「衝迫」と訳されている言葉の原語は Drang で，衝動，渇望，切迫などを意味する言葉だが，フロイトの上記の説明を見ると，pressure という英訳を採用して「圧力」と理解する方がその意味に近いかもしれない。圧迫してくるという性格が，もろもろの欲動の一般的な性質であり，欲動の本質でさえある。ソームズらは，これを欲動の経済的側面も強調しているものと捉え，欲動の力とエネルギーは量化できるもので，さまざまな強度がある，と指摘している。

　これに引き続いて，フロイトの原論文では欲動の分類についての議論がな

されているが，この分類については，フロイト自身，その考えを何度か修正した部分であり，項を改めて取り上げることとする。以上をまとめれば，ヒトは，外的刺激のみならず，いやそれ以上に，身体内部から発する欲求によって，当初は盲目的に，後には学習された対象に向かって，その欲求を満たそうと駆り立てられる。その衝動は，一種の圧力として量的な側面も持っている，ということになろう。

欲動の神経的相関物

1．「欲動の源泉」の神経相関物

　フロイトが「欲動」の四つの異なる側面を区別して論じたことは，その神経相関物を考えると，慧眼であった。もしそれらの区別がなされていなければ，欲動概念をニューロサイエンスの知見と照合することはもっと難しい課題となっていただろう。
　ソームズらは，まず欲動の源泉の神経相関物から論じている。欲動は「体の内部から生じ，心の内へさまざまと到達する刺激を心的に代表するもの」だから，脳の中で，体が心に要求を課す部分を探す必要がある。そういう目で脳のさまざまな部分の機能を眺めてみると，視床下部がその候補としてあがってくる。

●視床下部の機能
　視床下部は間脳とも呼ばれ（図5-1，5-2），大脳（前脳）と脳幹の間に位置し，自律神経（交感神経・副交感神経）の機能と内分泌機能を全体として総合的に調節している。また，視床下部には，体温調節中枢，下垂体ホルモンの調節中枢，摂食行動や飲水行動，性行動，睡眠などの行動の中枢があり，怒りや不安などの情動行動の中枢でもある。

●視床下部への入力系
　細胞のレベルで見ると，視床下部の神経核には，ホルモンの受容体，代謝

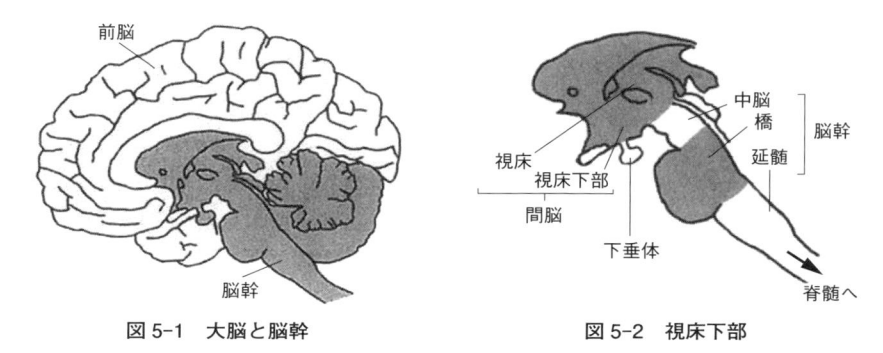

第5章　ニューロサイコアナリシスから見たフロイト理論

図 5-1　大脳と脳幹

図 5-2　視床下部

物質の受容体，その他さまざまな伝達物質（血糖値，コレシストキニンやレプチンなどの空腹や満腹を知らせる物質，脱水の程度の指標となるナトリウム，生殖器から放出されるホルモンなど）の受容体がある。脳科学の予備知識がない方には外国語を読んでいるような印象を持たれるかもしれないが，あまり心配しなくともよい。ここでは，視床下部への入力は，体のホメオスタシスや食事，性に関連した体内からの情報が主であり，外界に関する情報は直接入力していない，という点をおさえておけばよく，これが，「体の内部から生じる」という欲動の性質とよく符合していることが理解できればそれで十分である。また，これらの入力は恒常的なものであり[3]，視床下部の機能は欲動の恒常性という点でもよく相関する。

◉視床下部からの出力系

一方視床下部からの出力はどうなっているかというと，下方[4]に向けては視床下部の神経核は，中脳（脳幹の一番上の部分）にある中脳水道周囲灰白質（periaquadultal grey, PAG）（図 5-3）とか，さらに下方の脳幹領域にも神経軸索を送り，「報酬」を追い求め消費することに関連した，本能的行動パターンを生み出すうえで大切な役割を担っている。上方（高次の脳領域，大脳皮質）に向けては，初回の「強化」[5]もしくは学習された「強化」

---

[3] たとえば空腹を例にとれば，視床下部は恒常的に栄養のレベルをモニターしていて，代謝的な欠乏状態が生じる前に食べるという行動の引き金を引く。
[4] 神経科学の用語としては「頭側」，「尾側」と呼ぶことになっているが，ここではわかりやすさを優先して「上方」「下方」としておく。

への応答に参与する興奮性もしくは抑制性の信号を送る。さらに、その参与の仕方は、神経細胞による離散的な（デジタルな）形も、オレキシンのような神経調節物質の濃度に依存する連続的な（アナログな）形もある。脳回路の目を引く対象への感受性を調節したり、生体が欲求行動（空腹時に食物をあさるなど、特定の欲求を満たす可能性を高める行動）や完了行動（空腹捕食者による獲物の捕食のように、ある刺激に反応して起こり、ある欲求がそれによって満たされてしまう行動）を行う閾値を調節したりする。

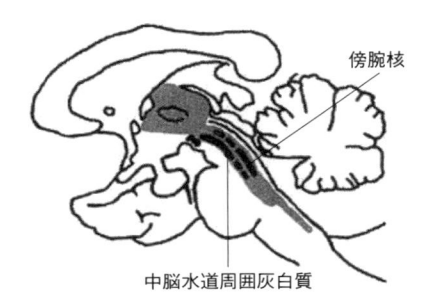

図 5-3　中脳水道灰白質（PAG）

　視床下部からの出力系を簡単にまとめれば、下方に向かっては、報酬を追い求める行動パターンを生み出す上で大切な役割を果たしており、上方に向かっては「強化」に対して、その閾値を調整するという形で促進的にも抑制的にも関わっている。そして、その調節の仕方はデジタル・アナログ両方が可能だということになる（神経からの情報は基本的にはデジタルな様式で伝達されることが多いため、この点でも視床下部は他の神経核とは異なっている。これは入力系でも同様である）。

2．「欲動の衝迫」の量的特徴

●視床下部への入力・出力の量的特徴

　体から視床下部への入力は、ホルモンや化学物質が担っているという事実は、情報の伝達様式という点で、神経伝達物質による神経間の情報伝達とは大きく異なる。神経による情報伝達は、基本的には、ゼロか一かという、デジタルな様式をとる。シナプス（神経細胞間の接続部位）において、放出された神経伝達物質の量がある閾値を超えると次の神経細胞は興奮し、そうでなければ興奮しないという、ゼロか一かの反応におきかえられるからであ

---

[5]「強化」とは、条件づけにおいて刺激と反応を結びつける手段、もしくはその手段によって結びつきが強められることを指す。

る。これに対して，ホルモンや化学物質による情報伝達は，その濃度，量の多少によってアナログな形で行われる。これは，欲動が量的な次元をもつという考えに呼応する。フロイトは，欲動の圧力には程度の差があり，将来，欲動圧力を比較できる計測法が開発されるだろうと主張していた。「喉が渇いているがそれ以上に空腹を感じる」とか，「一時間前よりも空腹だ」ということができる。欲動のレベルを客観的に測定することはできないが，特定のホルモンの血中濃度と「感じ」や「行動」との相関が明らかになれば，欲動の源泉の強さを量的に記載することはできるようになるかもしれない，とソームズらは考えている。

◉「欲動の圧力」と意識のレベル

フロイトは，すべての心的エネルギーが，文字通り，究極的には欲動に由来すると仮定した。何かを見たときに視覚野を活性化するエネルギーさえ，フロイトにとっては，究極的には欲動に由来する内因性のエネルギーなのである。このような意味での「圧力」を説明しようと思えば，意識の内容ではなく，意識のレベル（あるいは状態）を考慮する必要がある。神経科学的観点から見たとき，これに相当するのは，脳を賦活する上で中核的な役割を果たしている，拡張視床網様賦活システム（extended reticular-thalamic activating system）である。これは，意識の明かりを灯すスイッチ（といっても，照度を調節できるダイヤル式のスイッチの方を思い浮かべてもらいたいのだが）のような働きをしている神経核の総称で，脳幹部にある。

このシステムの脳幹の核群が活動性を増すと，ノルアドレナリン，ヒスタミン，アセチルコリンといった神経伝達物質が全般的に放出されて，皮質領域の代謝と活動レベルが変化し，生体の活動性が増減したり，外的刺激に対する反応性が増減したりする。フロイトのモデルにおける心的エネルギーという概念と，神経心理学的モデルにおける拡張視床網様賦活システムとの間に大まかな相関を見ておくのが順当ということになる。ここで詳述する余裕はないが，生理学における拡張中核脳賦活システムが，フロイトのモデルにおける心的エネルギーの概念と機能的に相関することについては，パフの概念化（Pfaff, 2006; Pfaff & Fisher, 2012）がその考えを強く支持している。

3．欲動の目標と対象

◉欲動と本能

　欲動が，心に対して働くことを求めるものであるとすれば，それを叶えるためには，環境を知覚し，目標を心的に表象し，行動を起こすことが必要である。ここで，欲動の目標と対象が視野に入ってくることになる。しかしその神経相関物について論じる前に，欲動と本能の関係について見ておく。

　フロイトのモデルでは，欲動そのものには，それに関連した特定の行動というのはない。「欲動の対象とは，それにおいて，あるいはそれによって欲動が自らの目標を達成しうるものである。……（中略）……元からその欲動と結びついているわけではなく，欲動の満足を可能にするという適性を持つゆえに，この欲動に一括りにされているにすぎない」（Freud, 1915/2010, 傍点は訳書）。欲動の圧力によってもたらされる緊張ゆえに，それが叶えられると，満足という体験を生む。この体験が，欲動の目標となる。しかしこれは，学習を介した，二次的なプロセスである。欲動はそれに備わる表象的な内容をもたない。これに対して，本能は，特定の種類の刺激によって誘発される，特定のステレオタイプな行動と関連づけられる。

　こうして見ると，体が心に課す要求から，心的に表象された世界へと至る階層の中で，本能は，ステレオタイプな刺激によって誘発される，ステレオタイプな行動と表象として，欲動の次の段階に位置づけられることがわかるだろう[6]。この意味で，本能は，その性質が欲動よりも心的なものだということになる。本来対象を持たない欲動が，対象を見いだす過程で本能的な行動パターンが動員されるというわけである。フロイトは，このように，欲動と本能を区別して用いているので，ストレイチー版で Trieb（欲動）が instinct（本能）と訳されているのは非常に問題なのである。

◉欲動の目標と対象

　本能と欲動の区別は，その神経相関物を考える上で重要になってくる。本

---

[6] フロイトが「本能」と概念化していたものは，現代のニューロサイエンスでは「感情」「情動」（特に，パンクセップの七つの基本感情）に相当する。

来，特定の対象を持たない欲動が，それを満たすために行動を行う次元に入ると（欲動の目標），特定の行動パターンと関連づけられることになるからである。この意味で，欲動の目標について考えることは，欲動を本能的次元へと洗練させることになるとも言える。

欲動の目標と対象の神経相関物を考える上で，ソームズら（Solms & Zellner, 2012 a）が注目しているのは，パンクセップのSEEKINGシステム（Panksepp, 1998; Panksepp & Biven, 2012）である。SEEKINGシステムはパンクセップの分類では，最も基本的な情動指令システムである。あらゆるものが目的となりうるシステムで，さまざまな欲求によって活性化される。（快をもたらすと学習された）目標・報酬・対象に向かって，あるいはそれを見いだそうとして，駆り立てるような，あるいは労苦をいとわずそれを探しまわるような行動へと急き立てるエネルギーを与える。

このシステムは，従来は「報酬システム」と呼ばれていた神経回路だが，このシステムそのものは特定の報酬とかかわりがあるわけではないことから，「報酬システム」という術語は誤解を招くとして，パンクセップはあえてSEEKINGシステム（探求システム）と名付けた[7]。この「特定の対象を持たない（objectless）」という性質がまさに，欲動の，全般的な快–探求の傾向，つまり，源泉と目標は持つが，生来的に対象は持たないという傾向とよく符合する。

なお，一次的な「対象を持たない」というSEEKINGシステムの性質は，精神分析の理論化にしばしば見出される，「転移」「象徴化（symbolism）」「対象の置き換え（object substitution）」といった，よく知られた構成概念を支持するものと見なすことができる。リビドー的欲動が求めるものは，快であって，特定の対象ではなく，それゆえに，その目標を転移したり，その対象を置き換えたりすることがまさに可能であるということは，精神分析の根本的な発見だが，SEEKINGシステムの特徴もこれと見事に呼応している。

---

[7] このシステムの神経活動は，「報酬」が見つかるまでの間は高いが，「報酬」が得られると（欲求が充足されると）急速に低下することから，「報酬」そのものと関連づけられているのではなく，報酬をむやみやたらに見つけ出すよう駆り立てる働きをしている。特定の対象と報酬との関連づけは後に見るように，おそらくは皮質–線条体（側坐核を含む）–視床というループにおける回路の相互作用を通して洗練される。自然に見られる報酬，依存薬物，条件づけられた報酬刺激などはすべてこの回路における腹側線条体を活性化する

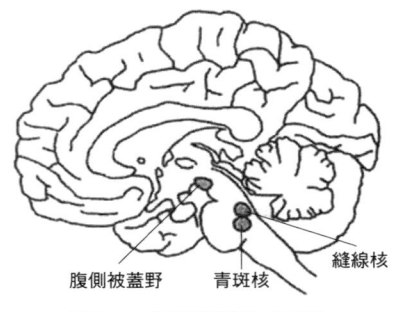

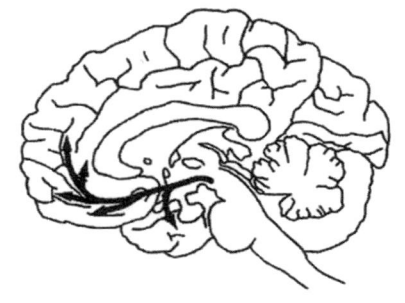

図 5-4　腹側被蓋野（VTA）　　　　　図 5-5　SEEKING システム

● SEEKING システムの神経回路

　SEEKING システムの中核をなす主な神経回路は，中脳の腹側被蓋野（ventral tegmental area, VTA）（図 5-4 参照）から前頭葉へと投射される中脳皮質系と，VTA から腹側線条体（側坐核を含む。辺縁系の一部をなす神経核）へと投射される中脳辺縁系の二つである（図 5-5）。いずれもドーパミン作動性ニューロンが多く含まれており，ソームズは，両者をまとめて，中脳皮質-辺縁ドーパミン系（mesocortical-limbic dopamine system）と表記している[8]。このうち，VTA から腹側線条体（側坐核，嗅結節）へと投射するドーパミン作動性神経が，多くのタイプの報酬-探索行動にエネルギーを与える上でカギとなる要素だと考えられている。このエネルギーは，薬物中毒などで寝食を忘れて依存薬物を渇望するような強い衝動に通じるようなエネルギーである[9]。この報酬-探索行動が，概ね，「目標」に対応する。SEEKING システムは，一次的なリビドー的欲動が，行動のレベルで，本能的に洗練されたものと考えることも可能である。

　これに対して，特定の「報酬」は，VTA のドーパミン放出によって神経

---

[8]「中脳皮質-辺縁系」という名前は，「中脳-皮質系および中脳-辺縁系」をひとつにまとめたものなので注意されたい。
[9] オールズとミルナーの実験が有名である。レバーを押すと自分の脳に差し込まれた電極から電流が流れるような装置を作った。ラットで実験を行ったところ，VTA から側坐核へと投射する神経繊維に電極が差し込まれたとき，ラットは飽くことなく何度もレバーを押し続けた。これは，たとえば中隔野に電極が差し込まれたとき，もっと整然とレバーを押して快を楽しむのとは対照的で，中脳辺縁系の刺激は，興奮状態を引き起こすといえる。

支配を受ける回路間の相互作用によって表象されるようだ。これらの回路には，扁桃体（進化論的に重要な無条件刺激に反応する。また，最初は中立的な刺激を報酬と関連付ける，連合のメカニズムを提供する），側頭葉の内側・外側領域（エピソード記憶と，対象認識に関わる），眼窩前頭皮質 OFC（報酬／罰の相対的価値をモニターする）が含まれる。これらが一緒になって，特定の目印と対象の相対的な報酬価値を，特定の属性と文脈とともにコード化する。それゆえに，これらの領域は，欲動の対象の形成において非常に重要な役割を果たす。脳の解剖に慣れていない方も心配されなくてよい。ここでは，SEEKING システムそのものは特定の対象と関連づけられておらず，特定の「報酬」との関連づけはさらに高次の大脳皮質のレベルで行われることを理解していただければ十分である。

欲動の対象は生まれつき定まったものではない。その要求を満たすものが欲動の対象として学習される。ひとたびその対象が確立されると，主体は対象を見いだすためにその目を外界に向ける。フロイトにとっては，これが，意識を（内的な）情動的感じを超えて（外界の知覚と記憶に関わる）高次のシステムに向ける目的なのである。そのように大脳皮質のレベルで洗練された「感じ」を体験するところから，欲動の意図性が生まれる。

フロイトの感情理論

以上の，欲動についての精神分析とニューロサイエンスの知見を総合する前に，フロイトの感情理論について論じておく。ソームズらはフロイトの感情理論を三層に分けて整理している（Solms & Zellner, 2012 b）が，その第一層は，このすぐ後で論じるように，欲動と密接に関わっているからである。ソームズらはフロイトの感情理論は欲動理論から始まる（Solms & Zellner, 2012 a）と述べているほどである。以下，ソームズらによる整理に倣って，感情の各層についてみていく。

1．第一層　意識の起源

　欲動そのものは無意識であり，その「感じ」は欲動の派生物だと述べたが，その「感じ」について考えることで，欲動が意識（心）とどうつながってくるのかが見えてくる。ただ，この問題は極めて複雑な問題なので，ソームズら（Solms & Zellner, 2012 b）は，ポジティブな感情（快）とネガティブな感情（不快）という最も単純なレベルから考察を始めている。これがフロイトの感情理論の第一層をなす。

　非常に単純化して言えば，欲求が満たされると心地よいと感じ，欲求があまりに長い間満たされないままになると心地悪いと感じる[10]。つまり，欲動の状態（その充足もしくは不満足）が意識に登録されることによって，つまり，それらを「感じる」ことで，知られるのである。これがフロイトの感情理論の核心である[11]。

　「私はこんなふうに感じる」というのが，意識の起源である。重要なことは，フロイトにとって，感情そのものは，外的に知覚されるもの（そして知覚に由来する記憶）とは区別されるという点である。感情的な意識が一次的である（最初にある）。その意識が，知覚される対象に付着するようになる。こうなると，「私はそれについてこんなふうに感じる」と言えるようになる。意識と知覚の区別が決定的に重要である。意識はこの意味で常に知覚的なものだが，知覚は常に意識的というわけではない。

2．第二層　情動の基本的シナリオ

　フロイトの感情理論の第二層を，ソームズらは，表象的（あるいは想起

---

[10] これは過度の単純化で，フロイト自身，欲動と情動の感じとの関係は，単純な線形の関係ではないと認識するに至った。しかしながら，最も基本的なレベルでは，欲動の強さの揺れの間には，ある程度の予測可能な関係があり，一般的には，欲求が満たされると心地よいと感じ，欲求があまりに長い間満たされないままになると心地悪いと感じる，と言える。

[11] よいと感じられるものには接近したり探し求めようとしたりする。悪いと感じられるものは避けたり離れようとしたりする。これは外的な事物にも内的な知覚の記憶にも当てはまる。ここに，フロイトの抑圧理論の萌芽がある，とソームズらは言う。

的）な層と呼んでいる（Solms & Zellner, 2012 b）。フロイトは，情動とは普遍的な重要性を持つ早期体験の象徴（あるいは記憶）である，と述べた。ただし，ここで言う「情動」は，快不快という「本来の感じ」（感情の第一層）ではなく，恐怖とか怒りといった基本的な情動シナリオを指している。また，ここで言う「記憶」は，系統発生的な意味で使われており，自分に起こったことの個人的な記憶というよりは，われわれの遠い祖先が出会った生存状況に対するステレオタイプな反応様式を指す。この層が表象的であるというのは，ある特定の刺激が，あなたにとってなんらかの意味をもっている，たとえば特定の反応を必要とする特定の危険を伝えるからである。

　フロイトは，すべての基本的情動の鍵は快不快の感じにあるが，それぞれの特定の情動は，それぞれ，他とは区別できる一連の生理学的な変化と行動パターンを示す，と論じた。そのような行動パターンは，普遍的な重要性を持つ状況（出産，遺棄，性器損傷，重要な他者からの無視など）に適応するなかで洗練されてきたものである（ここでは系統発生的な観点から述べている）[12]。フロイトは，そのような基本的な情動状態の系統的な分類は行わなかった。フロイトにとって重要だったのは，認識されて反応する特定のパターンがあるということ，そしてそれは学習されるものではなくて，生得的に予めプログラムされたものであるということであった。

　怒りや悲しみなど，基本的情動には，生得的な行動パターンがあるとはいえ，早期体験の記憶という点では，学習という要素も重要となってくる。乳児が情動を体験するにつれ，特定の対象をよいもの，また別の対象を悪いものと分類することを学習するようになる。そして，乳児が情動を示すと，われわれはそれに反応する。乳児の行動から，嬉しくなさそうだとか楽しそうだとか判断する。乳児が，意志を持って何かを伝えようとしているかどうかはわからないが，それをコミュニケーションと認識する。そして，乳児が欲しているとわれわれが考えるものを提供する。そうすると，乳児は提供されたものを，「私がこう感じたときに，私がほしいもの，あるいは他者がしてくれること」として内化する。それゆえ，情動は，この二次的表象プロセスの基盤を提供し，それによって，対象は分類され，あるやり方で感じている

---

[12] フロイトは，ヒステリーの症状を，系統発生的に受け継がれた基本的情動が個体発生的なレベルで表現された名残と見なしていた。

時に自分や他者がすることに対する期待が育つ——言い換えれば，ある種の外的状況におけるある種の内的状態についてのルールを内化し始めることになる。

3．第三層　情動表出の抑制と調節

　体験の内化は，情動の表出を抑制したり調節したりする，自我構造の構築につながる。これがフロイトの感情理論の第三層をなす。これらの原初的な（一次的な）情動の基盤をなすエネルギーを「つなぎ止める」能力を獲得する。特定の刺激によって情動的な表出がいつもなされるというわけではない。成熟するにつれ，それを抑制するという選択肢も持てるようになる。この抑制は，フロイトにとって二つの意味を持つ。ひとつは，この抑制が思考の可能性を開き，本能的な行為の代わりに思考が生じる。なぜなら，これらの基本的な情動状態に生来備わっている運動を引き起こす神経発火を遅らせたり回避させたりするからである。

　第二に，抑制は抑圧を理解するための基盤となる。抑圧は，このようなやり方では抑制されないもの，認識されないもの，認めたくないもの，自我という織物の中に取り込みたくないものに関わる。衝動や考えは，それが生み出す不快の程度が大きいために，意識から除かれる。しかしながら，その衝動とそれに関連した感情放電が自由に放たれるので，それは危険なものとなり，ヒステリー発作という形でやってくるような不安定な状態となる。ヒステリー発作は，それゆえ，精神分析にとって，抑圧された素材が帰還する原型なのである。フロイトのモデルでは，あらゆる形の神経症症状がこの種の第二次的情動とされる。

感情の神経的相関物

1. 第一層　快・不快

　フロイトの感情理論の基本的な部分は，パンクセップやダマシオに代表されるアフェクティブ・ニューロサイエンスの見解と極めてよく一致する。フロイト理論における三つのレベルの第一層，つまり，快・不快という感じは欲動の状態を知らせるものであるとする見方については，ダマシオ（Damasio, 1999/2003）が賛同を示している。パンクセップは，これらの快・不快というレベルは，その根本にある身体プロセスにあまりに近いので基本的情動そのものと見なすことはできないとの立場を取るものの，快・不快がホメオスタシスの維持に関連しているという点では，フロイトの考えと確かに一致している。

　快と不快という感覚を中継する脳の部位として，中脳水道周囲灰白質（periaquaductal gray, PAG）（図5-3）がある。この部位は，快・不快という次元の意識を生み出す上で脳の重要なセンターである（Panksepp, 1998）。PAGには，快を生じるニューロンもあれば不快を生むニューロンもあるが，このように両価的な特徴を同時に併せ持つ領域はあまりない。

　PAGを超えたところで快や不快に関連する脳の領域は多数あるが，そのほとんどは正中線近傍に位置する。その主な領域として，VTA（図5-4），視床下部（図5-2），視床前部，側坐核，腹側淡蒼球，扁桃体，眼窩前頭皮質（OFC），島前部，前帯状回などがある。大雑把に言えば，快と嫌悪の感覚を感じることには，PAGの活性化の元で，島前部やOFCが帯状回とともに感覚と感情を処理することが必要である。扁桃体とOFCは刺激と報酬の関連づけを登録し，側坐核と腹側淡蒼球はそれと関連する運動反応を生み出すことに関わる。

　神経回路においては，ポジティブもしくはネガティブな感情を構成するこれらの構成要素を分けて考えることは可能だが，これらの脳回路はすべて相互作用をしているので，意識的な体験の中では，刺激の感覚的側面と，それ

87

に対する感情的な評価や心地よいという感じ，それに関連した特定の行動への準備状態などは，絡み合っていて明確には分けられない。また，自然の報酬（性，美食，快適な接触，遊び）も薬物の乱用も，一般的には，これらの脳の領域の神経活動と相関し，ドーパミンとオピオイドを含む共通の神経伝達物質放出パターンをもつということを考えると，欲動の充足は「快」という共通用語をもつというフロイトの考えは，基本的には依然として妥当であると考えられる[13]。

2. 第二層　七つの基本情動システム

パンクセップは，「基本情動指令システム」として，SEEKING，FEAR，RAGE，PANIC，CARE，LUST，PLAYの七つを挙げている（Panksepp & Biven, 2012）。これについては成田が第8章で触れているので，ここではこれ以上は触れないが，パンクセップの情動についての考えは，フロイトの感情理論の第二層とよく符合する。第二層については，フロイトの感情理論は不確定で曖昧であるのに対し，パンクセップのそれはより洗練された，根拠に基づく分類法を持ち合わせているということができる。

精神分析にとってもうひとつ重要な点は，これらの基本的情動の「対象を持たない」という性質である。感情は本来的には対象を持たない。誘因に拘わらず，怒りという中核的な感じがある。悲しみという中核的な感じも，喪失の種類によらない。生まれたときに特定の対象に関する洗練されたイメージを持つというエビデンスはほとんどない。われわれが抱く愛着の感じが特定の人に属しているということは学習によって学ぶ。まず「感じ」ありき。

---

[13] SEEKINGシステムが活性化した状態では，特定のものに向けて「駆り立てられる（drive）」が，このプロセスは，文脈，特定の目標，要望（wanting），欲求，渇望の体験に応じて，ポジティブにもネガティブにも色付けられ得る。SEEKINGシステムは，ポジティブな状態で活性化されるときだけ，ポジティブな感情と関連づけられる。一方，期待がかなえられなかったり，危険を避けようとしたり，待ち望む期間が長過ぎたり，報酬を得るのに欲求不満を感じていたりするときには，ネガティブな感情と関連づけられる。それゆえ，SEEKINGに関連づけられるポジティブな感情は，「快」ではなく，「予期」，「期待」，「関心」と呼ぶ方が適切で，「快」という用語は，欲動の充足を意味する言葉として用いる方がよいということになる。神経伝達物質の面からも，欲求的なSEEKINGシステムの活性化の神経伝達物質は主にドーパミンであるのに対し，欲求が満たされたことによる快は主にオピオイドによって伝達されるという違いがある。

そして，その「感じ」が何についてのものかを学ぶのである。その，特定の「〜について」という性質は，獲得されるものであり，初期の体験に関係するものである。

3．第三層　調節と抑制

調節と抑制という第三層についても，前頭前野の新皮質によるコントロールと調節の影響は，ホメオスタシス応答システムと，脳幹や辺縁系のレベルでのステレオタイプな本能的応答パターンの両方に及ぶとされている点で，フロイトの見解とよく呼応する。さらに，これらの調節システムの発達は，成熟過程の間に形作られ，特に養育環境の影響を受けることを示す証拠がたくさんある。確かにこの知見は，超自我がエディプスコンプレックスの後を引き継ぐというフロイトの考えと共鳴する。感じたり表現したりするのに何が受け入れられて何が受け入れられないのかを決めるのに用いられるルールは，重要な他者との情動的な相互作用における早期の学習に基づくというわけである。

複眼視によって見えてくること

ラフなスケッチにしかすぎないが，「欲動」と「感情」について，精神分析とニューロサイエンスのそれぞれの観点から概観してきた。これらの知見を相互に照応させながら見えてくるいくつかの点について，述べておきたい。

1．欲動の意義を再認識する

精神分析には，人間の行動を説明する上で，情動とか本能，それらの背後に潜む欲動を最高度に重視してきたという長くて豊かな伝統がある。しかしながら，同時に，本来精神分析の基盤にあった生物学的な観点は，かなりの部分が見捨てられてきた，あるいは少なくとも最小限に抑えられてきた，と

いうこともまた真実である。さらに，この傾向は，1950年代以降，さまざまな学派の精神分析的思考において欲動という概念が徐々に重視されなくなったということとも呼応している。しかし，心的生活における感情の中心的重要性を信じるなら，欲動と，本能的で生得的な情動が中核をなすような力動の重要性をソームズらは強調している。

　フロイトの欲動概念は，その定義においても，彼が区別した四つの側面においても，現代のニューロサイエンスが提供する知見とよく相関する。精神分析の理論と，ニューロサイエンスの知見とは，それぞれ入口も方法も異なる。フロイトが述べた「欲動の源泉」は，ニューロサイエンスにおける「自律機能の調節を行う総合中枢である視床下部」と一対一に対応するものではないが，いずれも，恒常的に，「身体内部から襲いかかってくる力」として働くという点で一致している。リビドー的欲動の「対象を持たない」という性質は，パンクセップのSEEKINGシステムにおける「目標を定めない槍投げ（goad without goal）」という標語に，とてもよく符合する。「対象を持たない」という言葉でフロイトが言いたかったことは，「充足の体験」「快の体験」を通してのみ，この槍が特定の目標に向けられるようになるということである。この性質は，まさにSEEKINGシステムの特徴として記述されているものでもある。

　このように両者がよく相関しているということは，双方の概念が捉えようとしている「現実」（フロイトの言葉で言えば「心的装置」）をより適切に捉えているということを意味する。喩えて言えば，Xに対し，光源Aと光源Bから光を当てると，見える姿aとbは異なるし，まったく同じ部分を見ているという保証もない。しかし，Xの動きに応じてaもbも動けば，同じような領域を見ているという確率が高くなる。フロイトが「欲動の源泉」という言葉で捉えたかったものは，現代のニューロサイエンスで，視床下部の働きとされていることと重なるのであり，両者が，その奥にあるXの辺りをそれぞれ映し出そうとしていると考えることは支持できる。フロイトが「欲動」という概念を用いて記述しようとしたかなりの部分は，先に見たように，ニューロサイエンスの知見とよく相関をしており，その意義を改めて見直すことも必要なのではないかと思われる。

2．フロイト理論の改訂

　一方で，このような取り組みによって，それぞれ改訂を迫られる部分も出てくる。たとえば，SEEKINGシステムは，フロイトの用語では，性的充足を求めるメカニズムというよりは，多形倒錯的性愛という意味で，全般的な欲求システムとして働く。そこで，フロイトの，問題の多い「セクシュアリティ」という言葉よりも，「欲求」システムとか「欲望」システムという言葉の方が，SEEKINGシステムの同義語としては有用である，とソームズは示唆している。

　また，感情理論という点からみると，フロイトは，感情の第一層のホメオスタシスにあまりに重きを置きすぎている。われわれは主に快原則によって駆り立てられているというフロイトの主張は，現代のニューロサイエンスの視点からはあまりに単純で，感情の第二層にもっと注意を向けねばならない，といえるだろう。実際，感情の第二層を構成する基本的情動（パンクセップの七つの基本情動）の布置は，系統発生的に，その基礎にあるホメオスタシスのレベルとは独立しているので，観察された感情的な現象を，欲動のレベルまで遡って説明しようとすると，誤りを犯しかねない。これは精神分析的な情動理論の重要な改訂である，とソームズらは述べている。さらに続けて，アフェクティブ・ニューロサイエンスの基本的情動の分類にも精通して，フロイトの曖昧な分類と置き換えることを考えねばならないとも述べている。

3．欲動と感情の関係

　これまでの議論を踏まえて欲動と感情の関係について整理しておくことも必要である。感情の第一層である快・不快が欲動の充足と関係していることについては既に述べたので，感情の第二層を成すパンクセップの七つの基本感情と欲動の関係について，ソームズらの見解を紹介しておく。

　ソームズらによると，パンクセップの基本情動システムには，欲動を始動させるものと，情動を表現するものという二つの区別がある。前者は，生体

の内部から生じる影響によって始動するもので，外界の刺激によらず，多かれ少なかれ常に存在しているのに対し，後者は，内的な刺激によっても誘発されるが，さまざまな外的刺激と関連して誘発されるものである。CARE, LUST, PLAY は前者，FEAR, RAGE, PANIC は後者の性質をもつ。

　SEEKING システムは，全般的な欲求システムとして働く。これはリビドー的欲動が心の方に向かって動き始めた第一段階と仮定できる。LUST, CARE, PLAY の三つのシステムはそれぞれ分化していて，その目的も対象も異なる。しかしながら，これらの三つの異なる感情はいずれも，SEEKING システムをその基礎に持つ。SEEKING システムは木の幹のようなものであり，それに栄養を与える根もさまざまであるし，そこから生じる特定の行動や目的も多種多様である。

　一方，フロイトは，欲動の分類については，何度か見解を変えた。最初は，自己保存的な欲求が，性的な欲求と葛藤すると考えた。しかしながら，最終的には，性的欲求と生存欲求をひとつの概念にまとめ，「エロス」，「リビドー的欲動」，「生の欲動」などと名付け，性的欲求と生存欲求から生じるすべての欲望が，この広いカテゴリーの中で，ひとまとめに分類されることになった。この再分類は，生存欲求が自己愛（ナルシシズム）と密接に結びついているので，広い意味では「性愛的」と見なせるという認識に基づくものであった。

　しかし，フロイトの「セクシュアリティ」という概念は，際限なく問題を生み出してきたことも事実である。結局のところ，フロイトにとっては，快反応をもたらすあらゆる欲求が「性的」であったのだ。CARE も PLAY もすべて，心地よい感じを生み出すということを考えれば，狭義の性的な快に関わる LUST とともに，CARE と PLAY も，フロイトがしたように「リビドー的欲動」の傘下に置くこともできなくはない。しかし，問題の多い「セクシュアリティ」という言葉よりも，「欲求」システムとか「欲望」システムという言葉の方が，SEEKING システムの同義語としては有用である，とソームズらは示唆している。

　これらの情動システムと，ネガティブな反応を表象する別の基本情動指令システム，FEAR, RAGE とは明らかに異なる。後者は，主に不快な外的イベントによって誘発され，その危険から逃れるとか，相手を打ちのめすと

いった，そのシステム自体の動機を持つ。また，SEEKINGシステムをその基礎に持つわけではないし，それを洗練させたシステムというわけでもない。それぞれが，独自の生物学的目的を持っていて，快を探し求めるような性質はない。系統発生的にみれば生殖による生存に役立つシステムであるが，個体発生的レベルでは，極めて独立した「モジュール」だといえる。

以上をまとめると，フロイトの欲動論は，その本能レベル（感情の第二層）をより精緻なものにする必要があり，特に少なくとも二つの感情システム（欲動を始動させるものとネガティブな反応を表象するもの）を区別する必要があるということになる。

4．ボウルビィの批判に対する解答

これと関連する議論として，最初期の対象（母親などの主たる養育者）に対する関係は，リビドー的欲望（libidinal desire）によるのか，愛着欲求（attachment need）によるのか，という問題がある。20世紀後半には，精神分析の中で，フロイトは欲動については非常に多くの点で間違っていたとする数多くの立場が発展してきた。たとえば，リビドー的欲動というようなものはないとか，愛着の基本的な欲求は性理論が間違っていることを証明したとか，幼児の心には最初から生まれつきの対象があるのだから欲動が対象をもたないという考えは間違っているとか。この観点からフロイトとその後継者に対して鋭い批判を行ったのがボウルビィ（Bowlby, J.）である。

この問題は精神分析において迷宮入りとなったが，アフェクティブ・ニューロサイエンスによる基本的情動の見直しがこの問題を解いてくれる，とソームズらは述べている。本章で論じたように，欲動から本能に至る二つの異なるレベルを区別することが，これらの論争の問題点の多くを明快にしてくれるからである。

パンクセップのSEEKIGNシステムは，既に見たように，フロイトにおいてリビドーという概念が行うとされたほとんどすべての仕事をする。この，中脳辺縁系のドーパミンシステムは，欲求行動を媒介し，外界へと駆り立てるような行動にエネルギーを与えると同時に，特定のもの，人，状況を，特定の快や欲求充足感へと関連づけるための学習システムにもエネルギーを与

える。このシステムは，対象を持たない欲望の基盤をなし，あらゆる基本的性質が，フロイトのリビドー的欲動と類似している。

　パンクセップのみならず，ほとんどすべての現代の神経科学が，この「リビドー的」システムとは別の，感情的な愛着を促進する基本的情動システム（PANIC と CARE）の存在を認めている。これらのシステムも最初は対象を持たない。このシステムは，社会的絆を形成するために，生来備わった欲求を生み出し，母子の絆がその始まりとなる。これらのシステムは，SEEKING システム（リビドー的欲動システム）によって備給されるのではなく，（もちろん相互作用はするが，基本的には）独立したシステムであることもわかっている。

　それゆえ，対象を持たない欲望か生来備わった対象関係か，という論争は，二つの方法で解くことができる。幼児の欲動は，最初は対象を持たないが，二つの異なる「対象を持たない欲動」がある。ひとつは，予め想定される愛着への欲求で，自分を安全だと感じさせてくれる対象とつながっていたいという欲求を媒介するものである。もうひとつは，予め想定される快を探し求める欲求システム，リビドー的欲動システムである。いずれも相互に依存せず，両方とも生まれつき備わっていて，活動するものである。

　このように，精神分析は，その概念とニューロサイエンスの知見の相関を丁寧に見ていくことで，採るべきところは採り，改訂すべきところは改訂して，より堅固な基盤の上に臨床実践を行うことが可能となるのではないかと思う。

文献

Damasio, A. (1999). *The Feeling of What Happens: Body and Emotion in the Making of Consciousness*. Harcourt Brace. 田中三彦（訳）(2003)．無意識の脳　自己意識の脳．講談社．

Freud, S. (1915). Instincts and their vicissitudes. *The Standard Edition of the Complete Psychological Works of Sigmund Freud, Volume XIV*. Hogarth Press. 新宮一成・本間直樹（編訳）(2010)．欲動と欲動運命．フロイト全集第 14 巻．岩波書店．

Jones, J. B. (2007). An Interview with Mark Solms. http://www.bookslut.com/features/2007_05_011064.php

Pfaff, D. W. (2006). *Brain Arousal and Information Theory: Neural and Genetic Mecha-*

nisms. MIT Press.

Pfaff, D. W. & Fisher, H. E. (2012). Generalized brain arousal and other mechanisms contributing to Libido. Fotopoulou, A., Pfaff, D., & Conway, M. A. (Eds.) *From the Couch to the Lab*. Oxford.

Panksepp, J. (1998). *Affective Neuroscience: The Foundations of Human and Animal Emotions*. Oxford University Press.

Panksepp, J. & Biven, L. (2012). *The Archeology of Mind: The Ancestral Sources of Human Emotions*. Norton.

新宮一成・本間直樹（2010）．解題．フロイト全集第14巻．岩波書店．

Solms, M. & Turnbull, O. (2002). *The Brain and the Inner World*. New York: Other Press. 平尾和之(訳)（2007）．脳と心的世界——主観的経験のニューロサイエンスへの招待．星和書店．

Solms, M. & Zellner, M. R. (2012 a). Freudian drive theory today. Fotopoulou, A., Pfaff, D., & Conway, M. A. (Eds.) *From the Couch to the Lab*. Oxford.

Solms, M. & Zellner, M. R. (2012 b). Freudian affect theory today. Fotopoulou, A., Pfaff, D., & Conway, M. A. (Eds.) *From the Couch to the Lab*. Oxford.

第6章

ヒステリーからの問い

久保田泰考

神経精神分析の故郷

　しばしばそれは過去の遺物と表現される。精神分析の歴史を紐解けば，人はブロイアー・フロイトのヒステリー研究に行き当たるのであり，その中でもとりわけ問題含みの症例アンナ・Oに関して仔細に検討するなら（後述するように），転移性恋愛をはじめとして，後の精神分析家が直面するすべての問題が萌芽的に示されていることが見て取れる。とはいえ，19世紀末の話である。今日の洗練された精神科診断体系をもってすれば，もっとましな診断名をあてがわれるべきではないか，と考えられても不思議ではないだろう。実際，うつ病（Merskey, 1992）を初めとして，脳脊髄炎（Hurst, 1982），側頭葉てんかん（Orr-Andrawes, 1987）にいたるまで，アンナに後に付け加えられた診断名は枚挙にいとまがない。

　だが公正に状況を眺めるなら，診断に関する問題が解決されたとは言い難い。たとえばアメリカ精神医学会の「診断と統計のためのマニュアル」，つまりDSMの第4版から5版への改定においても，身体表現性障害あるいは身体症状症に類する疾患は今日の診断体系において最もまずく記述されたもののひとつであることは疑い得ないであろう（Mayou et al., 2005）。そこには慢性疼痛性障害をはじめとして，今日の医療システムにおいて最もその恩恵から遠ざけられている患者の一群が見いだされる。1970年代には，こうした事例，すなわちさまざまな特定不能の苦痛やしびれ，麻痺を訴えながら，器質的異常が特定されないケースはいずれ消え去るだろうと考えられていた。医療診断技術の進歩が，やがては現時点では不可視の器質的要因を特

定することになるだろうと。

　だが事態は逆であった。今日神経内科外来を訪れる患者の30％は医学的に説明できない症状を示す（Carson et al., 2000; Stone et al., 2009）。転換性障害（神経学的異常がないにもかかわらず，運動・感覚麻痺などの神経症状を示すもので，要するにヒステリーの現代風の呼び名だ）は外来の約5％を占め，最終的な診断となる（Perkin, 1989; Stone et al., 2005, 2009）。医者は無力感にとらわれながら，どこも悪くないですよと笑顔を取り繕い，対処療法的な鎮痛剤を処方して，患者が納得して立ち去ってくれることを祈るばかりである。実際，「患者さん」には間違いないのだ。名前こそ古びるとも苦痛は今日において現実に存在する。

　さらに劇的な事例を紹介することもできる。最近の『ニューヨークタイムズ・マガジン』の記事（Dominus, S. による，2012年3月7日）を賑わせたリロイ（NY州）の女子高生に見られた謎の神経障害の多発事件は，あのエリン・ブロコビッチまでも巻き込んで土壌汚染の可能性などが取りざたされたわけだが，結局は集団ヒステリーということで落ち着きつつある。もっと小規模なものであれば，本邦でも女子高生の失神，痙攣発作などの集団発生がしばしば見られることは，教育関係者には知られたことである。

　こうした混乱した状況を俯瞰してみれば，神経科学と精神分析の両方の知識と経験に基づいた神経精神分析的な言説を立ち上げることで，私たちの立っている場所を明らかにすべく努めることは，それなりに時宜を得たことのように思われる。ベテランの臨床家が，あれはヒステリーだね，と肩をすくめるのがお約束の事例ばかりを本論は取り上げることになるかもしれない——しかしここで，今日再び緊張し始めたかに見えるヒステリーと科学的・社会的言説との関係性をめぐって行われる私たちの考察において，賭け金とされているのは神経と精神についての知の現在に他ならないのだ。

ヒステリーとアニメ　クララ

　大学の精神医学概論の授業などで，ヒステリーという病気について手短に解説する必要に迫られた場合，「要するに，『アルプスの少女ハイジ』のクラ

ラのことです」と例にとると，多くの学生さんはなるほどとひとまずは納得してくださる（テキトーな講義ですみません）。30年以上前の作品なのだが，さすがは高畑勲監督，宮崎駿も参加した名作アニメだけあって，車椅子の不幸な少女，クララが立ちあがるというエピソードはいまだに多くの人に強い印象を与えているようである。

　ヒステリーについて医学的に講義することは大変難しいことなのだが（ヒステリーはあらゆる神経症状を模倣するゆえに，医学部の神経症候学の講義がすべて必要ということにもなりかねないし，そうしたとしてもヒステリーの本質はつかみとれない），クララのイメージは古典的なヒステリーのケースとはどんなものかをよく例示してくれる。大切にされてはいるが，孤独で愛情に飢えていて，少し陰のあるお嬢様で，ちょっとわがままなところもあるかもしれない。しかし，歩けないことに関していえば，決してこれは仮病ではないし，彼女自身もその症状ゆえに不自由な思いをしている。もっとも，このまま足が動かなかったら将来どうなるかしら，などとひどく思い悩む風でもなく，その運命を受け入れている様子であるが。高名な専門医たちが代わる代わる診察するが，誰も原因を明らかにしえない，というより，筋肉にも神経にもなんら異常は見つからないわけである。どうやらこれは「心の問題」らしい――器官としての足自体には異常がなく，その働きの問題なのであるから，なんらかのきっかけで，少女はまた歩けるようになるだろう。そのために必要なのは，ロマンスの匂いがする偶然の事件かもしれない。

ヒステリー・神学・医学

　このようなヒステリーのイメージが定着するのは，ヒステリーがそれなりに医学化された19世紀末のことである。ブロイアー・フロイトのヒステリー研究が出版される少し前，当時の神経学の最先端の地であったパリで，偉大な神経科医シャルコーはヒステリーを最初に神経学の対象としてとりあげたのであった。

　今でもパリ市内で歴史的建築として威容を誇るサルペトリエール病院に

は，当時浮浪者のような生活をしていたヒステリーの女たちが数多く収容され，シャルコーはその病棟で文字通り支配者として君臨したといわれる。彼は当時最先端であった催眠術を用い，患者のヒステリー症状をコントロールして，臨床講義において上演することができたのである。その聴衆の中には，当時パリ留学中のフロイトも含まれていた。

　もっともシャルコー自身は，ヒステリーを「心の問題」と捉えていたわけではなく，いつの日か神経学的な原因が解明されると考えていたらしい。とはいえ，ヒステリーに性的な問題が関与していることを，彼ははっきり見て取っていた。冷徹な観察眼にとって，ヒステリーの女の恍惚とした表情と身体のこわばりに，性的なエクスタシーの徴を見ないで済ますことのほうが難しかったろう。

　ヒステリーが近代医学化される以前，ギリシャ人たちは「子宮の病」であるヒステリーを治すため，端的に結婚――正常なセックス――を勧めていた。中世では，ヒステリーは「悪魔つき」であった。それを「治療」するのは教会の仕事であったが，厄介なことに，正当な神秘体験と悪魔つきを区別することがなかなか難しかったといわれる。本当に修道女は神様の声を聞いているのか，あるいは悪魔にとり憑かれて惑わされているのか――この二つの区別を行うのは教会とその神学的な権威であった。このあたりの事情は，今日ではヒステリーと「本物の病気」を区別するものが，白衣の権威，医学的知の体系に取って代わられただけのことといえるのかもしれない。

　悪魔つきとしてのヒステリーのイメージは，オカルト映画の名作『エクソシスト』にその名残を残している。この作品は，ヒステリーについて学びたいという医療・臨床心理関係者にとってたいへん教育的な作品である。16歳の少女が突然，奇声を上げ，吐物を撒き散らし，ベッドのうえで激しく痙攣する。すぐに悪魔払い師を呼ぶべきか!?　いや，まず疑うべきはてんかん発作である。当然，映画でも頭部CTや脳波検査が行われることになるが，まったく異常は見つからない。全身をくまなく調べ，まったく異常がないとわかったところで，ようやくエクソシスト／こころの専門家の出番であるということになる。ここから得られる教訓は，安易にヒステリー＝心の問題と考えて精神療法を始める前に，身体・器質因について精査すべしということである。さもないと，気分の落ち込みと頭の重さを訴えるケースの精神療法

をはじめて、半年後に脳腫瘍が見つかって大騒ぎするなどということにもなりかねない（エクソシストのモデルとされる症例では、抗NMDA受容体脳炎の可能性が指摘されている）。

われわれはまだ「ヒステリーの時代」にいる

　19世紀末のウィーンの時代精神が、ヒステリー患者との臨床経験を元に形成されたフロイトの理論に時代の制約を課しているといわれる。古典的なヒステリーは今では影をひそめ、フロイト理論は今日の多様化・複雑化した患者の病像には対応できないと。だがほんとうにそうだろうか。最初にも述べたように、ヒステリー患者がいなくなってしまったというのは、まったく正確ではない。今も昔も、精神科医ではなくむしろ神経内科医が、ヒステリー患者を日常的に診察している。現在でも病因がはっきりしない不定愁訴、原因不明の疼痛、手足のしびれ、あるいは一過性の失声など、大病院の外来診察室を覗けばいくらでも見つかる。

　もっとも神経学的な症状はいくつかあるが、身体の側の原因がはっきりしない、という状況は、確かに100年前のほうが今よりはるかに多かったであろう。今日なら、MRIで簡単に見つけられる多発性硬化症の脳内の脱髄病変は、100年前なら剖検しなければ見いだされなかった。また、フロイトの時代にはありふれていて、ヒステリーとの鑑別が重要であった病因─神経梅毒は、梅毒自体の減少により、今日ではかなりめずらしいものになった。70年代当時の「生物学的」精神科医たちは、診断・検査技術の進歩により、いわゆる「ヒステリー」の隠れていた病因が明らかにされ、ヒステリーという概念自体がなくなるだろうと信じていた。しかし、今日ではほとんどの臨床家は、ヒステリーが消え去ることなどないだろうという見解に同意している。現在の高度な検査技術、たとえば数ミリの病変まで描写できるMRIをもってすれば、ヒステリーというゴーストを一掃することは可能ではないのか。いやむしろ事態は逆である。たとえば、MRIによってごく小さな脳の病変が見つかったとして、それが果たしてたとえば「めまい」という「症状」を説明しうるほどのものなのか判断に決め手を欠くのである。わずかな

病変が見つかり，しかしそれがわずか過ぎるゆえに臨床症状との関連性は疑わしく，結局そのケースはヒステリーとみなされるかもしれない。

　人はしばしば，心か身体かという単純な二分法で，ヒステリーか「本物の病気」かと，問題に白黒をつけようとするが，臨床の現実はそれほど単純ではない。フロイトが明瞭に指摘していることであるが，たとえば神経梅毒の病変が見つかったとして，そのケースにおけるすべての症状がヒステリー性でないとは限らないのである。身体の病変，異常を背景として，そこから生じる「身体的な要因」に，ヒステリー性の「精神的な要因」が付加される。フロイト自身，常に心身両方からの説明を行っていた。今日でもしばしば，てんかんの患者は，実際に脳波異常を伴う真の発作と，それを伴わないヒステリー性の発作を共存させるし，てんかん専門医でもヒステリー発作とてんかん発作を鑑別することは困難である（こうした非てんかん性の発作の心理ストレスを検討した研究として，Bakvis et al., 2009 が興味深い）。可能な限り症状の意味を身体の側へと還元したいという，私たちの科学的な探求の欲望が続く限り，その原因-結果をつなぐ空隙に，常にヒステリーは回帰するといえる。

右手をあげてみて下さい

　私たちの日常的な経験においても，原因-結果をつなぐ空隙は，こころと身体の境界線でぽっかりと口をあけている。ちょっと試しに，右手を上げてみてください――もちろん簡単にあげることができるだろう。でも，どうしてあげることができるのか，説明できるだろうか。

　馬鹿なことを言わないでいただきたい，まず運動の動機――おそらく前頭前野から運動前野，ついで一次運動野の神経が発火し，運動のコントロールに関わる皮質下の基底核や小脳のフィードバック回路が働いて，最後に出力が錐体路を通じて筋肉へ伝わり……，運動生理の教科書を参照しながら，あなたはとりあえずこのようなメカニズムを説明するだろうか。だが，どのようにして「こころ」は「腕」を持ち上げることができるのか。動かそうという思念は，どのようにして神経という物質へと転移されるのか。思念が物質

を動かすというのであれば，それこそ「知の欺瞞」の著者の物理学者も裸足で逃げ出すぐらいのトンデモない超常現象——つまりサイコキネシスではないか。

ほんの少し前の神経科学研究では，腕を動かそうとする意志と，脳の神経活動との時間的ズレについて調べることがちょっとしたブームとなっていた。リベットらの研究によれば，手を動かそうと意識的に考える数百ミリセカンド前に，運動を準備する皮質の活動が観測されていた（Libet et al., 1983）。おどろくなかれ，最新の研究では，主体が手を動かそうと意識するそのおよそ10秒前から，脳は準備的活動を始めているという（Soon et al., 2008）。とすれば，自由意志はないという結論になりかねない——私たちは自分で意識的に手を動かしているつもりでいるが，それは幻影であって，実はその前から手を動かすことは脳に決定されているとしたら？

あわてて結論を出す前に，ヒステリーを例に考えてみよう。ヒステリー症例では，手を「動かそう」と意思しても動かせない（そうでなければヒステリーではなく，「詐病」ということになる）。少々斜めに構えた見方だが，このことは，動かしたいという意志が，脳によるオートマティックな運動調節機能，つまり機械的な決定を超えて存在することを逆説的に証明している，と言えはしないだろうか。

最近のニューロイメージング研究では，ヒステリー性の片側麻痺患者で麻痺した上・下肢に振動刺激を与えた際の脳血流変化を調べており，その結果，麻痺側とは反対側（末梢からの感覚神経路は左右交差して脳に入力するため）の大脳基底核と視床に活性低下が認められ，さらに症状回復後にこれは消失することが示されている（Vuilleumier et al., 2001）。大脳基底核はまさしくオートマティックな運動制御にかかわっており，この活動がヒステリー症状と関連して低下しているのは驚きではない。同じ場所に脳梗塞が起これば同様の運動麻痺症状が生じるであろうから（もちろん，脳梗塞の患者も「動かせない」と訴えるだろう）。また別の研究で，一例の転換性障害に運動麻痺を伴う女性患者についての報告では，fMRI施行中に過去の外傷体験に関連した手がかり語を聞かせると，扁桃体とそれに関連する下前頭葉の活動亢進，および麻痺部位と一致した運動野の活動低下が観察されている（Kanaan et al., 2007）。その後の転換性障害についての研究でも，ストレス

に関連したライフイベントを想起する際，扁桃体の活性化と運動野への機能的結合性の増強が報告されている（Aybeck et al., 2014）。最後に，情動の処理にかかわる扁桃体と運動領域の相互作用についての直接の証拠が，ヴーンらによって報告されている（Voon et al., 2010）。彼らは運動麻痺とは一見無関係な情動表情認知課題を用いることで，歩行障害などさまざまな神経症状を呈する転換性障害患者において，右の扁桃体と補足運動野の機能的結合性が高まっていることを見いだしている。

　こうした脳の自動処理システム（基底核や扁桃体といった皮質下構造と皮質をつなぐサーキット）の一過性の機能障害によってヒステリーという病像が成立しているとすれば，そこからまず学ぶべきなのは（脳の話はさておき），意識体験における主体としての私たちにとっての「自由意志」という概念の倒錯性ということかもしれない。つまるところ，意識体験の統一体たる自我にとって，自由という概念の構築自体が——自我自体の自律・統合性によってしか保証されないという意味で——倒錯的なのである[1]。

　脳の側から考えれば，この倒錯性は，脳のどの部分までが活動している場合に私たちの自律的な主体性を代表しているといい得るのか，という難問とつながっている。たとえば，視床核の損傷によって起こる運動無視（motor neglect）というまれな状態では，損傷と反対側の上下肢の自発的・意識的な運動が見られなくなる。この場合，患者の自由な意思はどのように捉えられるべきだろうか（先にあげた Vuilleumier et al., 2001 の研究で，ヒステリー患者の麻痺症状発現時に血流低下がみられた場所は同じ視床であった）。ヒステリー性運動麻痺のケースで，同様に視床の一部構造の機能低下がみられて，患者がまるで地下鉄の中で傘を忘れるように自分の右腕を忘れてしまう場合，それは「動かしたくない」の意思の表れだといえないであろうか。大脳皮質ならまだしも，皮質下構造の活動性から「意思」が判断できるとい

---

[1] この倒錯性は，たとえば病態失認の患者が，動かない左腕を指摘されて，「いや，これは他人の手なんです」と主張するときに劇的に示される——動かせない手は，単に意識体験・自我の統合性から放逐され，不自由は感じられない。おそらくこの現象と表裏一体なのが，客観的観察者たる神経科学者にとって，ある被験者の「動かそう」という意志の真正さは外部からは決定不能であるという事実である（彼女がいま手を動かさないのは，単に「動かしたくない」のか，動かしたいが「動かせない」のか）。リベットの実験のデザインの巧みさは，被験者が「手を動かそう」という衝動が生じたタイミングを自ら報告させることでこれを回避した点にある。

うのは，神経科学の一般常識からいって難しいだろう。だが分析家の立場からすれば（あらゆる憶測を排して現象を眺める以上），それは「無意識で腕を動かさないでいる」という欲望の現れでありうる（つまり「彼女が傘を忘れた」ことには意味があるのだ）。

　こうした問題系をさらに神経科学研究にフィットするようにパラフレーズすれば，運動のエージェンシーの問題として考えることができる。リベットが取り出した「動かしたい衝動」の問題は，運動コントロールをつかさどる神経システムのヒエラルキー構造において，エージェンシー（つまり動かしたいというドライブの担い手）がどのように成立するかという観点から最近検討され始めている（Wolpe & Rowe, 2014）。最も単純な運動として脊髄レベルの「刺激−反応」図式を考え，この筋肉運動に対して上位レベルのシステム（運動野，運動前野などなど）がフィードバックコントロールをかけているというモデルを考えれば，おそらくこれらシステムの相互作用の中で運動のエージェンシーが自然発生しているはずである。興味深いことにフロイトも「欲動とその運命」（1915）において，そうした動かしたいという「欲動」（ドイツ語で Trieb，すなわち drive）の発生について論じている。システム外部からの動因，つまり刺激とそれへの反応というシンプルな図式に対して，システム内部からのドライブ，つまりフロイトのいう欲動を想定することで，一挙に複雑なシステムの動きが生成することが指摘されるのである。

　　外部から刺激が与えられると，それを除去するという課題が生じ，これは筋肉運動によって遂行される。そしてある筋肉運動によってこの目標が実現されると，これは目的にかなったものとして遺伝的な素質となる。しかし有機体の内部から発生する欲動刺激は，このメカニズムでは克服することはできない，こうした刺激は神経システムにはるかに高度な要求を突き付けるのであり，錯綜し，相互に入り組んだ活動を神経システムに起こさせる。（Freud, 1915）

次章（トラウマ論）でも改めて検討することになるが，現代の神経システムモデルにおいて，欲動に相当する内部からの動因として，脳が外界を予測し

成立させる内部モデルからの入力を考えることができる。脳は外界の情報を単に感覚として入力するわけではなく，常に外界を予測し，内部モデルと実際の入力との誤差を検討するベイズ予測を行うマシンであるということだ。腕を動かすという運動もまた，単なる運動ではなく，その結果得られる知覚を予測し，それと実際の運動による誤差を計算するというプロセスによってコントロールされている。そうした予測−誤差計測モジュールのヒエラルキー構造によって，私たちが「自由に（？）」腕を動かしているという経験がおそらく成立しているのであり，上位モジュールから見れば下位のモジュールは単に自律的に予測−誤差計測のループを行うマシンで良いことになる。それこそが，次に見るように，わたしたちが少し訓練さえすれば自らの腕に代えてマシンの腕を「自由に」動かしうることの神経科学的な基盤なのである。

ヒステリーとサイボーグ

　高度なサイボーグ技術によって，身体が機械化され，他者化される近未来において，ヒステリーの病像はどのように変貌するだろう？　もしも自由には「動かせない」ヒステリー者の腕が，マシンにとりかえられたら，彼女・彼はヒステリーでいられるだろうか。いや，あるいはそもそも「女」はサイボーグ化することによって，ヒステリーから解放されるだろうか。
　これは決して SF めいた話ではない。神経につなげられた義手はすでに現実のものとなっている。2005 年に事故で両腕を失った男性に筋電義手が装着され，手を動かそうという意思によって義手を動かすことの成功が報告された。切断された腕の神経は，手術によって胸部の筋肉へとつなぎかえられており，腕を動かそうとする意思がこの筋肉を収縮させる。その収縮による電位変化がセンサーを介して義手をうごかすのである（神経を流れる電流は微弱であるため，直接に機械を動かすことは技術的に困難であり，代わりに胸部の筋肉が利用される）。おなじ技術を用いた義手を意思によって動かす米海軍兵クローディア・ミッチェルの姿は，Youtube で公開されている（図6−1）。

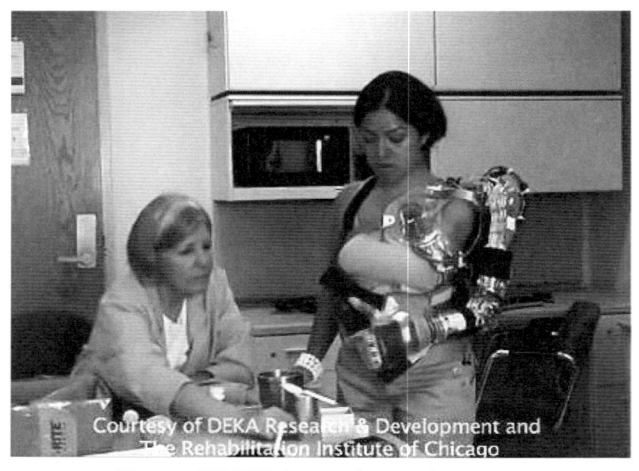

図 6-1　米海軍兵クローディア・ミッチェル
(https://www.youtube.com/watch?v=X1OBzc9QfIs)

　これらのケースで興味深いのは，訓練によって，本来腕の運動とは関係ない胸部の筋肉の電位変化を通じて，義手を動かすことに成功する点である。「手（＝義手）を動かす」ことは，身体運動イメージ化された形ですでにあらかじめ運動野・運動前野に表象されている。すなわち，大胸筋のコントロールの習熟を通じて，他なるもの（義手）の運動イメージが自らの手の運動として具現化していくわけであり，その意味でこれは（機能不全こそないが），自由意志の現れが，自律的マシンのイメージと融合一体化しているサイボーグ＝ヒステリーなのだ[2]。

　一時的に意識の領域が狭まり，気がつくと思いもよらない行動をとっている，こうしたヒステリーの重要な症状のひとつである解離は，もうひとつの重要なヒステリーの症状である，こころの問題の身体症状への置き換え，すなわち転換症状と表裏一体となって現れる。仮に一家惨殺，レイプといった

---

[2] 言い換えれば，古典的ヒステリーでは自由意志が他なるイメージに浸食されることで，解剖学とは無関係な形の麻痺が生じると定義されうる。一方ですぐに気付かれることは，私たちの身体イメージ（自我）が最初は他なるものとして与えられ，私たちはその他なる身体（ラカン派がいう小文字の他者としての身体）を「自由に」動かせることを，おそらく乳幼児期を通じて学んできたという事実である。

第6章　ヒステリーからの問い

トラウマを負った患者がサイボーグ化されたとしたら，それゆえに立てなくなることも，しゃべれなくなることもないだろう。いや，むしろ逆に，完全に義体化され十全に機能しているが，彼女らの体の機能は，常にヒステリー性の「転換」としてのそれであり，それは決して癒されないし，またその必要もないサイボーグ＝ヒステリーというべきかもしれない[3]。

　今日のヒステリーの病像においても，身体への転換症状は影を潜め，代わって健忘，解離などの症状が華々しく展開される。現在の医療技術と診断能力の向上のため，転換症状が安易に上演されることは少なくなっているかもしれないし，人々はよりマシンライクな身体観を持つようになり，ヒステリー的な身体言語を用いなくなりつつあるかもしれない。たとえば恋人と別れても，「身を切られるようにつらい」とは感じず，「脳のケミカルなバランスが崩れて，うつだ」，と考えるように。わずかでも心配があれば，PCのハードウエアをチェックするように，MRIで脳をミリ単位でスライスしてスキャンすることもできる。一方，人格にかかわる事柄や記憶は，ハードに書き込まれたシステムウエアやデータとみなされるかもしれず，ひとつの脳というハードの上を複数の人格システムウエアが切り替えて走る——解離性同一性障害——という事態も受け入れられやすいだろう。メタフォリカルな意味では，今日のヒステリーは既にサイボーグ化しているのである。

　治療面ではどうだろう？　今日では，かつて神経症と呼ばれたものの多くが，強迫性障害やパニック障害と名前を変え，SSRI（選択性セロトニン再取り込み阻害薬）をはじめとする薬物療法と認知行動療法の対象とされるが，ただヒステリーだけは，解離性障害と身体表現性障害という二つのカテゴリーに分断されながらも，そうした治療の対象から除外されている。不安神経症や強迫神経症の構造が，症状化の残余としての不安を常に保持しており，それゆえにたとえばその不安状況に身をさらすことが（エクスポージャー・暴露療法），一定の不安コントロールのレベルを向上させるのに対して，ヒステリーでは身体症状への転換によって不安が完全に意識されなくなるため，そうした行動療法の枠組みに乗ることは極めて難しい（ヒステリーが存在する限り，精神分析は安泰ということになる？）。

---

[3]　近未来のサイボーグ＝ヒステリーの究極像というべきものの見事なアニメ化として「GUNSLINGER GIRL」（2003）を挙げておこう。以下の議論はこの作品から大きな示唆を得ている。

精神療法のSF的極北

　もしも，サイボーグ化によって転換症状が矯正されてしまったら，そのようなSF的な設定における治療者に必要となるのは，なめらかに作動し，時には暴走する身体が想起させる記憶と不安をコントロールするための薬物を用いた洗脳に近い「条件付け」であるかもしれない。
　ここでいう「条件付け」とは，致死的な転移の解決である。精神分析治療では通例はオリジナルの体験へ向けて転移の解釈がなされるが（現在の治療者への愛着は，過去の父親へのそれの転移であるなど），これとは逆にオリジナルな体験の記憶が完全に消去されるのであり，今ここの治療者への愛着だけが強化される。患者たちは何も思い出すことはなく，ただ治療者の命令に従って行動する。それは現実にはヒステリー治療に成功しない臨床家が夢想する治療関係の極北かもしれない。あらゆる行動の指示は躊躇なく実行に移され，過剰な心理的意味づけ，面倒な過去の想起は一切なされない。おそらく，しばらくのうちは……。
　しかし，やがては転移の成立が確認される瞬間がやってくる。それは，すべてのトラウマ記憶を消去されたサイボーグが，為すべきことを「何でも知っている」（と想定される）治療者につき従うという自らの欲望に気付くときである。そして同時にこのとき，治療者から見れば，サイボーグが為すことはすべて必然的な反復の意味を帯びる（つまり，転移空間においては「手紙は常にあて先に届く」のである——転移性恋愛についての議論は後述する）。そうした二人の出会い損ねの反復は，治療者が理想的な行動療法家（？）として振舞うことを放棄し，「彼女」にとって知を体現する「他者」のポジションへと移行したことを印づける契機となる。
　どれほど記憶が消え去るとも，「知っていると想定される知」が差し向けられる存在が確立する限りで転移は成立し，もはやこの状況を受け入れるしか「彼」には道は残されていない。似たような転移−逆転移の事態は，今日でも優れた認知行動療法家ほど経験していることなのだろう。そして，サイボーグ化された完全な身体を持ちながらも，あるいは理想的な形で行動療法

のプログラムに乗りながらも,「なんでも知っている」という象徴的な場における転移が成立する限りにおいて,サイボーグ化された「彼女」はヒステリーでありつづけるだろう。

再び「最初の症例」について

フランクフルトで活躍した最初期の女性ソーシャルワーカー,人類に貢献した偉大な福祉事業家として,ベルタ・パッペンハイム(Bertha Pappenheim)は歴史にその名を残している。20世紀のはじめ頃,ドイツには主に東欧出身の多くの貧しいユダヤ人女性が流入していた。彼女たちはアメリカでの結婚生活という甘言に惑わされて南米へ連れ出され,その後同じユダヤ人ブローカーによって性的奴隷として売買された。今では想像するのは難しいことだが,当時のユダヤ人女性が結婚という選択をせずに経済的に自立して生きていくのはほとんど不可能であった。皮肉なことに,ユダヤ教の戒律が彼女らの自由を奪っていた——ユダヤ人ブローカーとの偽装結婚,たとえ詐欺であれ,ひとたび婚姻関係が成立すれば,男性からの離縁状なしには女性は自由になることができなかった。彼女らは帰る場所を失い,やむなく売春婦として生きざるをえなかった(田村, 2004)。

ベルタは当時のフランクフルトにあふれていたこうした不幸な女たちの状況を憂い,彼女らの子どものために孤児院の設立に奔走した。やがてナチスがユダヤ人に対する強制収用政策を開始すると,ベルタはユダヤ人の子どもたちを救援する活動を展開する。絶望的な状況下で,親たちは間違いなく収容所へ送られることになるが,子どもだけを引き離してイギリスあるいはパレスチナへと向かう船に乗せれば,その命は救うことができたのである(ほとんどの子どもたちは二度と生きた親の顔を見ることはなかっただろうが)。

だがそのほんの少し前,彼女自身は,ベルビューと呼ばれる高級サナトリウム＝精神病院で入院治療を受けなければならない状態にあった。ヒステリー症状,錯乱と興奮,特に決まって夕方近くになると意識の混濁が起こり,彼女は正気を保っていられなくなった。鎮静のために用いられたモルヒネは一日100 mgを超え,深刻な依存症を引き起こしていた。その入院へと

至る病歴を紐解けば，彼女は以前ウィーンである神経科医の治療を受けていたことがわかる。後に精神分析史において，「最初の分析治療症例」として語り継がれることになる症例──もちろん別の名前でのことだ。

アンナ・O──歴史上はじめて自ら「トラウマ」を語り，そのことによって治癒した症例として，フロイトとブロイアーが1895年に発表した『ヒステリー研究』にその名前が記されている。論文では「カタルシス療法」によるヒステリーの治療の成功が報告され，そして「ヒステリーは回想に病んでいる」という画期的な定式化が行われる。だが事実は彼らの報告と異なり，治療効果は一時的なものにすぎなかった。主治医であったブロイアーは往診による治療では彼女の状態をコントロールすることができず，ベルビューへの入院を決断する。入院後も彼女の病状は一進一退を繰り返していた。治療半ばでベルビューを退院した後も，また別の精神病院へ再入院した記録が残されている。その後数年を経て，彼女がいかにして社会運動家として活躍するまでに回復したのか，真実について物語れるものは誰もいない。

ブロイアーは，アンナの想像妊娠を目にして治療を途中で放棄したといわれる。それはヒステリーを特徴付ける転換症状の中でも最も劇的なものといえよう。その性的なコノテーションの生々しさに彼は耐えることができなかったのか。後にフロイトが語ったとされる逸話がアーネスト・ジョーンズによる『フロイト伝』に記録されているが，この書物はジョーンズによる事実の歪曲を含んでいることで有名であり，事実確認のための資料としては信頼性に乏しい。実際のところ，何が彼に治療放棄という決断をさせたのか，理由はそれほど明らかではない。

転移の現実性

「転移」という用語は，今日の精神分析理論ではアフェクト＝情動とほぼ同じ意味で用いられる。巷に流通する精神分析についての解説書を手に取れば，次のような転移性恋愛の例が取り上げられているだろう──ある女性が治療を受けるうちに，別段魅力的でもないくたびれた初老男性の治療者に恋愛感情を抱くようになる，などなど（もちろん男女は逆でもよい）。

第6章　ヒステリーからの問い

　症例アンナ・Oにおいても，アンナのブロイアーに対する転移性恋愛が，治療関係を規定する重要なファクターであったことは間違いない。フロイトが，「転移の力動性について」(1912) において次のように定式化することができたのは，ずっと後のことであった。

> 分析において転移を克服することほど困難なことはない。しかし，まさにこの現象こそが患者の内部に秘められた愛情の動きを明るみに出し，その愛情の動きに現在性を賦与して，われわれに最もよく奉仕しているということを忘れてはならない。なぜならば，実際に存在しないもの，ただ影しかないものを捉えて消滅させることは誰にもできぬことを覚えておかねばならぬからである。

　つい最近でも，「あまり患者の話を聞きすぎないほうがいい，うっかり転移を起こして無意識のふたを開けると大変なことになる」などという寝言が精神科業界から聞こえるぐらいであるから，アンナの時代，転移――存在しない影が召還されること――が災厄の源とみなされたのも無理もないことだろう。だが忘れてはならないのは，それは分析治療の前提となる条件であった――つまりアンナは他ならぬブロイアーとだけ，「お話療法」を行うことができたのである。それゆえ，治療者としての彼は意識せずとも転移を利用していたのであり，このときブロイアーは転移性恋愛という現象をいまだ知らなかった（それゆえの失敗であった）という指摘は半分しかあたっていない。

　それに少なくとも，治療の中断を，強烈な情動反応に対するブロイアー側の備えのなさに帰してしまうのは明らかに説明不十分ではないか。女性患者の側からの一方的な思慕だけが問題であったならば，あわてて治療を中断するほどのこともない。「おおきくなったらパパと結婚して赤ちゃんをつくるの」という幼い娘に対して，父親が穏やかな調子で教え諭すように，不幸な病という運命を背負った娘が，あなたの子どもが欲しいという願望を示したとしても，父親的な立場を守って治療を続けることは，たとえ精神分析の前史時代でも，さほど困難なことではないはずだ。

　アンナの症状は，まさしく「父親の子どもが欲しい」という幼年期の欲望

111

の転移である。この場合の「転移 Übertragung」の用法は，フロイト的な意味で古典的なものであり，文字通り「移動する」ということである。幼年期の不壊の欲望は，想起されることなく，症状として治療関係において再演される[4]。激しい情動の表出はヒステリーでしばしばみられるし，泣き叫ぶ女性クライアントに対して，さしあたりその情動反応から脱同一化させることは，臨床上必要なことにもなるだろう。だが，情動の問題ばかりを取り上げたところで治療の進展にはさほど寄与しない。むしろ誰の眼にも明らかなことは，その症状は「意味」の次元で捉えるほかはないだろうということである。ヒステリーの身体言語が語るところは，大きなおなか＝妊娠であり，そうした記号としての意味は，わざわざ精神分析理論に言及せずとも議論できる話ですらある。

誰が欲望するのか？

　もちろんブロイアーには，その「症状」が意味するところは十分に伝わっていただろう。「子を為す」という願望は，ブロイアーの側にすでに存在していたらしい——そう考えられる理由として，たとえばブロイアーの娘が，まさにベルタの治療放棄と同じ年，その少し前に出生しているという事実があげられる。もっとも，彼が十分にそれを意識化できていたか否かは明らかでない——十分に意識化できていない場合にこそ，その願望がアンナの身体症状へと転換され，ブロイアーの眼前で物象化する可能性は高まったともいえよう。もっともここから先の話には客観的な証拠はない。アンナの想像妊娠すら，フロイトの捏造である可能性を指摘する研究者もあるほどだ（Borch-Jacobsen, 1995）。それゆえさしあたりは，広く受け入れられた歴史上の物語として，以下の議論にお付き合いいただく他はない……。
　ご覧なさい，ほら，これがあなたの望みよ！ アンナの想像妊娠を前にして，ブロイアーは衝撃を受ける。だがその生々しい性的意味合いがショッキ

---

[4] 転移に関して，このようにフロイトのオリジナルの概念へと遡及することはラカン派の常であるが，しばしば転移における「情動の問題」を無視しているとの批判を受ける。しかし公平に考えて，ことヒステリーの分析について話を限るなら，情動の問題は重要ではあれ事態の一側面でしかない。

ングだったわけではない。むしろもっと不気味で不可解なのは、いつの間にか「自らの欲望」が、自分が必死で治療していた患者に「転移」されていた、としか思えないという事態ではないか[5]。ブロイアーが体験したことは、彼が意識的に体験している世界の視点を一時はなれ、夢から一瞬覚めるように、まさに他者の視点から自らの意識体験を舞台裏まで眺めてしまうような体験に等しい。それは私たちが普段信じている自律的な主体としての地位を壊乱させる体験であるし、手練れの臨床家でも腰を抜かしかねない事態だといえよう。

しかし、想像妊娠という途方もない症状が引き出されるだけでも大変なことなのに、さらに、ある人物の「欲望」が他の人物へ「転移」するという可能性が検討されようとは。これだから精神分析家が持ち出すストーリーは荒唐無稽でついていけない、と思われるだろうか。

慌てて結論を出す前に、臨床データを参照しながら一歩一歩考えてみよう。想像妊娠の臨床例は、先進国ではまれではあれ、最近でも報告されている。DSM-5では、身体症状症 Somatic Symptom Disorders の項目の Other Specified Somatic Symptom and Related Disorder "他の特定される身体症状症および関連症" というセクションに含まれている。少し前のレビューによれば、北米での頻度は1万件の出生に対して1例弱程度と見積もられていたが（Cohen, 1982）、最近のアフリカをはじめとする途上国からの報告では数百例に1例程度にのぼる（Tarin et al., 2013）。多くは20-40台の女性で、約8割は既婚とされる。だが、ジェンダーフリー論者が歓迎するか明らかではないが、極めてまれな男性での報告も存在する。

驚くべきことだが、妊娠したとの確信に加えて、胎児の存在以外の妊娠の兆候は、そこではすべて認められる——そしてその現象には明らかに神経生物学的な基盤が存する。そのメカニズムについての仮説は、まさにアンナ・O以来のこの一世紀のデータの蓄積を基に、近年ようやく提唱され始めている。実際、想像妊娠の女性の内分泌系データの異常な特性は、多嚢胞性卵巣症候群（polycystic ovarian syndrome: PCOS）のそれや、程度はやや低いが大うつ病でのデータにも類似している。現在のところ想定されるメカニズ

---

[5] 欲望とは「他者の欲望」であるとの論点からのラカンの考察については1964年4月29日のセミナーを参照されたい（Lacan, 1973）。

ムは次のようなものである。交感神経系の自律神経システムの亢進から，中枢神経のカテコラミン系経路の機能不全が生じ，これは副腎系のホルモン分泌コントロールの異常を引き起こし，結果ステロイドホルモンによるGnRH（性腺刺激ホルモン放出ホルモン）分泌のネガティブフィードバックが減じる，こうした一連の神経・内分泌系の異常は月経の停止，乳汁分泌，プロラクチン（乳汁分泌ホルモン）レベルの異常亢進，ついには腹部の膨満や，胎動の自覚，予定日での陣痛までをも引き起こすだろう。

　不安・抑うつ状態がこうした身体側の条件の背景となり，また促進させもする。心理・社会的な条件，貧困や社会からのプレッシャー，女性の地位の不安定さは，文献上しばしば指摘されるが，これらのファクターから生じる不安・緊張は容易に内分泌系の異常を引き起こし，些細な身体的変化は妊娠かもしれないという不安と期待をさらに増すだろう。まさに，こころと身体が相互に影響を及ぼしあう，マインド−ボディーループの典型といえる。これらを引き起こす脳の側の条件として，どのようなものがあるだろう。相手の表情，しぐさの微妙な変化から，おそらく無意識レベルでも意図を読み取ること。情動の変化の対人間での相互作用があり，さらに分析に特有の濃密な治療的関係における不安，交感神経の緊張状態が脳の情動処理過程に与える影響があげられるだろう。

　こうした神経・身体的基盤をもとに，おそらく転移関係で生じているのは，もはや誰が欲望しているのかさえ明らかではない事態である。無意識のうちに欲望は身体において作動するのであり，そのように欲望が体現される様を「他者」の欲望の現れと呼んでもよいだろう。進化の過程で私たちの脳は言語を処理する能力を獲得し，あるいは同時に言語という外部システムに取りつかれる。それは私たちの身体観にも影響を与え，ヒステリーの言語によって規定された症状──膨らんだおなかという身体言語を作り出し，言語を通じて，精神と身体のループは何重にも複雑化する。私たちの身体は性的な身体でもあるのだが，それは単に生物学的な性だけでなく，「産む性」という社会的な意味が生成する場ともなる。「子を成す」という欲望，私たちの社会の欲望，私たちの祖先からの，そして未来の子孫たちへと受け継がれるであろう欲望，そうした欲望の伝染に，何もパラサイコロジーめいた概念を持ちだす必要はないのであって，要するに私たちは言語に規定された脳と

して，錯綜した社会的関係性を生きる複合体として欲望するのである。それゆえ，ヒステリーとその欲望という古典的な問題系を通じて，私たちが行きつく先は，脳は社会と，「他者」といかにして出会うのかという問いなのであり，こうして私たちはまた脳の言語処理と社会・情動認知処理についての研究の最前線へと送り返されることになるのだ。もちろん，アンナ・Oから，ヒステリーからの問いは私たちの耳に聴こえ続けている。

文献

Aybek, S., Nicholson, T. R., Zelaya, F., O'Daly, O. G., Craig, T. J., David, A. S., & Kanaan, R. A. (2014). Neural correlates of recall of life events in conversion disorder. *JAMA Psychiatry*, 71, 52-60.

Bakvis, P., Roelofs, K., Kuyk, J., Edelbroek, P. M., Swinkels, W. A., & Spinhoven, P. (2009). Trauma, stress, and preconscious threat processing in patients with psychogenic nonepileptic seizures. *Epilepsia*, 50, 1001-1011.

Borch-Jacobsen, M. (1995). *Souvenirs d'Anna O.: Une mystification centenaire*. Aubier.

Carson, A. J., Ringbauer, B., Stone, J., McKenzie, L., Warlow, C., & Sharpe, M. (2000). Do medically unexplained symptoms matter? A prospective cohort study of 300 new referrals to neurology outpatient clinics. *Journal of Neurology Neurosurgery and Psychiatry*, 68, 207-210.

Cohen, L. M. (1982). A current perspective of pseudocyesis. *American Journal of Psychiatry*, 139, 1140-1144.

Dominus, S. (2012). What Happened to the Girls in Le Roy. *The New York Times Magazine*, March 7. http://www.nytimes.com/2012/03/11/magazine/teenage-girls-twitching-le-roy.html?pagewanted=all&_r=1&

Freud, S. (1912). The dynamics of transference. *The Standard Edition of the Complete Psychological Works of Sigmund Freud, Volume XII*. Hogarth Press. 小此木啓吾(訳) (1983). 転移の力動性について. フロイト著作集第9巻. 人文書院.

Freud, S. (1915). Instincts and their vicissitudes. *The Standard Edition of the Complete Psychological Works of Sigmund Freud. Volume XIV*. Hogarth Press. 中山 元(訳) (1996). 欲動とその運命. 自我論集. 竹田青嗣(編). ちくま学芸文庫.

Hurst, L. C. (1982). What was wrong with Anna O? *Journal of the Royal Society of Medicine*, 75, 129-131.

Kanaan, R. A., Craig, T. K., Wessely, S. C., & David, A. S. (2007). Imaging repressed memories in motor conversion disorder. *Psychosomatic Medicine*, 69, 202-205.

Lacan, J. (1973). *Le seminaire livre XI, Les quatre concepts fondamentaux de la psychanalyse*. Seuil.

Libet, B., Gleason, C. A., Wright, E. W., & Pearl, D. K. (1983). Time of conscious intention to act in relation to onset of cerebral activity (readiness-potential). The unconscious initiation of a freely voluntary act. *Brain*, **106**, 623-642.

Mayou, R., Kirmayer, L. J., Simon, G., Kroenke, K., & Sharpe, M. (2005). Somatoform disorders: Time for a new approach in DSM-V. *American Journal of Psychiatry*, **162**, 847-855.

Merskey, H. (1992). Anna O. had a severe depressive illness. *British Journal of Psychiatry*, **161**, 185-194.

Orr-Andrawes, A. (1987). The case of Anna O.: A neuropsychiatric perspective. *Journal of the American Psychoanalytic Association*, **35**, 387-419.

Perkin, G. D. (1989). An analysis of 7836 successive new outpatient referrals. *Journal of Neurology, Neurosurgery and Psychiatry*, **52**, 447-448.

ソーカル, A. & ブリクモン, J. ／田崎晴明・大野克嗣・堀 茂樹(訳)(2000).「知」の欺瞞——ポストモダン思想における科学の濫用. 岩波書店.

Soon, C. S., Brass, M., Heinze, H-J., & Haynes, J-D. (2008). Unconscious determinants of free decisions in the human brain. *Nature Neuroscience*, **11**, 543-545.

Stone, J., Carson, A., Duncan, R., Coleman, R., Roberts, R., Warlow, C., et al. (2009). Symptoms 'unexplained by organic disease' in 1144 new neurology out-patients: How often does the diagnosis change at follow-up? *Brain*, **132**, 2878-2888.

Stone, J., Smyth, R., Carson, A., Lewis, S., Prescott, R., Warlow, C., et al. (2005). Systematic review of misdiagnosis of conversion symptoms and 'hysteria'. *British Medical Journal*, **331**, 989.

田村雲供 (2004) フロイトのアンナO嬢とナチズム——フェミニスト・パッペンハイムの軌跡. ミネルヴァ書房.

Tarin, J. J., Hermenegildo, C., García-Pérez, M. A., & Cano, A. (2013). Endocrinology and physiology of pseudocyesis. *Reproductive Biology and Endocrinology*, **11**, 39.

Voon, V., Brezing, C., Gallea, C., Ameli, R., Roelofs, K., LaFrance, W. C., et al. (2010). Emotional stimuli and motor conversion disorder. *Brain*, **133**, 1526-1536.

Vuilleumier, P., Chicherio, C., Assal, F., Schwartz, S., Slosman, D., & Landis, T. (2001). Functional neuroanatomical correlates of hysterical sensorimotor loss. *Brain*, **124**, 1077-1090.

Wolpe, N. & Rowe, J. B. (2014). Beyond the "urge to move": Objective measures for the study of agency in the post-Libet era. *Frontiers in Human Neuroscience*, **8**, 450.

アニメーション・映画・その他映像

アルプスの少女ハイジ 第51話「クララが歩いた」(1974). 脚本：佐々木守 絵コンテ：富野喜幸 演出助手：早川啓二 演出：高畑 勲 キャラクターデザイン・作画監督：小田部羊一・芦田豊雄 ズイヨー映像

The Exorcist (1973). Director: Friedkin, W., Screenplay Writer: Blatty, W. P.

GUNSLINGER GIRL 1stシリーズ 第2話 天体観測 -orione- (2003). 脚本：武上純希

絵コンテ：浅香守生　演出：有冨興二　作画監督：香月邦夫　原作：相田　裕（2002-2012）GUNSLINGER GIRL　アスキー・メディアワークス

Rehabilitation Institute of Chicago "Claudia Mitchell Operates Bionic Arm with her Brain (silent)" Video courtesy of the Rehabilitation Institute of Chicago and DEKA Research. https://www.youtube.com/watch?v=X1OBzc9QfIs

第7章

トラウマとその帰結

久保田泰考

私たちはどこにいるのか

　この20年間あまりのPTSD（外傷後ストレス障害）の神経生物学的研究によるデータの蓄積は，この複雑な臨床実体についての病態生理を，部分的にではあれ，ようやく明らかにしつつある。特にPTSDで特徴的な重篤かつ遷延化したストレス反応について，その基盤たる神経生理学的メカニズムに関する私たちの知識は，比較的ベーシックな生理学領域に話を限っても大きく変化してきた。

　たとえば，生体のストレス反応をつかさどる主要なシステムのひとつに視床下部−下垂体−副腎系（the hypothalamic-pituitary-adrenal axis: HPA）がある。このシステムがコントロールする糖質コルチコイドのひとつ，コルチゾールの血中濃度が，PTSD群では健常群に比較して低下していることが最近の研究で繰り返し報告されている。通常のストレス状況下ではステロイドホルモンである糖質コルチコイドが産生され，実際うつ病などの精神疾患ではその濃度の増加が報告されていることを考えれば，これはパラドキシカルな結果であり，PTSDでは視床下部−下垂体−副腎系において特異なネガティブフィードバックが生じていることが示唆される（Baker et al., 1999 ; Yehuda, 2006）。

　糖質コルチコイドはさまざまな生体情報伝達システムにも関わっている。その血中レベルの低下は，ストレス状況下での防御的な生体反応，たとえば免疫系の活性化や，炎症反応にも影響を及ぼすほか，さらには交感神経活動の亢進といった末梢自律神経系のコントロール不全を惹起し，ひいては恐怖

第 7 章　トラウマとその帰結

　記憶の想起そのものを引き起こしやすくすると考えられる。実際，糖質コルチコイドの補助療法は，持続暴露療法と組み合わせて，PTSD への治療戦略のひとつとして最近注目を浴びている（Bentz et al., 2010）。

　ノルアドレナリンをはじめとするカテコラミン系の神経システムもまた，ストレスに対する生体反応としての役割の重要性が近年改めて注目されている。PTSD の症状発現時には，心悸亢進，血圧上昇，呼吸回数の増加などが通例観察される。危険を予期して，身体がアラート反応を起こすわけであり，これら交感神経系の活動亢進状態は，過覚醒として PTSD の主要症状のひとつに組み込まれている。その背景として末梢自律神経レベルのノルアドレナリン系の活動亢進があることは古くから知られているが，それにとどまらず中枢レベルでも，ノルアドレナリン系システムの亢進は扁桃体における恐怖記憶の処理へ影響を与え，PTSD における恐怖記憶の再体験とも密接に関連していることが明らかになっている（O'Donnell et al., 2004）。

　たとえば，ノルアドレナリンは好悪両条件ともに学習の固定化において促進的に作用し，条件付け反応の消去にも関与している（Mueller & Cahill, 2010）。動物実験では迷走神経刺激によるノルアドレナリンシステムの活性化が，消去記憶の固定化（後でも説明するが，恐怖記憶を忘れるとは，新たに安全だという記憶を上書きすることである）を促進していることが示されており，これは PTSD における重要な治療選択肢として注目を集めている（Çalışkan & Albrecht, 2013）。このようなわけで，血中のカテコラミン濃度上昇は PTSD における一連のストレス反応の末端の現象にとどまるだけではなく，恐怖記憶の異常な固定化‒慢性化という PTSD の精神病理の核心にも重要な役割を演じているということがわかる。

　その他の神経化学伝達物質，たとえばドーパミンやグルタミン酸，セロトニン等の PTSD における役割，さらに内因性のカンナビノイドやオピオイド（大麻・麻薬様作用を有する生体内物質）の役割，医療用大麻の有効性なども劣らず重要なのであるが，紙幅の都合から詳細に論じることは他の機会に譲りたい。特に，薬物療法に関して注目すべき知見として，グルタミン酸とその主要なレセプター NMDA の PTSD における関与をあげておこう。NMDA は記憶と学習に関与していることが知られており，特に PTSD におけるトラウマ記憶の異常な固定化にもかかわっているらしい。そうした知見

119

に基づく新たな治療ストラテジーとして，NMDA 受容体のアンタゴニストであるケタミンの PTSD に対する急性効果や（Feder et al., 2014），同受容体の作動薬である D-サイクロセリンの治療薬としての可能性が，たとえばアフガニスタン退役軍人でのパイロットスタディーですでに検討されはじめている（Rothbaum et al., 2014）。

新しい PTSD 観？

　このように増大し続ける神経生物学的な知識に基づけば，PTSD を確実な診断単位として新たに定義し直すことができるのではないかと期待する研究者もある。現状では PTSD は依然として，再体験，回避，過覚醒という三つの現象学的な症状から定義されているわけであり（トラウマの病因としての位置づけは後述する），精神医学の望ましい進歩の方向性として，より確固たる生物学的な基盤の上に疾病概念を確立することを目指すのは当然ともいえる。だがアメリカ精神医学会の『診断と統計のためのマニュアル 第Ⅲ版』，DSM-Ⅲにおいて最初に PTSD が診断単位として取り入れられたとき，当の DSM が病因に基づいた診断体系の確立を放棄するという立場から出発し，これによって今日の PTSD 概念は広く認知されたことを思い起こすならば，今日生物学的病因論からの PTSD の再定義が目指されていると聞くと，少々アイロニカルな気分にならざるをえない。

　もっとも，古き良き（？）DSM 興隆期への回顧主義に浸れるほどの余裕が私たちにあるわけでもない。より本質的な問題として，PTSD の概念化に内在的な難点，すなわち，トラウマそれ自体をどう定義するかという問題が取り上げられるべきであり，これは DSM が第 5 版となり，どれほど生物学的知見が蓄積されようとも解決される兆しはない。

　ストレスイベントと臨床症状出現の間に因果的つながりが想定されることこそが，PTSD の診断に必要不可欠である。この点では，PTSD は DSM のなかで例外的に，病因からの定義を——部分的であれ——含んでいたのだが，こうした因果的連関は，患者の語ることから確認されるほかはない。だが，患者の供述の真実性はどのように保証されるのか。実際，それは今日の

レイプ事件での審判で多くの法曹関係者を困惑させる事態であり（精神科医がPTSDと診断するからには，レイプがあったに違いないのではないか，という誤解），古くから精神分析家を悩ませてきた災厄の種でもある（分析家は幼女虐待を看過してきたのではないか，という非難）。臨床家がそれをトラウマと認識できるのは「後から」に過ぎず，人は誰もトラウマそのものについての客観的な知に到達しえない——極端な話，虐待が現在進行中であるとしても，それがトラウマとして病像に影響を及ぼすか否かはその時点では決定不能である。つまり，私たちがここで直面しているのは認識論的なアポリアであるのだ。

　こうした現状認識を基に，ここでフロイトのトラウマ論がたどった改訂の歴史を振り返っておくのも無駄ではあるまい。最初，トラウマは「ショック」として導入された——すなわち現実に起こった衝撃的出来事であり，誘惑理論—少女が男親に誘惑される（お望みなら性的虐待といってもよい）が提唱される。ついで，ファンタジー理論が取って代わる——少女は父親から誘惑を受けたと，単に想像するだけであるとの修正が行われる。そして最終的に，悪名高い「心的現実性」という概念が登場する。臨床的・技法論的観点からすれば，これはもちろん弁証法的な統合として評価すべきである——たとえファンタジーであっても，それは患者の内的世界において現実的な価値をもっている，したがって事の真偽にかかわらず，患者の語りの心的な重みを受け止めよ，というわけだ。精神分析家は，患者が語ることをありのまま・文字通りに聞き取らねばならない，という倫理的な立場をも要約しており，これはなかなかに含蓄深い言葉である。しかしながら，実証的観点からは進展はゼロであって，精神分析家の唱えるトラウマ論はまったくエヴィデンスというものを欠いているのではないか，という神経科学研究者の疑念はとても拭えそうにはない。

　そこで神経科学研究者ならば次のように夢想するだろうか。心理的なトラウマが分子レベル，神経細胞レベル，ネットワークレベルで生体組織にいかなるインパクトを残すかが，やがては明らかにされ，近い将来にPTSDの病態生理において主要な役割を演じている神経生物学的メカニズムは余すところなく解明されるだろうと（Pitman et al., 2012）。実際，幼児期に虐待などの深刻なストレスを経験した症例について調べた研究では，海馬の容積減

少が繰り返し報告されている。こうした知見が意味するのは，以下のことかもしれない——心理学的なトラウマは脳に微細な傷痕を残している，したがってその真実性は，生体組織への損傷，神経サーキットレベルでの永続的な変調といった，客観的に確かめられる器質的所見に帰着することになろう……。

　しかし，ここでまたしても事態はにわかにアイロニカルなトーンを帯び始める。というのも，トラウマの本質とは器質的なものか/心理学的なものか，という古くからのアポリアに立ち戻っていることに私たちは気付くからだ。今さら単純なショック説に戻ることなどできない。もちろん，そうしたトラウマの器質的基盤についての素朴な見方が誤りであることは，今日の神経科学的な知見からも明らかにされている。実際，最近の双生児研究ではトラウマを体験していない例でも，体験した側と同等の海馬の容積減少があることが報告されている（Gilbertson et al., 2002）。このことが示すのは，海馬容積の減少はトラウマ受傷前のPTSD罹患へのリスクファクターを表しているかもしれないということである。その他のPTSDの生物学的なマーカーに関しても，それらはトラウマによって引き起こされたのではなく，事前に存在していて，トラウマのストレスによりあぶりだされたことを示唆する結果が次々と示されている（Sherin & Nemeroff, 2011）。たとえば，PTSD症例における糖質コルチコイドの上昇についての報告のいくつかは，トラウマ受傷前の糖質コルチコイド濃度上昇を反映している可能性がある。トラウマ前の糖質コルチコイドの変調は，遺伝的，エピジェネティックな影響，そしておそらくはその他の環境要因からも影響を受けており，トラウマ受傷後のPTSDの発症可能性を高めていると考えられる（Yehuda, 2009）。

　まったく同じ問題が，フロイトのトラウマ論の改訂のプロセスにおいて亡霊のように付きまとっていたことを思い出すべきだろう。『快感原則の彼岸』において，フロイトが古典的なトラウマ＝生体組織へのショック説の回帰に直面して，彼の言う「心的システム」の破綻によって，「外傷」を再定義しようとするのを見る時，私たちは今日における困難さがフロイトによって予知されていたかのような錯覚に陥らざるをえない。

　　　一般的な外傷神経症は，〈刺激保護〉が著しく破綻した結果として発生した

と想定することは許されるだろう。すると衝撃に関する以前の「素朴な」説の正しさが認められることになる。こうした説は一見すると，その後の心理学的な立場の学説と対立するかにみえる。心理学的な学説は，機械的な暴力の影響ではなく，驚愕と生命に対する脅威に，病因論的な意味を見いだしてきたのである。しかしこうした対立は調停できないものではなく，精神分析における外傷神経症の捉え方は，荒削りな衝撃理論と一致するものでもない。衝撃理論は，衝撃の本質を分子構造の直接的な損傷または神経要素の組織学的な構造の損傷と考える。しかし精神分析では衝撃の働きを，心的な器官に対する〈刺激保護〉の破綻と，それによって発生する課題という観点から理解しようとする。(Freud, 1920/1996)

　それでは今日私たちはトラウマをどう定義すべきなのか。つまるところ，脳にとって，そして患者の内的世界にとって，トラウマの真正性とは何か。明らかなことは，PTSDの神経生物学に関する知識の増大自体がこの問いに対して決定的な答えをもたらしはせず，むしろそれは私たちに「トラウマ」の概念の再考と，おそらく新しい「脳」＝心的システムのモデルの構築を迫っているということである。それゆえ神経精神分析的な，多領域間をつなぐアプローチが，今日のトラウマの概念化をめぐる困難をより適切な認識論的コンテクストへと位置づけるために切に求められているのである。
　こうして本論における私たちの目的は，それ自体二重化されることになる。「トラウマとは何か？」というアポリアを，以下の相互規定的な問いに解体することで，より明確に限界づけること：①フロイトの古典的外傷論における「トラウマの源泉」という問題へと遡及し，その時代に暗示された神経生理学との接点を，今日の知見から検証する，同時に②今日の精神分析研究が暗点化している，「トラウマの帰結」に関する重要な概念化，すなわち「反復」および「死の欲動」を，その神経学的基盤から再検討する。

原初的な外傷──神話としての

　1926年の論文『制止，症状，不安』において，フロイトはその不安理論

の改訂の最終的な一歩を踏み出す——この立場は最晩年の『モーゼと一神教』(1939) まで変更されることはない。すなわち，ここでフロイトは不安と抑圧の関係を再定義するのである。不安こそが抑圧を引き起こすのであり，抑圧が先行するのではない。

> 不安は抑圧にさいして新しく現れるのではなくて，既存の追想像による**情動Affekt**〔以下，太字は引用者による訳語変更〕の状態として再生されるのである。(Freud, 1926)

では，その追想像 (Erinnerungsbild) の源とは何か。何らかの原初的な体験が生じており，その主体の側に不安を引き起こしているには違いない。ここで，あの悪名高い「出生外傷」理論が導入される。最初の決定的な外傷体験とは出生——羊水の海からの追放，頭蓋骨を軋ませるほど狭い産道の通過，最初の肺呼吸，そして泣き叫ぶしかない寄る辺なき存在への失墜——であるというものだ。それは元来 O・ランク (Rank) によって提唱されたもので，表面上は拒絶しつつも，奇妙なことにフロイトは以降繰り返しこれについて言及するようになる。

この仮説は，もちろん科学的な検証に耐えうる類のものではない。私たちが皆「月満ちて女から生まれた者」である以上，反例を見つけようもないわけであって，精神分析家にとっても（少なくとも分析理論の構築にさいして科学に依拠したいと願う限り）妄念というべきものだ。だが重要な点は，フロイトが「出生」を，極度の身体的興奮に特徴づけられるトラウマを考えるに際して範例的なものとして参照している点である。原初的なトラウマ体験において，主体が最初に出会うものは何か，について考察するに際して，彼はこの範例に繰り返し回帰した。

> 出生の本質は，あらゆる危険状況のそれと同じように，それが心的体験において高度に緊張した興奮の状態を喚起するということであり，この状態が不快と感じられ，興奮の**放出**によってそれにうちかつことはできないのです。(Freud, 1933)

実際，不安の現実の核を探求する過程で，フロイトは精神分析的な形での問いを宙づりにするのであり，「快感原則の努力が破綻する」という状態をさらに検討するため，彼は神経生理学の領域へと踏み込む。

> この不安——また**情動**一般についても——の由来についてさらに問をつづけると，われわれは論争の余地のない心理学的基盤をはなれて，生理学との境界領域にはいりこむことになる。**情動的**状態というものは，非常に古い外傷的体験の沈殿物とし，精神生活にとりいれられたものであるが，似た状況のもとでは，追想象徴としてよび起こされる。(Freud, 1926)

　ここでいう「追想象徴（Erinnerungssymbole）」，最初のトラウマ体験の刻印を反復するかのような生理学的反応は，今日のトラウマ疾患にかかわる臨床家にも馴染み深いものだろう。すなわち，PTSD症状とは再体験であり，身体生理的な反応も含めてトラウマ体験を再生することである。さらにフロイトに従って，「境界領域」と呼ばれるものに注意を払いながら，生理学的なトラウマの概念化について少し詳しく検討してみよう。

　「境界」の語が暗示するのは，以下のことである。原初的なトラウマについての記憶は，主体としての体験可能性，あるいは象徴的な表象化機能を超えたものであり，それゆえ私たちがそれについて知り得るのは，単に繰り返される極度の身体的興奮でしかない。つまり，フロイトが「不安の源泉」や，「追想象徴」として再び生きられる「情動的状態」という言葉で指し示すものは，通常の類の，主体が報告できるような不安（およびそれに伴う「心身反応」）ではなく，そうした体験の彼方にある現実的なものである。

　現代的なPTSDの症状論に即して言えば，予期不安的な症状と，再体験症状の対比を考えてみることが有益だろう。予期不安では，主体はその体験についてレポート可能であり，不安に伴う身体的反応も主体の語りに応じて変化するだろう。しかしそれはトラウマ記憶の前触れに過ぎない。実際にそれが回帰する際には，主体はもはやそれを語りえず，トラウマ化された身体における記憶痕跡として反応するほかはない。こうした問題系に関して，近年の精神生理学的研究のデータから，どのような光を当てることができるだろう。

過覚醒あるいは交感神経活動の亢進状態は，PTSDの主要症状のひとつとして知られている。しかし意外なことだが，安静時での心拍数を計測した先行研究では一貫した結果は見られない。過覚醒があれば心拍数も上昇することが予想されるが，これは一部の患者にとどまり，一定数の患者は健常者と変わらない数字を示すのである。もっともこうした不一致の理由は，臨床的な状態像の違いから説明される。

　日常生活でのほとんどの条件で，心拍は副交感神経系のコントロールを強く受けている。たとえば試験の前に緊張する場合などである。実験室条件では，語暗唱や暗算などの簡単な認知課題の負荷によって，副交感神経枝の出力の低下から心拍数の上昇が観察される。PTSDの病理でこれに対応するのが予期不安という症状である。つまり，また恐ろしいことを思い出すのではという不安が，副交感神経系のトーンを低下させ心拍数を上昇させる（Orr et al., 2002）。PTSDで安静時に心拍数の増加を示すグループは，予期不安症状を呈しているためにこの所見を示すのであり，実際，こうした事例での心拍データを詳細に検討した研究では，交感神経系とは独立した副交感神経系の影響が観察されている（Hopper et al., 2006）。

トラウマを再生する身体

　予期不安とは対照的に，トラウマの記憶それ自体が回帰してきた場合，主体は再体験症状に捉えられ，過剰な興奮の嵐の中で文字通りフリーズするばかりとなる。そこでは，心臓迷走神経枝を通じて不安を感じる身体をコントロールしていた副交感優位の自律神経システムは破綻し，交感神経系優位の，ステロイドホルモン，カテコラミンなどの内分泌系も含んだシステムが前面に出てくることになろう。しかしながら，再体験をリアルタイムで捉えて，その際の自律神経活動を計測することは技術的にきわめて難しく，こうした状態について精神生理学的に検討した研究は，私たちの知る範囲ではほとんどない。

　再体験時の心拍変化の継時的データについて，自験例から詳細に解析する機会に恵まれたのでここで簡単に報告しておこう。症例は20代女性で，犯

罪被害をストレスイベントとしてPTSDを発症し，持続暴露法と薬物療法によって著明に改善した事例である．持続暴露法——トラウマ的な体験を治療の枠組みで語り直し，一定の時間その不安に文字通り身を曝すこと——は，PTSDの治療としてその有効性が認められている方法であるが，その実際の施行は，トラウマを再体験するゆえに患者にも（そして治療者にも）負荷が大きい．それゆえ，治療前後には自律神経系の緊張を和らげる目的で一定のリラクゼーションを行うことが必要である．この時に赤外光を用いたパルスメーターを耳介部に装着すると，患者の心拍変動を負担なくリアルタイムに計測することができ，これは治療終了後のリラクゼーションの効果判定のほか，持続暴露中の緊張度をモニターするうえでも非常に有効である．今回のデータは，こうして繰り返し施行された持続暴露法のセッションのうちのひとつで，心拍変動の記録をもとに交感・副交感神経系の活動を評価したものである．

　単純に心拍の増減を計測するだけでは，自律神経系—交感・副交感の活動性バランスを知ることは不可能である．心拍増加は，副交感系の出力減少でも，交感系の出力増大でも生じうる．一般的な条件では交感・副交感はシーソーのようなバランスを取っているが，たとえば性的な興奮状態では両方の活動が亢進するなど，それぞれ独立した変動がみられることもまれではないし，特異な病的状態ではもちろんこれらを独立に評価することが望ましい．そこで，今回は心拍ゆらぎについてポアンカレ・プロットを利用した方法を用い，交感成分，副交感成分についてそれぞれ独立した評価を行っている．この方法の利点は短時間の計測でもノイズに強い安定した解析が可能になる点である．詳細については，十一ら（Toichi et al., 1997）を，また臨床応用については，コカイン静脈注射による心拍変動の評価（Newlin et al., 2000）を参照されたい．

　図7-1の折れ線は心拍間隔の継時変化を示しており，トラウマ体験の再体験に対応して，パラドキシカルな心拍の低下がみられる（この間，一時的に軽い解離状態がみられた）．この後の約90秒の区間をサンプリングし，自律神経活動の交感成分指標，副交感成分指標を計測したところ，交感成分指標の著明な増大が確認された．すなわち，トラウマ再体験に伴う特異な身体自律系の反応——極端な交感成分の亢進——が，心臓自律神経活動の計測か

Cardiac responses of "Fright" during re-experiencing

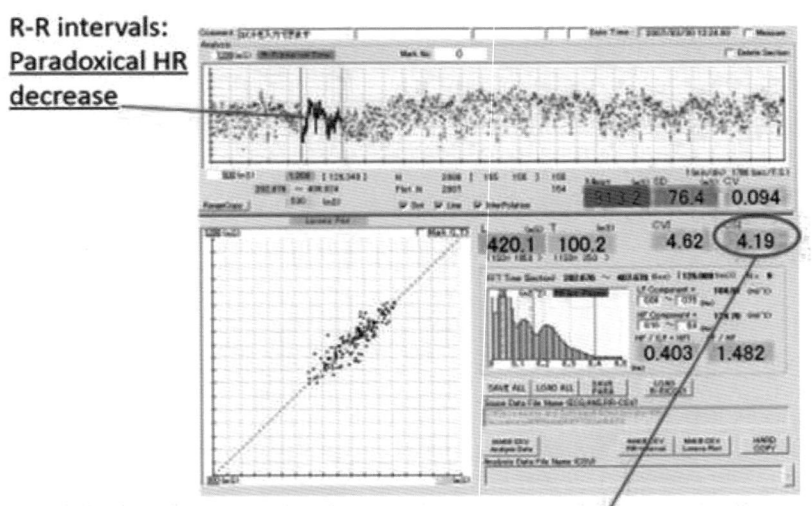

R-R intervals: Paradoxical HR decrease

HR fluctuation analysis: Marked increase of the sympathetic tone

図7-1　トラウマ再体験を反映した心拍ゆらぎ変動

ら確認されたわけである。これはサブクリニカルなレベルの不安で通例計測される，副交感成分の低下とは明瞭に区別される。すなわち，トラウマの源泉たる強烈な体験の記憶は，身体自律神経の反応レベルで特異な痕跡を残しているのである（結果の一部は第110回日本精神神経学会学術総会にて「心的外傷とその反復——神経精神分析的視点から」としてポスター発表した）。

　予期不安の発生，そしてそのコントロールを受け持つ，いわば「平時」における自律神経システムと，トラウマ再体験に際しての「戦時下」の反応を区別するというアイデアは，フロイトの考えとも一致している。実際，フロイトはその臨床経験から不安と驚愕を明確に区別していた。

　　　驚愕，恐怖，不安は同義語のように扱われるが，これは正しくない。危険に
　　　対する関係において十分に区別できる概念なのである。不安は，危険を予期
　　　し，危険に備える状態を指すが，この危険は未知のもので構わない。恐怖に

は特定の対象が必要であり，この対象が恐れられるのである。驚愕はまったく準備していなかった危険に陥った時の状態を指すのであり，不意打ちの要因が強調される。不安が，外傷神経症を発生させることができるとは思えない。不安には，驚愕から防衛し，外傷神経症を防ぐようなものが存在する。
（Freud, 1920）

驚愕がトラウマを形成するのであり，不安それ自体は決して外傷神経症を引き起こすことはない，とフロイトは明言する。そしてこれまで見てきたトラウマの源泉に関する「生理学」へのフロイトの奇妙な立場は，一見すると精神分析的思考からの後退に見えかねないようで，むしろ今後の神経精神分析的な探求が目指すべき領域を示している。すなわち，主体がリアルなトラウマと出会い，驚愕し，その身体が強烈な交感神経活動亢進の嵐に見舞われた際，脳はどのような状態にあるのか，という問題である。

トラウマ——予測しがたいものを「反復」する脳

　先のフロイトの引用で興味深いのは，不安は驚愕に対して備え，それをコントロールしようとする機能があるという指摘である。ここで私たちは（またしても！）「驚愕」についてのフロイトの概念化の先見性に驚かざるを得ない。実際それは，脳はベイズ予測を行う機械であるとの最近の仮説とも符合する（Carhart-Harris & Friston, 2010）。脳は外界を単に知覚するのではなく，内部モデルを構築し，統計的な推論により起こるべき世界を常に予測している。議論を先取りしていえば，そうした脳にとっては，サプライズ，統計的にほとんど起こり得ないような例外——つまり驚愕こそが，真にトラウマ的なのである。とすれば，そうした驚愕状態にある脳はどのような活動パターンを示すのか。
　トラウマ体験に関連した刺激を処理している最中の脳の活動を検討したfMRI研究では，通常の情動・不安反応とは区別される，特異な脳活動パターンが計測されている。たとえば，トラウマに関連した文章（スクリプト）刺激を受けた際の脳のネットワークの結合度を検討したfMRI研究では，

PTSD 患者では右側の帯状回，基底核の一部，頭頂葉，後頭葉の活動が健常者に比較して高まっており，トラウマ記憶の非言語的な特性が表れていると考えられる（Lanius et al., 2004）。（さらに Lanius et al., 2002 は再体験時の反応を，解離タイプと緊張タイプに 2 分して検討しており，この指摘は臨床的にも大変重要である）。その後の fMRI 研究は，情動喚起する刺激のうち，トラウマと関連するものとしないものを用いて，両条件の差からトラウマ記憶に関連したネットワークを検討しようとしている（Morey et al., 2008; Hayes et al., 2009; Fonzo et al., 2010）。最近のレビューによれば，特にトラウマ関連の刺激を処理する際に共通してみられる活動領域として，前頭前野腹外・内側，眼窩野，扁桃体があげられ，これらをトラウマ破綻ネットワーク（Trauma-disrupted network）とすることが提唱されている（Brown & Morey, 2012）。

　本邦では，天野ら（Amano et al., 2013）による近赤外光スペクトロスコピー（near-infrared spectroscopy: NIRS）を用いた EMDR（Eye Movement Desensitization and Reprocessing）治療中の皮質血流評価という先駆的な業績が特筆される。上で述べた PTSD における機能的イメージング研究は，トラウマを描写したスクリプトを用いた症状の惹起というデザインを用いており（たとえば，同じ NIRS を用いた松尾ら（Matsuo et al., 2003）の地下鉄サリンテロによる PTSD についての報告），先に論じたパラダイムに即して言えば，予期不安症状と再体験症状を十分に分離できない点に限界がある。治療中のトラウマ記憶が再生されるプロセスそのものをリアルタイムで計測した仕事として，天野らの報告は貴重である。この報告によれば，EMDR によるトラウマ記憶の再生に伴って前頭前野皮質血流は全般的に低下を示し，一方側頭葉皮質はおそらく記憶想起に一致して特異な増加パターンを示している。前頭前野活動の低下は，平常時にはトラウマ記憶を想起しないよう，まさしく抑圧的に働く前頭葉の制御機能が，再体験時には破綻していることを示唆していると考えられる。こうした知見から推測されるのは，トラウマ再体験時の身体反応，強烈な自律神経状態と対応している，特異な皮質-皮質下ネットワークの存在である。

　さて，最近の機能的脳画像研究のトピックスのひとつとしてデフォルトモードネットワーク（DMN）という概念が提唱されている（Raichle et al.,

2001)。DMN は前頭前野内側，後帯状回，楔前部，および後頭葉外側を含んでおり，これらは脳が大きな処理ロードを抱えていない状態では，0.1 Hz を上回る程度の低周波で共振し，機能的に結合している。従来の機能画像研究がおしなべて何らかのタスクを行っている際の脳血流を安静時と比較するというデザインに頼って行われてきたのに対して，DMN のおもしろい点は，なにもしていない状態の脳に特徴的なネットワークを取り上げた点にある。そういわれてみれば，といった類いの話だが，調べてみれば多くの研究データから共通して安静時に活動する部位が見いだされるのだ。さらに興味深いことに PTSD において，DMN に含まれる領域の活動性の異常や（Bonne et al., 2003），DMN の機能的結合性の異常（Bluhm et al., 2009）が報告されている。

　むろん，このデータをどう解釈すべきかについてはさまざまな見解がありうるが，私たちの問題意識と直結する説として興味深いのは，先に述べたカーハート＝ハリスとフリストン（Carhart-Harris & Friston, 2010）の提唱するベイズ的な推論を行う機械として脳を捉えるという仮説である。この説は，感覚入力というデータをもとに脳がどのように世界を知覚するかという問題を考えるに際して，非常に強力なモデルを与えてくれる。感覚データはそのまま脳へ入力されて，世界についてのモデル形成に寄与するのではなく，脳はあらかじめ世界を予測する内部モデルを形成しており，それと感覚データとの誤差を最小にするようにモデルを修正していくという考えである。かなり簡略化して言えば，DMN の活動は外界についての内部モデルを脳が絶えず生成するプロセスに対応すると考えられる。さらに彼らは，フロイトが考えていた「快感原則」（ホメオスタシスと同義である）に従うシステムであるところの「自我」が，内部モデルを維持修正する DMN の機能にほぼ一致することを示唆している。

　この観点からすれば，内部モデルからもっともかけ離れた事態としてトラウマを定義することができる。トラウマを知覚する脳とは，すなわち内部モデルからの極大レベルの誤差処理に直面しつつある脳であり，そこではもはや DMN は破綻している。この状態に特異的なネットワークとして，Traumatic mode network（TMN）を考えることが可能であろう。それは先にのべた，いまだ少数ではあるが再体験時の脳血流を検討した研究においてほぼ

一致して見いだされる，前頭前野の活動低下と側頭葉領域，およびおそらく扁桃体の活動亢進というパターンではないだろうか。そして，このTMNはおそらくフロイトが論じた「快感原則が無力化された」心的装置に相当するだろう。

> 〈刺激保護〉を突破するほどの強さを備えた外部からの興奮を〈外傷性の興奮〉と呼ぼう。通常は有効である外部からの刺激に対する保護が破壊された場合に関連させて，外傷の概念を考える必要がある。外部から外傷のような出来事が発生すると，有機体のエネルギー活動に非常に大きな攪乱が発生し，あらゆる防衛手段が行使される。しかしその際に快感原則は無力化されている。心的な装置が大きな刺激量によって満たされることは，もはやとどめようもない。そのため刺激を制御し，外部から入ってくる刺激量を心理的な意味で拘束して，処分できるようにすることが，新たな課題となる。(Freud, 1920)

> 快感原則のいろいろな努力が挫折するこのような状態を外傷的瞬間とよぶならば，われわれは神経症的不安—現実不安—危険状況という系列を通って，次のような簡単な命題に到達したことになります。すなわち不安の対象である「恐ろしいもの」はつねに，快感原則の規範通りに解決されえないある外傷的瞬間が出現することであるという命題です。するとただちに，快感原則を与えられていることによってわれわれは客観的危害からまもられているのではなくて，われわれの心的経済に対するある一定の危害からまもられているにすぎないということがわかります。(Freud, 1933)

トラウマは，〈刺激保護〉，つまり感覚受容体にとっての防壁を突破するほど強力な刺激の「量」によって規定されるというフロイトの初期の考えは，ここで統計学的な概念（「われわれの心的経済に対するある一定の危害」）へと拡大される。脳の側での知覚-意識化のプロセスでもはや制御できない刺激量とは，単に激しい衝撃によってもたらされるのではなく，確率的にきわめて起こりにくい事態，サプライズであるということだ。

第 7 章　トラウマとその帰結

なぜ反復するのか

　今日の PTSD 研究において，なぜ外傷記憶が反復するのかは依然として大きな謎であり続けている。実際それは不合理な現象に見える。通例，生体にとって生存上重要でない記憶は忘却されるはずであり，そのことはヒトでも動物でも実験条件下で容易に確かめられる。
　パヴロフの条件反射研究が基になった実験パラダイムは，今日のトラウマ記憶に関する研究でも広く活用されている。パヴロフ型条件付けは，ショウジョウバエやウミヘビにいたる動物からヒトにまで共通した学習過程である。ニュートラルな刺激，たとえばブザー音が，生存上重要な意味を持つ刺激（食べ物や痛み刺激）と結びつけられる――すなわち，ブザー音は条件刺激となる。痛みそのものは，無条件刺激とよばれる。痛みに対する生得的な無条件反応と同じような反応が，中性刺激によっても起きるようになってしまうことが，条件付けという学習プロセスである。PTSD の場合，トラウマ自体は無条件刺激であり，トラウマが過ぎ去ってもそれを想起させる手がかり，条件刺激から患者が恐怖反応を示し続けることは，条件反応であると見なされる。
　このパラダイムを用いた動物実験では，たとえばブザーが鳴ると電撃が加えられるという関連を記憶したラットは，ブザーだけで恐怖反応を示すようになる。ついで何度かブザーが鳴るのに電撃が与えられないことが続くと，この恐怖記憶は消去される。消去が成立するメカニズムは，多くの場合ブザーが安全であるとの記憶が新たに形成されることに存することが明らかにされている。元来の恐怖記憶は扁桃体を中心としたサーキットに保たれており，一度でも電撃（あるいはそれを連想させる手がかり）が与えられると，容易に恐怖記憶は回復する。これはヒトでも PTSD 患者において，いったんは解消したかに見えるトラウマ記憶が些細なきっかけから一挙に回帰するという臨床家を悩ませる現象で知られている。
　PTSD 患者では，たとえばイラク帰還兵のコンバットストレスの例など，帰還してもう安全な環境であることが理解されているにもかかわらず，戦場

133

での爆撃の恐怖記憶は消去されず繰り返し再体験される。この現象は，上で説明された条件付け学習-消去のメカニズムが機能していないことを示唆する。では，なにゆえトラウマは消去されないのか？

　これは『快感原則の彼岸』を執筆していた当時のフロイトにとっても，もちろん大きな謎であった。それもなにゆえ患者は，悪夢という形でトラウマを反復するのか。

> 夢の生活において繰り返して事故の状況に立ち戻っているのであり，患者はこの状況から新たな驚愕とともに目覚めるのである。このことは実は非常に不思議なことである。これは，夢の体験を構成している印象の強さの証拠であり，これが眠りにおいても患者に繰り返し押し寄せてくるという見解もある……。
> 　しかしわたしは，外傷的な神経症に悩む患者が，目覚めた生活においても，自分の事故の思い出に耽っていることは確認していない。患者は，そのことを考えないように努力しているのではないだろうか。(Freud, 1920)

　悪夢が反復する動因は，彼が言う「一次過程」，すなわち意識されない心的プロセスの中にあると考えざるをえない。「二次過程」，すなわち自我が現実に適応しようとするプロセスでは，トラウマ記憶を「考えない」ようにコントロールされるであろうから（前頭前野-皮質下のサーキットによる抑制）。それゆえフロイトは，一次過程の中に二つの要素を導入せざるを得なかった——「生の欲動」と「死の欲動」である。

　一次過程に従う欲動が一種類のみなら，システム内の緊張を一定に保とうとする自我のホメオスタティックな機能とあわせて，生体システムは定常状態に至るはずで，トラウマ記憶反復の動因は説明できない。それゆえ，過去の状態を反復しようとする別のファクターがあるのではないか，という最もシンプルな想定がなされる。フロイトにとっての「死の欲動」が意味するところはそれ以上でも以下でもない。

　反復をめぐる問題系は，フロイトの第二局所論以降の理論的展開と密接に関連している。すなわち，「いかなる全体意思をも示さず，快感原則の厳守のもとにただ欲動欲求を満足させようという」(Freud, 1933) 反復する力の

源としてのエスと，自我の中でエスを代弁する「法廷」として——それは反復においてマゾヒスティックな傾向を導く——超自我を導入することは，『快原理の彼岸』(1920) から，『自我とエス』(1923) へ至る展開における必然的な理論的要請であった。反復にさいなまれる個人は，もはや一人の自律的な存在とは考えられない——すなわち「われわれにとって個人とは，ひとつの心的なエス」(Freud, 1923) である

　しかし，その理論化は最終的には彼自身が「魔女のメタサイコロジー」(Freud, 1937) と形容したほどの，あまりにも晦冥なものであって（実際その理論化のための経験的な素材は，臨床経験において決定的に欠如している），後継の分析家にはほとんど妄想としてしか取り扱われなかった。実際フロイト自身が，たとえばエスを「沸き立つ興奮に満ちた釜」と表象したわけだが，そこには否定も論理形式も，時間・空間の形式すらも存在せず，反対の動きは「支配的な経済的強制のもとでエネルギーを放出させようと妥協しているだけ」であるとされるのであるから，理論上も忘れ去られて無理もないかもしれない。だがそうした難所を今あえて辿りなおそうとする私たちにとって，先に展開してきた神経科学と情報統計理論の奇妙な融合ともいうべき仮説が，何かしら新しい観点を与えてくれはしないだろうか[1]。

繰り返される条件付け

　トラウマの本質とは，極めてまれな外的世界からの入力に対して，それがもたらした状態を脳が反復し，内部モデル化するプロセスに他ならないともいえよう。開放系の情報システムとして外的世界‐脳を眺めれば，それはシ

---

[1] 前節で見たように脳をベイズ的機械とみなすモデルに立脚すれば，フロイトが見いだした「死の欲動」は，サプライズを最小化しようとする機械に内在する，乱雑さへと戻ろうとする傾向—エントロピーにほぼ相当するといえるだろう。もちろん，こうした数理科学的なメタファーを，精神分析理論で用いることは慎重であらねばならないが——それはベイズ的機械としての脳がその積分を最低限に保ちたいという量であり，またエスとしての個体が外界の影響を受けて生きる以上ゼロにはなり得ない不確かさである。そしてそうしたサプライズを取り込むシステムが，脳の学習プロセスの基礎にあるのだろう。実際，システムに環境の変化スピードを表象するパラメーターがある場合，サプライズによってパラメーターに不確かさが導入され，学習スピードは増大する。Courville らは条件付け学習をベイズ的学習モデルから説明しており示唆的である (Courville et al., 2006)。

ステムの状態のブレに過ぎないが，内部モデルの長期的安定（それこそホメオスタティックな快感原則システムたる「自我」が追求するものだ）を第一とする観点からすれば，致死的な事態といえるだろう。すなわちトラウマの本質とは，恐ろしい出来事それ自体ではなく，快感原則では制御できない外傷的瞬間が脳-内部モデルにおいて繰り返し再現することそのものなのではないのか。こうした直観が果たしてどの程度妥当か，ヒトでの神経生理学的研究の知見から検証してみよう。

　トラウマの想起-再体験症状は，脳のヒエラルキー構造における記憶情報処理の混乱と見ることができる。すなわち意味の手がかりに基づく通常の想起（前頭前野からのトップダウンの処理）ではなく，たとえば事故現場の映像そのものがフラッシュバックする。おそらくトラウマ的な世界の状況が入力された際の脳の状態がそのまま反復されているのであり，これは先に取り上げたトラウマ関連記憶想起時のfMRIデータが示すように，さまざまな皮質感覚野や，そこからの情報をやり取りする視床の活動亢進からも確かめられる。

　トラウマ記憶の想起がその都度トラウマの再体験-条件付けのやり直しとなっているとすれば，消去学習が行われないのも当然と考えられる。この点を実証的に確認した研究としてウェッサとフロー（Wessa & Flor, 2007）が興味深い。彼らはPTSDにおける消去学習の失敗の理由として，二次的条件付けというメカニズム[2]が関わることを示している。1988年にドイツのラムシュタイン空軍基地でイタリア空軍アクロチームの墜落事故は死者75名，負傷者346名を数える大惨事となった。彼らの研究では，この事故に遭遇しPTSDを発症した方，事故には遭遇したがPTSDは発症しなかった方，健常者それぞれが被験者として参加している。被験者には，◯あるいは◇マークの画像を条件刺激として提示され，たとえば◯マークには航空機事故

---

[2] 高次のパブロフ条件付けとは，あるCs（S2）がUSではなく別のCs（S1）と結び付くことで学習が起きることを指す。S2とS1の結び付きがS1とUSの結び付きの前に起きることもあれば（sensory preconditioning），S1がUSと結び付いたあとで起きることもある（second-order conditioning）。いずれにせよ重要な点はS2とUSが直接関連付けられなくとも学習が起きる点にある。二次的条件付けでは，CsがUCsの性質を持つようになり，Csに結びつけられた新たな刺激に対してconditioned responseを引き起こしてしまう。PTSDでは，トラウマを想起させるトリガーが，時が経つにつれトラウマそのものと同じ特質を持つようになってしまうのである。

の写真を無条件刺激として組み合わせることで,二次的条件付けが起きるかが検討された。(通例では画像に対して,電撃や騒音刺激などを無条件刺激として組み合わされるが,この研究では事故を想起させる写真が使われている)。その結果,PTSD でのみ無条件刺激（事故の写真）と関連付けられた〇への否定的評定や覚醒度が高まった他,二つの刺激間の関連予想の学習が成功したことを示す脳波上の指標（terminal contingent negative variation）の増大が確認された。つまり患者のみが,〇を無意識のうちに危険を予期させるシグナルと捉えたわけで,高次の条件付けが PTSD 患者で促進されていることが確認されたのである。

　トラウマの現体験は繰り返されなくとも,トラウマの記憶が反復されることが更なるトラウマ受傷を引き起こす――実際,臨床家には薄々気付かれていた現象である――ことが,神経生理学的にも一部裏付けられたと言える結果であり,トラウマの本質とは,その反復であるという私たちの仮説はこうした知見から支持されるだろう。

反復する希望

　反復という視点は,トラウマの真正さを探求して,オリジナルのトラウマへ遡及しようとすることの不毛さを明らかにしてくれる点で教訓的かもしれない。おそらく原初的なショックが多大な量の神経興奮を引き起こし,トラウマを形成するのだが,引き続く高次の条件付けがトラウマ反応を永続化させるわけであり,理論的に考えても,PTSD の治療は必ずしもオリジナルのトラウマ体験まで遡及する必要はなさそうである[3]。また私たちの臨床感覚から言っても,反復することがトラウマをトラウマたらしめていると考える

---

[3] 高次の条件付けが記憶ネットワーク上で常に繰り返されるとすれば,常に増加する Csn+1-Csn,...,Cs1-Us という連関に対抗して,絶えず Csn+1-Csn の再固定化（reconsolidation）に介入し,そのリンクを弱めることが治療的行為であるとの定式化が可能であろう。ネットワーク上のリンクを辿り原初的な Cs1-Us へ到達することは理論上可能であろうが,治療の実践上可能かは明らかではない。実際上は条件付けを起こす反応強度の閾値の Csn+1-Csn まで遡及すれば十分ではないか。その意味でトラウマの本質は Us ではなく,Csn+1-Csn のリンクで生じる高次条件付けの反復にあるといえる。

ことは妥当であろう。

　こうした視点は，決して癒されることのないトラウマの反復というペシミスティックで運命論的な PTSD 観をもたらすわけではない。反復すること自体が，同時に治療可能性も示唆しているのである。記憶は再生されることで，固定化を受けるが，同時に再生される時期が，記憶痕跡が神経回路レベル，細胞レベル，分子レベル，そして遺伝子レベルで不安定化するタイミングでもあることが，最近の記憶研究から明らかにされている（Nader et al., 2000; Milad et al., 2007; Phelps et al., 2004; Schiller & Delgado, 2010）。

　ここでは，神経回路レベルでの興味深い知見を紹介しておこう。通常の消去には前頭前野腹内側と扁桃体をむすぶ回路の統合的な活動がかかわっており，fMRI 研究では消去学習期に前頭前野腹内側の活動の亢進を示す報告がある。一方で扁桃体に残されていると考えられる恐怖記憶痕跡が活性化されるとき，それ自体が不安定になる時期があり，この期間に再固定化（reconsolidation）が起きる場合，上記の消去学習とは異なり，前頭前野の関与はなく，より効果的に恐怖反応が減弱するらしい（Schiller et al., 2013）。

　前頭前野による抑制を介した消去学習では，記憶は消されたわけではなく抑制されたに過ぎない（Bouton, 2004）。これに対して，前頭葉の介入がない上記の再固定化をターゲットとした方法は，より安定した形で恐怖記憶を消し去ると考えられる。つまり，通常の消去学習では避けられない自発的回復といった現象は見られない。これはラットの実験で，未成熟な仔ラットでは安定した消去が生じるのに対して，成熟すると前頭葉を含むネットワークが出来上がるため成体同様の抑制を介した消去しか生じないことでも確かめられる。また興味深いことに，ヴェトナム退役軍人についての報告では，前頭前野腹内側に限局した損傷がある場合に PTSD の発生が少なくなることが示されている（Koenigs et al., 2008）。前頭葉損傷により扁桃体への抑制が低下すれば，恐怖反応が増加するのではと想像されるから，この結果は衝撃的といえるが，実際は損傷によって前頭前野腹内側-扁桃体を含むネットワークが根本的な変更を被って，恐怖記憶の慢性化が起きにくくなっている可能性が高い。

　こうした知見が示唆することは，トラウマ記憶が再生されるタイミングこそが，その記憶が最も脆弱になる瞬間であり，その一瞬をついて私たちはド

ラゴンに立ち向かわなければならないということかもしれない（おそらくEMDRが効果的なのは，こうした再固定化状態の記憶に対して，前頭前野ネットワークが消去に対して拮抗的に働くことを一時的に解除することにあるのだろう）。

　フロイトの言う「死の欲動」の現れ，つまり反復を，繰り返し治療への手がかりへと，さらに「もう一度」という希望へ変えることが，外傷性の患者を扱う臨床家に課せられた仕事であるとしたら，精神分析それ自体についてかつて語られたように，それは確かにほとんど「不可能な仕事」であるのかもしれない。だが私たちは，神経科学の知見と臨床経験を忍耐強く積み上げながら「足を引き摺ってでも」（フロイト）進むほかはないのだろう。その意味で，神経精神分析的なアプローチこそが私たちにとって唯一の希望の途なのである。

文献

Amano, T., Seiyama, A., & Toichi, M. (2013). Brain activity measured with near-infrared spectroscopy during EMDR treatment of phantom limb pain. *Journal of EMDR Practice and Research*, 7, 144-153

Baker, D. G., West, S. A., Nicholson, W. E., Ekhator, N. N., Kasckow, J. W., Hill, K. K., Bruce, A. B., Orth, D. N., & Geracioti, T. D. Jr. (1999). Serial CSF corticotropin-releasing hormone levels and adrenocortical activity in combat veterans with posttraumatic stress disorder. *American Journal of Psychiatry*, 156, 585-588.

Bentz, D., Michael, T., de Quervain, D. J., & Wilhelm, F. H. (2010) Enhancing exposure therapy for anxiety disorders with glucocorticoids: From basic mechanisms of emotional learning to clinical applications. *Journal of Anxiety Disorder*, 24, 223-230.

Bluhm, R. L., Williamson, P. C., Osuch, E. A., Frewen, P. A., Stevens, T. K., Boksman, K., Neufeld, R. W., Théberge, J., & Lanius, R. A. (2009). Alterations in default network connectivity in posttraumatic stress disorder related to early-life trauma. *The Journal of Psychiatry & Neuroscience*, 34, 187-194.

Bonne, O., Gilboa, A., Louzoun, Y., Brandes, D., Yona, I., Lester, H., Barkai, G., Freedman, N., Chisin, R., & Shalev, A. Y. (2003). Resting regional cerebral perfusion in recent posttraumatic stress disorder. *Biological Psychiatry*, 54, 1077-1086.

Bouton, M. E. (2004). Context and behavioral processes in extinction. *Learning and Memory*, 11, 485-494.

Brown, V. M. & Morey, R. A. (2012). Neural systems for cognitive and emotional processing in posttraumatic stress disorder. *Frontiers in Psychology*, 3, 449.

Carhart-Harris, R. L. & Friston, K. J. (2010). The default-mode, ego-functions and free-energy: A neurobiological account of Freudian ideas. *Brain*, **133**, 1265-1283.

Çalışkan, G. & Albrecht, A. (2013). Noradrenergic interactions via autonomic nervous system: A promising target for extinction-based exposure therapy? *Journal of Neurophysiology*, **110**, 2507-2510.

Courville, A. C., Daw, N. D., & Touretzky, D. S. (2006). Bayesian theories of conditioning in a changing world. *Trends in Cognitive Sciences*, **10**, 294-300.

Feder, A., Parides, M. K., Murrough, J. W., Perez, A. M., Morgan, J. E., Saxena, S., Kirkwood, K., Aan Het Rot M., Lapidus, K. A., Wan, L. B., Iosifescu, D., & Charney, D. S. (2014). Efficacy of intravenous ketamine for treatment of chronic posttraumatic stress disorder: A randomized clinical trial. *JAMA Psychiatry*, **71**, 681-688.

Fonzo, G. A., Simmons, A. N., Thorp, S. R., Norman, S. B., Paulus, M. P., & Stein, M. B. (2010). Exaggerated and disconnected insular-amygdalar blood oxygenation level-dependent response to threat-related emotional faces in women with intimate-partner violence posttraumatic stress disorder. *Biological Psychiatry*, **68**, 433-441.

Freud, S. (1920). *Beyond the Pleasure Principle. The Standard Edition of the Complete Psychological Works of Sigmund Freud, Volume XVIII*. Hogarth Press. 中山 元(訳) (1996). 快感原則の彼岸. 自我論集. 竹田青嗣(編). ちくま学芸文庫.

Freud, S. (1923). *The Ego and the Id. The Standard Edition of the Complete Psychological Works of Sigmund Freud, Volume XIX*. Hogarth Press. 中山 元(訳) (1996). 自我とエス. 自我論集. 竹田青嗣(編). ちくま学芸文庫.

Freud, S. (1926). *Inhibitions, Symptoms and Anxiety. The Standard Edition of the Complete Psychological Works of Sigmund Freud, Volume XX*. Hogarth Press. 井村恒郎(訳) (1970). 制止, 症状, 不安. フロイト著作集第6巻. 人文書院.

Freud, S. (1933). *New Introductory Lectures on Psycho-analysis. The Standard Edition of the Complete Psychological Works of Sigmund Freud, Volume XXII*. Hogarth Press. 高橋義孝・下坂幸三(訳)(1977). 精神分析入門(続)「第三十一講 心的人格の分解」,「第三十二講 不安と欲動の動き」. 精神分析入門 下. 新潮文庫.

Freud, S. (1937). Analysis terminable and interminable. *The Standard Edition of the Complete Psychological Works of Sigmund Freud, Volume XXIII*. Hogarth Press. 馬場謙一(訳) (1970). 終わりある分析と終わりなき分析. フロイト著作集第6巻. 人文書院.

Freud, S. (1939). *Moses and Monotheism. The Standard Edition of the Complete Psychological Works of Sigmund Freud, Volume XXIII*. Hogarth Press. 渡辺哲夫(訳)(2003). モーセと一神教. ちくま学芸文庫.

Gilbertson, M. W., Shenton, M. E., Ciszewski, A., Kasai, K., Lasko, N. B., Orr, S. P., & Pitman, R. K. (2002). Smaller hippocampal volume predicts pathologic vulnerability to psychological trauma. *Nature Neuroscience*, **5**, 1242-1247.

Hayes, J. P., LaBar, K. S., Petty, C. M., McCarthy, G., & Morey, R. A. (2009). Alterations in the neural circuitry for emotion and attention associated with posttraumatic stress symptomatology. *Psychiatry Research, 172,* 7-15.

Hopper, J. W., Spinazzola, J., Simpson, W. B., van der Kolk, B. A. (2006). Preliminary evidence of parasympathetic influence on basal heart rate in posttraumatic stress disorder. *Journal of Psychosomatic Research, 60,* 83-90.

Koenigs, M., Huey, E. D., Raymont, V., Cheon, B., Solomon, J., Wassermann, E. M., & Grafman, J. (2008). Focal brain damage protects against post-traumatic stress disorder in combat veterans. *Nature Neuroscience, 11,* 232-237.

Lanius, R. A., Williamson, P. C., Boksman, K., Densmore, M., Gupta, M., Neufeld, R. W., Gati, J. S., & Menon, R. S. (2002). Brain activation during script-driven imagery induced dissociative responses in PTSD: A functional magnetic resonance imaging investigation. *Biological Psychiatry, 52,* 305-311.

Lanius, R. A., Williamson, P. C., Densmore, M., Boksman, K., Neufeld, R. W., Gati, J. S., & Menon, R. S. (2004) The nature of traumatic memories: A 4-T FMRI functional connectivity analysis. *American Journal of Psychiatry, 161,* 36-44.

Matsuo, K., Kato, T., Taneichi, K., Matsumoto, A., Ohtani, T., Hamamoto, T., Yamasue, H., Sakano, Y., Sasaki, T., Sadamatsu, M., Iwanami, A., Asukai, N., & Kato, N. (2003). Activation of the prefrontal cortex to trauma-related stimuli measured by near-infrared spectroscopy in posttraumatic stress disorder due to terrorism. *Psychophysiology, 40,* 492-500.

Milad, M. R., Wright, C. I., Orr, S. P., Pitman, R. K., Quirk, G. J., & Rauch, S. L. (2007). Recall of fear extinction in humans activates the ventromedial prefrontal cortex and hippocampus in concert. *Biological Psychiatry, 62,* 446-454.

Morey, R. A., Petty, C. M., Cooper, D. A., LaBar, K. S., & McCarthy, G. (2008). Neural systems for executive and emotional processing are modulated by symptoms of post-traumatic stress disorder in IraqWar veterans. *Psychiatry Research, 162,* 59-72.

Mueller, D. & Cahill, S. P. (2010). Noradrenergic modulation of extinction learning and exposure therapy. *Behavioral Brain Research, 208,* 1-11.

Nader, K., Schafe, G. E., & LeDoux, J. E. (2000). Fear memories require protein synthesis in the amygdala for reconsolidation after retrieval. *Nature, 406,* 722-726.

Newlin, D. B., Wong, C. J., Stapleton, J. M., & London, E. D. (2000). Intravenous cocaine decreases cardiac vagal tone, vagal index (derived in lorenz space), and heart period complexity (approximate entropy) in cocaine abusers. *Neuropsychopharmacology, 23,* 560-568.

O'Donnell, T., Hegadoren, K. M., & Coupland, N. C. (2004). Noradrenergic mechanisms in the pathophysiology of post-traumatic stress disorder. *Neuropsychobiology, 50,* 273-283.

Orr, S. P., Metzger, L. J., & Pitman, R. K. (2002). Psychophysiology of post-traumatic stress disorder. *Psychiatric Clinics of North America, 25,* 271-293.

Phelps, E. A., Delgado, M. R., Nearing, K. I., & LeDoux, J. E. (2004). Extinction learning

in humans: Role of the amygdala and vmPFC. *Neuron*, 43, 897–905.
Pitman, R. K., Rasmusson, A. M., Koenen, K. C., Shin, L. M., Orr, S. P., Gilbertson, M. W., Milad, M. R., & Liberzon, I. (2012). Biological studies of post-traumatic stress disorder. *Nature Review Neuroscience*, 13, 769–787.
Raichle, E. M., McLeod, A. M., Snyder, A. Z., Powers, W. J., Gusnard, D. A., & Shulman, G. L. (2001). A default mode of brain function. *Proceedings of the National Academy of Sciences of the United States of America*, 98, 676–682.
Rothbaum, B. O., Price, M., Jovanovic, T., Norrholm, S. D., Gerardi, M., Dunlop, B., Davis, M., Bradley, B., Duncan, E. J., Rizzo, A., & Ressler, K. J. (2014). A randomized, double-blind evaluation of D-cycloserine or alprazolam combined with virtual reality exposure therapy for posttraumatic stress disorder in Iraq and Afghanistan War veterans. *American Journal of Psychiatry*, 171, 640–648.
Schiller, D. & Delgado, M. R. (2010). Overlapping neural systems mediating extinction, reversal and regulation of fear. *Trends in Cognitive Sciences*, 14, 268–276.
Schiller, D., Kanen, J. W., LeDoux, J. E., Monfils, M. H., & Phelps, E. A. (2013). Extinction during reconsolidation of threat memory diminishes prefrontal cortex involvement. *Proceedings of the National Academy of Sciences of the United States of America*, 110, 20040–20045.
Sherin, J. E. & Nemeroff, C. B. (2011). Post-traumatic stress disorder: The neurobiological impact of psychological trauma. *Dialogues in Clinical Neuroscience*, 13, 263–278.
Toichi, M., Sugiura, T., Murai, T., & Sengoku, A. (1997). A new method of assessing cardiac autonomic function and its comparison with spectral analysis and coefficient of variation of R-R interval. *Journal of Autonomic Nervous System*, 62, 79–84.
Wessa, M. & Flor, H. (2007). Failure of extinction of fear responses in posttraumatic stress disorder: Evidence from second-order conditioning. *American Journal of Psychiatry*, 164, 1684–1692.
Yehuda, R. (2006). Advances in understanding neuroendocrine alterations in PTSD and their therapeutic implications. *Annals of the New York Academy of Sciences*, 1071, 137–166.
Yehuda, R. (2009). Status of glucocorticoid alterations in post-traumatic stress disorder. *Annals of the New York Academy of Sciences*, 1179, 56–69.

第8章

感情神経科学との接合によって開かれる世界

成田慶一

筆者の臨床心理学とニューロサイコアナリシス，そして感情神経科学との邂逅

　筆者の神経科学への臨床的関心は，大学院生在学中に実習を兼ねて大学病院神経内科の神経心理学検査に従事したことに端を発する。その後，脳外科急性期病院で脳血管障害や脳挫傷などで入院されている方々とお会いしていくに連れて，その関心はますます強められていった。この当時の臨床活動に関する学会発表（成田，2007）の際に，本書共著者の平尾からニューロサイコアナリシス（NPSA）の視座について聞いたことをきっかけに，後に筆者は NPSA Kyoto Study Group の活動に参加するようになった。そこで出会ったのが，感情神経科学である。平尾の翻訳で出版された『脳と心的世界』（Solms & Turnbull, 2002/2007）の第4章に，情動と動機づけに関する感情神経科学的知見がまとめられていたが，その時点では，比較的高次の感情が取り上げられることの多い心理学研究との距離が感じられ，自分の臨床心理学的な世界観の中にすんなりとは入ってこない感覚が残ったのを覚えている。しかし，その後の NPSA における多くの研究者との関わりの中で，臨床心理学と感情神経科学の接合可能性について学ぶところがあったため，本稿で紹介しようと思う。

感情神経科学における感情の扱われ方

　本書の他章でも取り扱われたように，ヤーク・パンクセップ（Jaak Panksepp）を中心として展開してきた感情神経科学（Affective Neuroscience）（Panksepp, 1998）は，哺乳類に共通する，脳の辺縁系を基盤とする感情システムに関する知の体系である[1]。これらの知見は，脳内電極刺激によって動物に快・不快を引き起こす実験に端を発している。そして，自己刺激行動や情動的反応について，刺激部位や報酬の性質などの実験条件の違いを調べることで，客観的に感情を研究する方法論が精緻化されていった。また，当初はネコで報告されていた怒り反応を，ネズミでも再現すべく実験を行うといったように，種を超える普遍性と種による違いを比較することで，進化的連続性を検証していくプロセスが積み上げられていった。その結果として，報酬系，怒り，愛着，不安，恐怖といった具合に，ひとつずつ感情に固有な神経基盤が明らかになっていったのであった。

　ネズミ，イヌ，サル，ゴリラなどいくつもの種の哺乳類に関する知見をまとめ，いくつかのカテゴリー修正を経て，最終的にパンクセップは，SEEKING, FEAR, RAGE, PANIC/GRIEF, LUST, CARE, PLAY の七つの基本感情[2]を自身の理論の中で体系立てた（Panksepp & Biven, 2012）。

　この基本感情は，学術分野によっては「自然種（natural kinds）」とも呼ばれ，基本的には進化論的な生物・人間観に立脚した考え方であり，文化・慣習・人種の違いを超えて，客観的・普遍的に数種類の感情カテゴリーが存在するという立場を取る考え方である。つまり，感情を生み出すための，DNA によって規定された神経基盤があるという暗黙の前提があり，同一感情内では，類似した，神経・生理・行動パターンが見られるという仮説に基

---

[1] 感情類縁の用語として「情動」がある。英語では emotion, affection, feeling など。なお本稿では，学術領域によって使用法が異なるため，「感情」と「情動」を互換可能なものとして比較的広義な意味で用いる。
[2] 大文字で表記している感情システムのカテゴリー名は，日常的な意味合いとともに，そこに神経基盤があることを示唆する学術用語としてパンクセップが定義した表記法である。

づいている。しかしながら感情研究という学術フィールドにおいては，人間の主観的体験の一回性と多様性を重視する立場や，認知主義・社会構成主義の立場（感情なのか，認知的内容なのか区別がつかないという考え方。たとえば，Cornelius, 1996；北村，2008 など）からは，自然種という考え方に対してさまざまな批判もあり，また，異なるはずの感情間においてもしばしば相関関係が見られるという指摘がある。特にリサ・バレット（L. F. Barrett, 2006, 2012; Barrett et al., 2007 など）とパンクセップ（Panksepp, 2007, 2008 など）との間では，基本感情を認めるか否かについて長年激しい議論が交わされてきた。「モジュール的」[3] 世界観による基本感情を認めない立場のバレットは，いくつかの論点を取り上げる中で，色を見るという体験を比喩として取り上げ，連続的な波長を有する可視光線でも，私たちはいくつかの個別的なカテゴリーで色を認識し体験するのであって，感情の体験や認識にも類似したシステムが働いている可能性を指摘している（Barrett et al., 2007, p. 299）。これに対し，パンクセップは，「自分は安直なモジュール論を批判してきた方で，むしろ複雑で相互作用的であるというリアルな神経科学的世界観に立っている」と主張している（Panksepp, 2008, p. 305）。

　暫定的な仮説とはいえ，これらの賛否を包括的に理解する一つの視座として，感情に階層性を持たせるモデルは学際研究としての発展可能性に富んでいる。たとえば，福田（2008）による進化論的感情階層仮説（Hierarchy of Evolutional emotions）というモデルは，図 8-1 に示すように「快・不快」という原始情動に始まり，基本情動，社会的感情，知的感情という四つの階層から感情を捉えている。脳の構造や，該当する感情が機能する場面と目的などに従ったこのような分類は，日常的には漠然と使われている「感情」という概念を科学的な研究の対象とする際に，研究デザインや方法論を検討する上で極めて重要と思われる。しかし，これらはあくまで感情を階層的に分類したに過ぎず，基本感情を認めるか否かという議論に直接的に貢献するものとは言えない。

　そこで，高次な認知的要素が基本感情を修飾する可能性を含んだシステム

---

[3] 科学哲学における，複雑な現象は，単純で一義的な要素に還元できるという世界観。モジュールとは，「部品」もしくは「小さな構成単位」を意味する。詳しい議論は，田中（2006）を参照のこと。

	分類		脳の局在	対象	誘引
感情 (affection)	情動 (emotion)	原始情動 (primitive emotion)	原始脳 (原始爬虫類脳)	一人称	身体の維持 (ホメオスタシス)
		基本情動 (basic emotion)	情動脳 (旧哺乳類脳)	二人称	個体の存続 遺伝子の存続
	高等感情 (feeling)	社会的感情 (social feeling)	社会脳 (新哺乳類脳)	三人称 (集団)	特定多数　協力と競争
		知的感情 (intellectual feeling)	知性脳		不特定多数　共生 自己実現

図 8-1　感情階層説（進化論的感情階層説）——感情の分類と機能（福田，2008，p. 27）

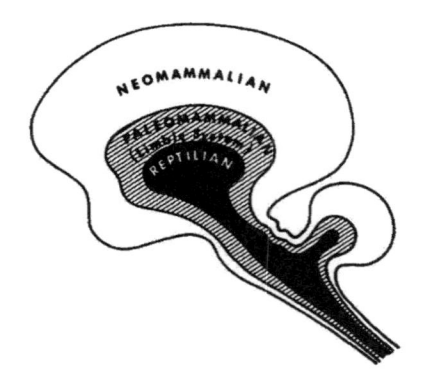

図 8-2　三層脳モデル（Maclean, 1990, p. 17）

を概念化したものとして，パンクセップとの共著論文の中でジョルジュ・ノーソフ（G. Northoff）が示した入れ子階層モデル（Nested BrainMind Hierarchy Model）（Northoff et al., 2011; Panksepp, 2012）を紹介したい。もともとパンクセップはポール・マクリーン（Paul D. MacLean, 1990）の三層脳モデル（図 8-2）を，簡略な模式化だとしながらも，マクリーンの考察は緻密に読むに値すると高く評価していた。このモデルは原始爬虫類脳（protoreptilian brain；脳幹，間脳，基底核に相当），旧哺乳類脳（paleomammalian brain；辺縁系に相当）と新哺乳類脳（neomammalian brain；新皮質に相当）の三層からなり，それぞれが準独立的でありながらも相互に

第8章　感情神経科学との接合によって開かれる世界

双方向または円環的因果律

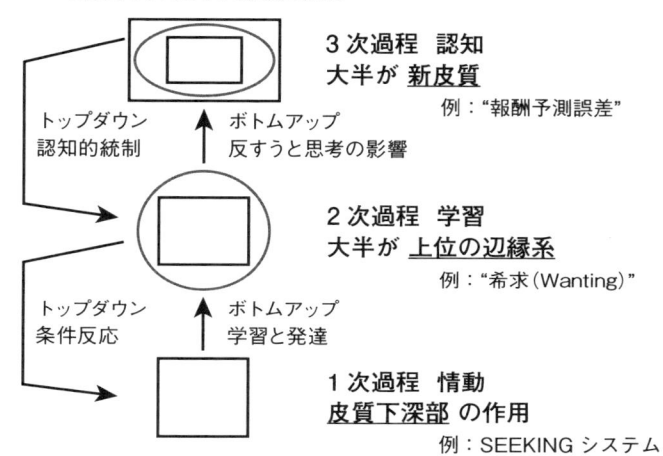

```
                    3次過程　認知
                    大半が 新皮質
   トップダウン　　ボトムアップ         例："報酬予測誤差"
   認知的統制　　反すうと思考の影響

                    2次過程　学習
                    大半が 上位の辺縁系
   トップダウン　　ボトムアップ         例："希求（Wanting）"
   条件反応　　　　学習と発達

                    1次過程　情動
                    皮質下深部 の作用
                                        例：SEEKING システム
```

図8-3　**入れ子階層モデル**（Panksepp, 2012, p.7, 成田訳）

接続されており，互いに影響を与え合うものとして提唱された（川村・小幡，1998）。

　このマクリーンの階層モデルをベースに，条件づけや社会学習，さらに高次機能からの統制といった，隣接領域の知見を盛り込んで，相互作用のあるダイナミックなモデルとして提唱されたのが，先述の入れ子階層モデル（図8-3）である。一方向に情報処理が進んでいくというモデルとは異なり，下層の機能が上層の機能に再表象され，かつ上層が下層に対してトップダウンで影響を与えると考えるので，複雑な円環的ループが形成される可能性が示されている点が特徴的である。

　この入れ子階層モデルは，心理臨床や精神分析の臨床現象を，感情と関連させて「見立て」を行う際に非常に有用性が高いモデルのひとつである。パンクセップはこのモデルを「進化の過程でどのように階層が発達したのかという，脳の捉え方」であるとしている。皮質下の無意識的な感情を認め，かつ高次の認知過程との相互作用を認めるこのモデルは，無意識的な欲求や価値観などを想定するフロイト的アプローチとも，ネガティブ感情処理や報酬予測に関連する神経系の機能不全を改善する可能性がある認知行動アプローチ（Yoshimura et al, 2014; Ueda, 2015）ともフィットすると思われる。

147

臨床的援助について考える場合，取りうる介入はどのループに注目し，どのパスの影響を制御しようとするのかといったことが，モデルの中で視覚的にも位置づけられ，基本感情に関連した作業仮説を意識化する上で役立つからである。そのような営みは心理臨床や精神分析の実践からは外れると感じる向きもあるかもしれないが，臨床心理学的対人援助の対象が医療領域で多様化した現在，医療スタッフとのコミュニケーションにおいても，研究の考察においても有用性が高いことは，本書他節の臨床的報告から明らかであろう。

七つの基本感情システム[4]

　上で言及した，七つの基本感情システムの概要についてここで述べておきたい。なお，一つひとつのシステムに関する概念が膨大な神経科学の実験に裏打ちされて構築されているため，より学術的な理解を求める方は，パンクセップ（Panksepp, 1998; Panksepp & Biven, 2012）を参照いただくのがよいと思われる。

　SEEKINGシステム（図8-4）：高揚感（euphoric excitement）を伴う反応を生み出す。世界に対する好奇心および期待と関連し，さまざまなアプローチ行動の源泉となる。中脳皮質-中脳辺縁系のドーパミン神経系の一部であり，以前から「報酬系」と呼ばれて研究されてきたメカニズムと関連しているが，パンクセップは，他のあらゆる感情の草分け（granddaddy）であるとして，このSEEKINGシステムに特に重要な位置を与えている（フロイトの欲動との関連は第5章を参照のこと）。このシステムの源になっている細胞は腹側被蓋野に位置し，その軸索の大部分は，視床下部の背外側を通って大部分は側坐核に終止するほか，前帯状回やその他皮質，および扁桃体へも投射する。側坐核への軸索の束は内側前脳束（medial forebrain bundle; MFB）として知られ，電気刺激によって快感が生じるとされる（パーキ

---

[4] 本稿の各システムの記述については，本書共著者の久保田泰考先生にご協力いただきました。本稿の各システムの脳内関連部位を示す図はSolms & Turnbull（2002/2007）の訳書，第4章より引用しています。

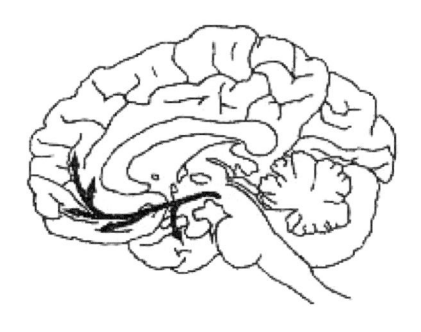

第8章　感情神経科学との接合によって開かれる世界

図8-4　SEEKING システム　　　　図8-5　LUST システム

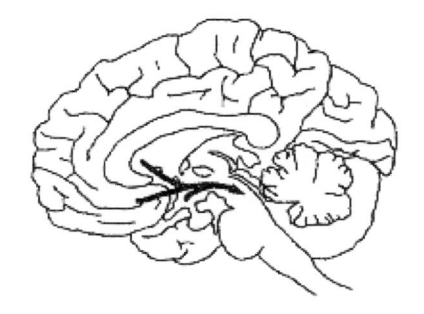

ンソン病治療のための深部刺激の副作用としての多幸感の原因とされ，また難治性うつ病に対する深部刺激のターゲットでもある）。ニューロサイコアナリシスにおいては，フロイトのリビドー概念との異同についても検討されてきている（Solms, 2012）。

　LUST システム（図8-5）：古典的には「快」「強化」システムと呼ばれ，SEEKING システムを活性化している欲求が充足・達成されることに関連する。すなわちこのシステムの働きにより，快い喜びとともに探索行動は完了する。1950年代のオールズらの動物実験により，主に中隔野と視床下部核群の一部から成る「快の中枢」の存在が明らかとなった。この部位に電極を埋め込まれたラットは，食餌行動も最小限となり，ただこの部位への自己刺激を繰り返す。ヘロインなどのアヘン系薬物はこれらの中枢を直接刺激することから，短絡的で生命を危機にさらす嗜癖行動が生じると考えられる。特に視索前野と呼ばれる領域は刺激によって性的絶頂感が得られ，動物実験ではその結果引き起こされる行動反応に性差が認められることが知られている。エンドルフィンをはじめ，ステロイド，バソプレシン，オキシトシンなどが関与する。

　RAGE システム（図8-6）：苛立ちと憤激の源泉。SEEKING による探索的行動が邪魔されたときなどの欲求不満状態によって活性化される。外敵に向けての攻撃性に示されるような，定型運動プログラムすなわち闘争反応を生じさせ，怒りの表情や唸り声，心拍の増加といった一連の自律神経系の変化を起こす。扁桃体内側核から中脳中心灰白質へ投射する神経系が関わって

149

図 8-6　RAGE システム　　　　　　　　　図 8-7　FEAR システム

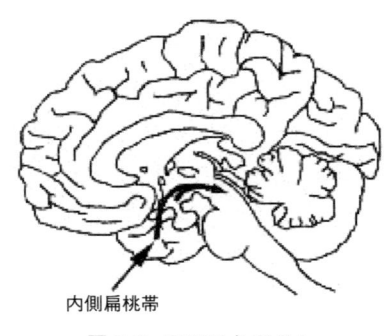

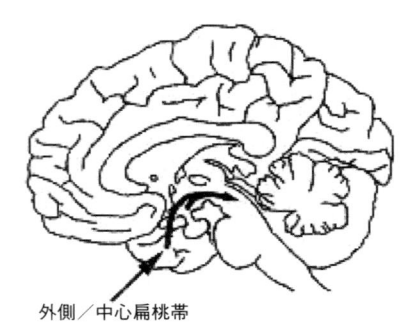

いる。

　FEAR システム（図 8-7）：物理的・生理的な危険や死の脅威に対する反応系。恐怖-不安と関連し，フリーズ反応や逃走反応を引き起こす。扁桃体外側核および主に中心核から中脳中心灰白質へ投射する神経系がかかわっている。扁桃体の核は多くの GABA 作動性の介在ニューロンの連絡を受けており，マイナートランキライザーによる GABA 抑制の増大によって，恐怖-不安は抑制されると考えられる。

　CARE システム：母性的養育行動の動機づけや母性的配慮の源泉。周産期に活発に分泌されるオキシトシンやプロラクチンが関与しており，母親と新生児の愛着（結びつき）を強め，また母子双方の行動に影響を与える。ラットでの研究では，授乳期にオキシトシン受容体の際立った増加がみられる場所として分界条床核（the bed nucleus of the stria terminalis; BNST）があり，この部位およびその近傍の視索前野が損傷を受けると母性行動の発現が著しく損なわれることが知られている（分界条は扁桃体から分界条床核，視索前野などの視床下部前核に投射する繊維束）。視索前野からのオキシトシンによる連絡は，腹側被蓋野のドーパミン作動性細胞に至っており，実際，腹側被蓋野にオキシトシンを注入すると母性行動が促進される。一方ですでに学習された母性行動はオキシトシンによる刺激を必要としないことがわかっており，たとえば視床下部の室傍核からもオキシトシンは分泌されるが，この部位の損傷が母性行動の発現に影響を及ぼすのは分娩前に限られる。それゆえ，おそらくこうした学習は CARE にかかわる神経回路のより

高次のもの，たとえば前帯状皮質や分界条床核によってコントロールされていると考えられる[5]。

PANIC/GRIEF システム（図8-8）：パニック-不安と関連し，分離-苦痛，喪失感，悲しみなどとも関連するシステム。哺乳類の子は親の姿が見えなくなると親を求めて鳴く行動を示し，親の側も子の特定の鳴き声に鋭く反応するが，こうした分離・喪失に伴うパニックの基盤にあるのがこのシステムである。つまり，愛着（アタッチメント），もしくは社会的結びつきに関係する。こうした分離の不安を和らげる物質として実験室で最初に見いだされたのはオピオイドであり，自然環境ではつまり「愛」——内因性オピオイドの分泌であるといえる。内因性オピオイドが中心的に作用する神経回路として視床前核，分界条床核から視床背内側を通り中心灰白質へ至るものがあり，これにはオキシトシンやプロラクチンも関与している。こうした解剖学的基盤は，臨床薬理学的な恐怖-不安とパニック-不安の違いに関連しているかもしれない。さらに，中心灰白質からは前帯状皮質へと連絡があり，これは難治性うつ病に対する深部刺激のターゲットでもある。

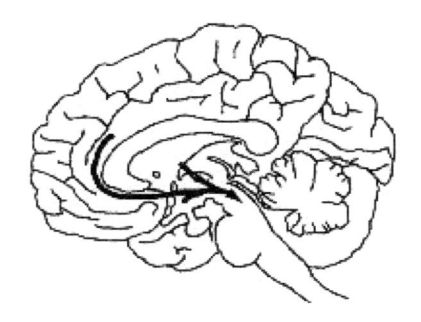

図8-8　PANIC/GRIEF システム

PLAY システム：楽しさ・にぎやかさを生み出し，取っ組み合い遊び（追いかけっこやレスリングなど）における個体間のやり取りを生み出すシステム。パンクセップによれば，遊びへの基礎的な渇望はほとんどすべての哺乳類の若年個体に存する。たとえばチンパンジーの子が最初に出会う社会的遊びは母親のくすぐりや軽く嚙むことであり，そのような社会的遊びによって，社会的ルールや社会的交流を学ぶことが促され，より高次な社会的機能の神経基盤の発達に関連すると考えられている。パンクセップの考えでは，間脳，視床などの皮質下の構造がおそらく遊びへの衝動と関連しており，こ

---

[5] CARE システムの神経回路については，PANIC/GRIEF システムとほぼ同様の回路が関係しているため，図は割愛した。Panksepp（2011）によれば，両システムに共通の神経伝達物質もあれば，固有のものもあり，共通の場合は，促進／抑制の機能が異なるとのこと。

れらの部位および皮質における体性感覚情報の処理がその神経学的基盤とされる。また間脳の背内側から側坐核等に至るドーパミン系のシステムが関与しており，この点ではSEEKINGシステムとのオーバーラップとともに，うつ病における遊び—喜びの喪失との関連が示唆されて興味深い[6]。

以上が，パンクセップによる基本感情システムであるが，このように考えてくると，ヒト以外の動物を主たる対象とした生理学的基礎研究と，複雑な環境との相互作用で生じる人間の主観的体験を対象とする心理学的研究とを橋渡すツールとして，基本感情に注目した心理尺度が開発されることは現代的ニーズに適うように思われる。それでは，ニューロサイコアナリシスという学術フィールドが生み出した心理尺度ANPSについて話を進めていこう。

感情神経科学パーソナリティ尺度：ANPS

感情神経科学パーソナリティ尺度（Affective Neuroscience Personality Scale; ANPS）は，パンクセップの理論を土台として，彼とは大学院時代からの盟友であったケン・デイヴィス（Kenneth Davis）が作成した尺度である（Davis et al, 2003; Davis & Panksepp, 2011）。この尺度を心理尺度の開発史から見ると，クロニンジャー（Cloninger et al., 1993）が，ドーパミンやセロトニンといった神経伝達物質に関連する気質を測定する目的で開発したTemperament and Character Inventory（TCI）や，カーバーとホワイト（Carver & White, 1994）が，神経基盤が想定される動機づけシステムに基づく気質を測定する目的で開発したBIS/BAS尺度の系譜を引き継ぐ尺度と位置づけられるだろう。いずれも，当時の隣接領域の知見を含めた尺度であるが，飛躍的に神経科学が発展した現在，これらをアップデートすることは，心理尺度を用いた領域横断的研究発展のためにも重要と思われる。

ANPSは，オリジナル版（2003；110項目）と項目を改定した2.4版（2011；112項目）ではいずれも4件法のマークシート自己回答形式の心理尺度であり，自身の行動パターンについて主観的／客観的自己評価の合計得

---

[6] PLAYシステムの神経回路については，パンクセップは関連部位の指摘はしているものの，積極的には図を作成していないようである。

点を6種類の基本感情カテゴリーと1種類の高次感情カテゴリー（Spirituality）ごとに算出する形式となっている（それぞれ，基本感情とは関係のない妥当性尺度項目を含む）。またパンクセップの感情理論から「性的な愛情」に関連するLUSTについては，「自己記入式の尺度では率直な回答がなされない恐れがあるため」本尺度から除外されている（Davis & Panksepp, 2011）。オリジナル版開発論文では，研究使用例が世界的に多い5因子性格モデル（Goldberg, 1990）との相関分析から，表現形としての心理学的なパーソナリティ概念と神経基盤との関連が検討され，本尺度はパーソナリティ尺度の一つとして位置づけられた。2003年の開発以来，ANPSは世界的に注目を集め，ドイツ語・フランス語・スペイン語・イタリア語・トルコ語に翻訳され，各国でさまざまな領域の研究に用いられてきた。以下に，いくつかの実例を紹介する。

　この尺度は，神経基盤が想定される基本感情と関連する「パーソナリティ」を測定する尺度であるとの位置づけからもわかるように，神経科学と心理学をまさに「つなぐ」測定ツールであるため，どのような学術領域で，どのような条件と組み合わせるかによって，各研究デザインにおいて，目的変数的にも，説明変数的にも使われる可能性があるという点がユニークである。たとえば，目的変数として用いた研究の実例としては，脳梗塞の部位別にSEEKINGスコアと抑うつの関連を検討したファリネッリ（Farinelli et al., 2013），自閉性スペクトラム群におけるPLAYスコアの低さに注目したカレ（Carré et al., 2014），セロトニンとオキシトシンに関連する遺伝子の相互作用をFEARとSADNESSで評価したモンターグ（Montag et al., 2011），腎移植患者でFEARとANGERが低下することを示唆したパスカッチオ（Pascazio et al., 2010）などがある。さらに，説明変数として用いた研究の実例としては，唾液中のホルモン量との関連を検討したヴェストハイゼン（van der Westhuizen et al., 2014），夢見体験の構成要素として検討したユー（Yu, 2013）などがあげられる。

　また，ANPSを用いた研究が進む中で心理尺度としての問題点もいくつか明らかになってきた（Geir et al., 2014; Pingault et al., 2012; Barret et al., 2013）。今後，さらにこの尺度を有用性の高いものにするためには，翻訳尺度としての各国・各言語で各基本感情を表現するために適切な項目表現を検

討し続け，心理統計学的な検証を重ねることのみならず，臨床群における整合性，神経科学的な脳画像検査や実験課題への反応との整合性などに関する知見を積み重ねていく必要があるだろう。

ANPS が切り開く世界観

　ここからは少し話題を変えて，ここまで紹介してきた ANPS と感情神経科学が臨床心理学や心理療法の世界観に与えるインパクトについて私見を述べたいと思う。

　学術コミュニティとしての臨床心理学，対人サービスとしての心理療法（心理援助）のいずれを考慮しても，社会的なアカウンタビリティに応えるためには，他領域との接合や協働といったアクションが求められる。そこで「つなぐ」先の一つとして，本稿で繰り返し述べているように，感情神経科学を提案したい。その理由は二つあげられる。一つにはこの領域の主導的な立場にあるパンクセップ自身が，大学院時代に臨床心理学の門を叩いたほど，臨床的な現象や言説に対して開かれた態度を持っていることである。彼は，具体的な臨床的観測事象に神経科学を接続するためのスキーマをいくつも提示している。これらは彼自身の精神科医や精神分析家などとの交流の中から生まれた理解図式に基づくのだと思われるが，この視座を理解することが臨床心理学や心理療法を接続することに結びつくと思われる。二つ目には，臨床心理学的な関心事への馴染みの良さ，研究方法論的な表現に言い換えるのであれば観測変数間に有意な相関を見いだすことのできる可能性の高さである。一部の社会心理学が認知神経科学への接続を試みて実施している研究のテーマや対象（たとえば，意思決定や認知判断などの高次認知機能）は，高次脳機能障害などの臨床心理学的研究／支援に関連していて，近年取り上げられる機会が増加しているものの，このようなテーマとの接点を持たない臨床心理士も数多く存在する。その一方で，基本感情システムという考え方は，以下にも述べるように，あらゆる臨床心理学的テーマとの接合点となる可能性を持っているように思われる。

　パンクセップのテキスト *Affective Neuroscience*（1998）に掲載されてい

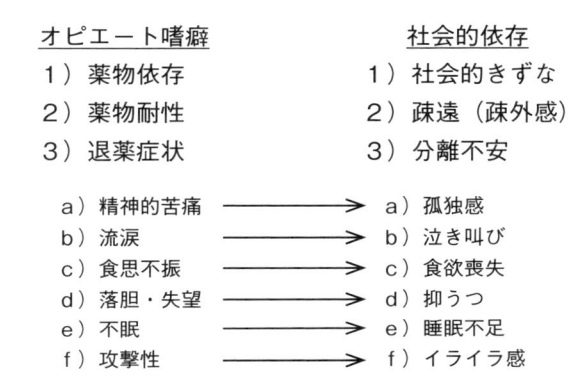

第8章　感情神経科学との接合によって開かれる世界

```
    オピエート嗜癖              社会的依存
 1) 薬物依存              1) 社会的きずな
 2) 薬物耐性              2) 疎遠（疎外感）
 3) 退薬症状              3) 分離不安

    a) 精神的苦痛  ────→  a) 孤独感
    b) 流涙      ────→  b) 泣き叫び
    c) 食思不振   ────→  c) 食欲喪失
    d) 落胆・失望 ────→  d) 抑うつ
    e) 不眠      ────→  e) 睡眠不足
    f) 攻撃性    ────→  f) イライラ感
```

図8-9　オピエート嗜癖と社会的依存の類似性（Panksepp, 1998, p. 255, 成田訳）

る図（図8-9）に注目すると，オピエートに対する薬物依存と社会的（対人）依存の現象や用語を併記することで，対人場面で生じている心理学的な現象にも，薬物依存と共通したメカニズムが働いている可能性を示していることが分かる。このような視点は，2001年の論文の表（表8-1）に，さらに発展した形で示された。表を見ると，感情神経科学の基本感情システム7種が，どのような感情体験として生起するか，さらにはどのような精神障害と関連するのかが，整理されている。冒頭に述べたように，当初は筆者には自分の臨床心理学的な世界観の中にすんなりとは入ってこない感覚があったが，パンクセップ自身による発表を聞いた後で，この図を眺めたときに「これはNPSAにおけるロゼッタストーンになりうる」という直観を抱いたのだった。その後，世界各国から報告される研究に刺激を受けながら，いくつかの研究を自身でも実施してみて，その直観は少しずつ確からしさを備えたものとして意識化されてきた。

　臨床心理学において，人間科学の一部として事例研究や調査研究を行うに当たっては，その累積性が考察／検証可能となるように，コミュニティ全体で構造化できるならば，学問領域としての展開可能性は高められることになる。その構造のプラットフォームとして以下のような図表（図8-10）は参考になるかもしれない。

　この図表では，基本感情システムを中心として，左側には神経科学的な解

基本感情システム （Pansepp 1998a を参照）	生起感情	感情の障害
SEEKING（＋＆−）	好奇心・関心 欲求不満 しがみつき	強迫 パラノイド統合失調症 依存的パーソナリティ
RAGE（−＆＋）	怒り イライラ感 侮蔑 嫌悪感	攻撃性 サイコパス的傾向 パーソナリティ障害
FEAR（−）	単純な不安 悩み 心的外傷	全般性不安障害 恐怖症 PTSD の亜型
PANIC（−）	分離不安 悲哀感 罪悪感／恥 内気 ばつが悪い（困惑）	パニック発作 病的悲嘆 抑うつ 広場恐怖 社会恐怖
PLAY（＋）	歓喜と愉快（陽気） 嬉しさ（面白さ）	躁状態（熱狂） ADHD
LUST（＋＆−）	性愛的感覚 嫉妬	フェティシズム 性的嗜癖
CARE（＋）	養育（思いやり） 愛 魅了	依存性障害 自閉的隔絶（よそよそしさ） 愛着障害
The SELF—中核意識の回路 （Panksepp 1998b を参照）	あらゆる感情的感覚の機構	多重人格障害？

表 8-1 基本感情システムとの関連が仮定される生起感情と精神障害
(Panksepp, 2001, p. 156, 成田訳)

剖学的・化学的知見が明記されている。右側には生起感情と ANPS との関連が示された概念と現象[7]が並ぶ。このプラットフォームを大枠として意識しつつ，ANPS を接合点（junction）として臨床心理学諸研究が累積されていくならば，それぞれのセルがより充実して，同一行内における関連をより詳細に検討することが可能になる。これは調査研究だけではなく，事例研究

---

[7] 見捨てられ不安，親密性回避については Içöz（2014）を，郷愁感については Barrett et al.（2010）を，社会経済地位については Kameda & Inukai（2010）を，自閉性スペクトラムについては Carré et al.（2014）を，双極性障害，大うつ病については Savitz et al.（2008）を，腎移植については Pascazio et al.（2010）を，ナルシシズムについては Narita et al.（2014）を，がんの痛みについては成田（2014）を参照した。

第8章 感情神経科学との接合によって開かれる世界

	関連する 神経伝達物質	中心となる脳領域	基本感情 システム	生起感情	ANPS	ANPSとの関連が 示された概念と事象*
量的 客観的 現象的 実証的 ↕ アプローチの特徴 ↕ 質的 主観的 解釈的 臨床的	ドーパミン(+)	中脳(腹側被蓋)→辺縁系(側坐核)・皮質	SEEKING	好奇心・関心 欲求不満 しがみつき	SEEKING	ナルシシズム、社会経済地位 がんの痛み
	オピオイド(+)	間脳(背内側)	PLAY	歓喜と愉快(陽気) 嬉しさ(面白さ)	PLAY	郷愁感 自閉性スペクトラム
	オキシトシン(+) プロラクチン(+)	前帯状皮質	CARE	養育(思いやり) 愛、魅了	CARE	
	グルタミン酸(+) GABA(−)	扁桃体(外側核・中心核)→ 視床下部(内側)・中脳中心灰白質(背側)	FEAR	単純な不安、悩み 心的外傷	FEAR	大うつ病、自閉性スペクトラム 双極性障害、見捨てられ不安 がんの痛み、腎移植
	オピオイド(−) オキシトシン(−) プロラクチン(−)	前帯状皮質	PANIC/GRIEF	分離不安、悲哀感 罪悪感／恥、内気 ぱつが悪い(困惑)	SADNESS	大うつ病、双極性障害 親密性回避、郷愁感 腎移植
	グルタミン酸(+) GABA(−) サブスタンスP(+)	扁桃体(内側核)→分界条(床核)、視床下部 (内側・脳弓周囲)・中脳中心灰白質	RAGE	怒り、イライラ感 侮辱／恥、嫌悪感	ANGER	

*下線は負の相関(抑制)を示す

集められるサンプル数

捉えている現象の時間幅

図8-10 人間科学における諸研究と感情神経科学を接合するプラットフォーム(案)

157

においても ANPS の用い方や報告形式の工夫をすることで，事例の累積に貢献することができると思われる．

　無論，現実環境の複雑さや脳の機能的構造を考えても，これらは完全な一対一の対応関係を示すものではなく，データ解析において（最も）強い関連を示したものに過ぎない．しかしながら，一つひとつは独立している研究を，集合体としてある特定の観点から眺めたときに，思いもよらぬ関連が見いだされ，後にそのメカニズムが検証的研究で明らかになるといったことは，データサイエンスとの融合分野などではしばしば起こることである．臨床心理学のみならず，より広範な人間科学の発展を期待するならば，研究を構造化するためのメタ視座やプラットフォームについてのディスカッションは今後ますます重要になるだろう．その際の選択肢の一つとして，感情神経科学と接合する，上記のような ANPS を接合点としたプラットフォームは検討に値すると思われるし，また NPSA という学術コミュニティは，そのような議論ができる非常にユニークな場であると思われる．

文献

Barrett, F. S., Grimm, K. J., Robins, R. W., Wildschut, T., Sedikides, C., & Janata, P. (2010). Music-evoked nostalgia: Affect, memory, and personality. *Emotion*, **10**(3), 390.

Barrett, F. S., Robins, R. W., & Janata, P. (2013). A brief form of the Affective Neuroscience Personality Scales. *Psychological Assessment*, **25**, 826-843.

Barrett, L. F. (2006). Are emotions natural kinds? *Perspectives on Psychological Science*, **1**(1), 28-58.

Barrett, L. F., Lindquist, K. A., Bliss-Moreau, E., Duncan, S., Gendron, M., Mize, J., & Brennan, L. (2007). Of mice and men: Natural kinds of emotions in the mammalian brain? A response to Panksepp and Izard. *Perspectives on Psychological Science*, **2**(3), 297-312.

Barrett, L. F. (2012). Emotions are real. *Emotion*, **12**(3), 413.

Carré, A., Chevallier, C., Robel, L., Barry, C., & Berthoz, S. (2014). Impairments in playfulness and social anhedonia, and the social motivation deficits in autism. The 15th International Neuropsychoanalysis Congress, New York City, July 24-27.

Carver, C. S. & White, T. L. (1994). Behavioral inhibition, behavioral activation, and affective responses to impending reward and punishment: The BIS/BAS Scales. *Journal of Personality and Social Psychology*, **67**, 319-333.

Cloninger, C. R., Svrakic, D. M., & Przybeck, T. R. (1993). A psychobiologsocial model

of temperament and character. *Archives of General Psychiatry*, 50, 975-990.
Cornelius, R. R. (1996). *The Science of Emotion: Research and Tradition in the Psychology of Emotions*. Prentice-Hall.
Davis, K. L. & Panksepp, J. (2011). The brain's emotional foundations of human personality and the Affective Neuroscience Personality Scales. *Neuroscience and Biobehavioral Reviews*, 35, 1946-1958.
Davis, K. L., Panksepp J., & Normansell, L. (2003). The affective neuroscience personality scales: Normative data and implications. *Neuropsychoanalysis*, 5, 57-69.
Farinelli, M., Panksepp, J., Gestieri, L., Leo, M. R., Agati, R., Maffei, M., Leonardi, M., & Northoff, G. (2013). SEEKING and depression in stroke patients: An exploratory study. *Journal of Clinical and Experimental Neuropsychology*, 35(4), 348-358.
福田正治 (2008). 感情の階層性と脳の進化——社会的感情の進化的位置づけ. 感情心理学研究, 16(1), 25-35.
Geir, P., Selsbakk, J. M., Theresa, W., & Sigmund, K. (2014). Testing Different Versions of the Affective Neuroscience Personality Scales in a Clinical Sample. PLoS ONE 9 (10): e109394. doi:10.1371/journal.pone.0109394
Goldberg, L. R. (1990). An alternative "description of personality": The big-five factor structure. *Journal of Personality and Social Psychology*, 59(6), 1216.
Içöz, F. J. (2014). Affective colours of attachment and awareness: The relationship of ANP subscales with adult attachment styles and mindful awareness. 15th International Neuropsychoanalysis Congress (New York).
Kameda, T. & Inukai, K. (2010 Submitted). Emotional Functioning, Socio-Economic Uncertainty, and Cultural Pathology: An Investigation of the Impact of SES on Momentary and Elicited Emotion.
川村光毅・小幡邦彦 (1998). 情動の機構と歴史的考察. 脳と科学, 20, 星和書店, 709-716.
北村英哉 (2008). 感情研究の最新理論——社会的認知の観点から. 感情心理学研究, 16(2), 156-166.
MacLean, P. D. (1990). *The Triune Brain in Evolution: Role in Paleocerebral Functions*. New York: Plenum Press.
Montag, C., Fiebach, C. J., Kirsch, P., & Reuter, M. (2011). Interaction of 5-HTTLPR and a variation on the oxytocin receptor gene influences negative emotionality. *Biological Psychiatry*, 69(6), 601-603.
成田慶一 (2007). 脳梗塞を発症した中年男性への急性期病棟における心理援助——病の意味づけと人生の振り返りというテーマの展開. 日本心理臨床学会第26回大会 ポスター事例発表.
Narita, K., Özkarar, F. G., & de Greck, M. (2012). Relation of ANP traits to culture: A preliminary outline of a cross-cultural study of Japan, Turkey, and Germany. 13th International Neuropsychoanalysis Congress (ATHENS).

成田慶一（2014）．がん医療におけるトータル・ペインに対する多職種協働アプローチ．第 20 回ヘルスリサーチフォーラム講演録，**20**，pp. 195-201．ファイザーヘルスリサーチ振興財団．

Narita, K., Hatta, T., Hirao, K., Yama, M., Mitamura, T., Kubota, Y., Akimoto, M., & Kishimoto, N.(2014). On narcissism: An re-introduction from the perspective of ANPS. 15th International Neuropsychoanalysis Congress (New York).

Northoff, G., Wiebking, C., Feinberg, T., & Panksepp, J.(2011). The 'resting state hypothesis' of major depressive disorder: A translational subcortical-cortical framework for a system disorder. *Neuroscience and Biobehavioral Reviews*. DOI: 10.1016/j.neubiorev.2010.12.007

Panksepp, J.(1998). *Affective Neuroscience: The Foundations of Human and Animal Emotions*. New York: Oxford University Press.

Panksepp, J.(2001). The neuro-evolutionary cusp between emotions and cognitions: Implications for understanding consciousness and the emergence of a unified mind science. *Consciousness & Emotion*, **4**(2), 141-163. DOI: 10.1075/ce.1.1.04 pan

Panksepp, J.(2007). Neurologizing the psychology of affects: How appraisal-based constructivism and basic emotion theory can coexist. *Perspectives on Psychological Science*, **2**(3), 281-296.

Panksepp, J.(2008). Cognitive conceptualism: Where have all the affects gone? Additional corrections for Barrett et al.(2007). *Perspectives on Psychological Science*, **3**(4), 305-308.

Panksepp, J.(2011). The basic emotional circuits of mammalian brains: Do animals have affective lives? *Neuroscience & Biobehavioral Reviews*, **35**(9), 1791-1804.

Panksepp, J.(2012). What is an emotional feeling? Lessons about affective origins from cross-species neuroscience. *Motivation and Emotion*, **36**(1), 4-15.

Panksepp, J. & Biven, L.(2012). *The Archaeology of Mind: Neuroevolutionary Origins of Human Emotions*. New York: Norton.

Pascazio, L., Nardone, I. B., Clarici, A., Enzmann, G., Grignetti, M., Panzetta, G. O., & Vecchiet, C.(2010). Anxiety, depression and emotional profile in renal transplant recipients and healthy subjects: A comparative study. In *Transplantation Proceedings* (Vol. 42, No. 9, pp. 3586-3590). Elsevier.

Pingault, J. B., Falissard, B., Côté, S., & Berthoz, S.(2012). A new approach of personality and psychiatric disorders: A short version of the affective neuroscience personality scales. *PloS one*, **7**(7), e41489.

Savitz, J., van der Merwe, L., & Ramesar, R.(2008). Dysthymic and anxiety-related personality traits in bipolar spectrum illness. *Journal of Affective Disorders*, **109**(3), 305-311.

Solms, M. & Turnbull, O.(2002). *The Brain and the Inner World: An Introduction to the Neuroscience of Subjective Experience*. New York: Other Press. 平尾和之（訳）(2007)．

脳と心的世界——主観的経験のニューロサイエンスへの招待．星和書店．
Solms, M. (2004). Freud returns. *Scientific American*, **290**(5), 82-88.
Solms, M. (2012). Are Freud's "erogenous Zones" sources or objects of libidinal Drive? *Neuropsychoanalysis*, **14**(1), 53-56.
Sterelny, K. (2003). *Thought in a Hostile World: The Evolution of Human Cognition*. Blackwell.
田中泉吏 (2006). ダーウィン的モジュールか，自動化されたスキルか——進化心理学的アプローチの検討．科学哲学科学史研究，**1**, 109-124.
Ueda, K. (2015). A psychophysiological approach towards understanding emotions. In *Emotional Engineering* (Vol. 3) (pp. 105-116). Springer International Publishing.
van der Westhuizen, D. & Solms, M. (2015). Social dominance and the Affective Neuroscience Personality Scales. *Consciousness and Cognition*, **33**, 90-111.
Yoshimura, S., Okamoto, Y., Onoda, K., Matsunaga, M., Okada, G., Kunisato, Y., ... & Yamawaki, S. (2014). Cognitive behavioral therapy for depression changes medial prefrontal and ventral anterior cingulate cortex activity associated with self-referential processing. *Social Cognitive and Affective Neuroscience*, **9**(4), 487-493.
Yu, C. K. C. (2013). The structural relations between the superego, instinctual affect, and dreams. *Dreaming*, **23**(2), 145.

第9章 脳損傷のリハビリテーションと ニューロサイコアナリシス
―― 架け橋としての箱庭療法

秋本倫子

はじめに

　ニューロサイコアナリシス――あるいは神経精神分析（Solms & Turnbull, 2002）――は，筆者が出現を待望していた何かに他ならなかった。それは，筆者が漠然と思い描いていたアイデア，すなわち神経心理学と臨床心理学の間に橋を架けること，が具体的な形を取って現れたようだった。
　2013年に初めてその国際学会 The International Congress of Neuropsychoanalysis への初参加を果たせたときも，まさしく "a dream comes true" という心境だった。しかも同年の大会開催地は，ニューロサイコアナリシスの主たる提唱者であるマーク・ソームズの本拠地ケープタウン（南アフリカ共和国）という，とっておきの場所なのだった。大会長のソームズ自身も喜びに頬を紅潮させ，誇らしげに参加者を迎えてくれた。初日にはアパルトヘイトに命がけで抵抗したツツ大主教（会場が総立ちで拍手となったのだが，寡聞にして，ノーベル平和賞受賞者とは知らなかった）の招待講演があり，大会2日目にはソームズ自らが経営するワイナリーにて晩餐会が開かれた。筆者は宴の合間に外に出ては，農場の黒い木々の向こうのアフリカの空が，真紅から漆黒の闇まで刻々と変わってゆく様に見とれた。憧れながらも縁はないと思っていた人類の共通の故郷＝アフリカの地を踏んでいて，そこでニューロサイコアナリシスという新しい分野の歴史の中に筆者個人の歴史が組み込まれつつあるとは，感無量だった。

筆者は，もともと現場の一介の心理士として出発した。したがって，自分が神経科学と精神分析や精神医学，臨床心理学などを統合しようとする最先端の領域に関わるとは，出発時点では考えてもみなかった。ただ，先にも少し述べたように，1980年代後半から，脳損傷者に箱庭療法を行ううちに，脳損傷者の神経心理学と臨床心理学の間に橋をかけられるのではないかという漠とした考えがあった。しかしながら，それを実際にどう表現したらよいのかまではわからなかった。

筆者の背景と心理リハビリテーション

　筆者は1900年代後半に東京都に心理職として採用され，高齢者専門病院のリハビリテーション科に配属になった。今でこそ高齢者の問題が深刻化し，心理的ケアの必要性も叫ばれているが，当時は，高齢者の心理学について大学や大学院で学ぶことは少なく，筆者の恩師である霜山徳爾が講義の中で老いについて多く語っていたのが，例外的ですらあった。

　出発点において，高齢者に多く発症する脳血管障害，パーキンソン病，認知症その他の脳の病気についての知識はほとんど持っておらず，それらが心理面に及ぼす影響に関する知識は皆無に等しかった。リハビリテーションはチーム医療なので，一人の患者／クライエントにこれらの異なる職種が関わる。身体面についての知識は，医師，看護師，理学療法士，作業療法士，言語聴覚士，義肢装具士，そして何よりも患者／クライエントの方々から与えられることが多かった。毎日が学びであり，発見であった。

　リハビリテーションの現場で働くからには，心理学的知識と方法を使って，脳卒中（脳血管障害），パーキンソン病，アルツハイマー病などの脳疾患や脳外傷，によって，身体や言動に生じた（しばしば目に見えない）影響をまず見極めなければならない。なかには骨折などの整形外科の患者や内科の患者なども含まれてはいたが，脳損傷の後遺症が最も理解しにくかった。

　そこでは，「神経心理学」という，脳損傷の後遺症を研究することから発展した学問の知識が欠かせなかった。しかし，神経心理学の教科書は，脳の部位，機能と損傷部位により生じ得る障害の事実が淡々と並べられたもの

で，人間学的心理療法や力動的心理療法，特にユング派の分析心理学的心理療法を学んできた筆者には，異質な物質的世界の話に思えた。

他方，心理リハビリテーションに関する日本語の教科書と言えるものがほとんどなかった当時，小山の『脳障害者の心理臨床──病める心のリハビリテーション』(1985) は，闇を照らす光だった。小山は，詳細な神経心理学的検査，知能検査を行うことにより，脳損傷によって生じた機能不全を正確に捉えながらも，質問紙法，HTP，バウムテストなどの投影法を含む各種の性格検査を駆使し，さらに丁寧な臨床心理学的面接やクライエントの描画を通して，脳損傷によって生じた神経心理学的症状とそれと無関係ではない苦悩のありようを現象学的に記述していた。そして，病識が欠如し麻痺を否認する，いわゆる病態失認のような症状や，半側空間無視[1]に対して独自のアプローチを行っていた。ニューロサイコアナリシスの先駆と言ってよいと思われる。あくまでも個人，人格としての病む人の生きる姿勢を大切にしている姿勢に惹かれ，この書は筆者にとってバイブルのようになった。

洋書では，リハビリテーションにおける心理職の大先輩である藤本利明先生（藤本, 1986）から紹介されたプリガターノ (Prigatano) らによる *Neuropsychological Rehabilitation after Brain Injury*（邦訳『脳損傷のリハビリテーション──神経心理学的療法』(Prigatano & Others, 1987) に多くを教えられた。プリガターノは脳損傷後のリハビリテーションにおいて，神経心理学的障害を第一の対象としながらも，情動や動機づけを含むパーソナリティも重要視し，「脳損傷患者，特に頭部外傷患者に対する認知機能の治療アプローチと心理療法的アプローチの両方が必要である」と明言している。この書には，脳損傷者が自発的に描いた，脳損傷を象徴的に表す絵画が載せられており，「このような絵は，患者が生活の中で直面している現実についての考えを表現するのに役立つ。患者は絵を描くことで生活への重要な洞察を得て，自らの行動を適応的なものにし，さらに認知的混乱を減衰させる」とある。後に，その続編とも言うべき『神経心理学的リハビリテーションの原理』(Prigatano, 1999) が出版されたが，そこでは，神経心理学的アプロー

---

[1] 半側空間無視：病巣のある大脳半球と反対側の刺激に対して，発見して報告したり，反応したり，その方向を向くことが障害される病態。急性期を除けば右半球損傷後に生じる「左無視」がほとんどである。（参考：石合純夫（2012）『高次脳機能障害学』第2版　医歯薬出版, p. 151 より）

チの中にユング心理学の個性化の概念が採り入れられていた。実際に箱庭は使われてはいなかったものの，箱庭療法の創始者であるドラ・カルフ（Dora Kalff）と交流があったと書かれていたことは，後から思えばシンクロニシティ（非常に意味のある"偶然の一致"）(Jung, 1969) であった。プリガターノの前掲書（Prigatano, 1999）によれば，「神経心理学的リハビリテーションのプロセスは，患者が自分の高次脳機能（あるいは機能不全）について何を体験しているのかを理解するところから始まる」のであり，「神経心理学的リハビリテーションの第一原理は，臨床家が，患者が体験していることを感じ取るため，患者の現象学的場（phenomenological field）に入らなければならないということである」という。そして，「脳損傷の情緒面への影響に対処することがリハビリテーションの鍵を握る」，と述べている。一般に神経心理学的リハビリテーションにおいては，認知機能の回復訓練が行われ，筆者はそれも行っていたが，ここではそれについて詳しく述べない。

高齢脳損傷者との心理療法

◉箱庭療法の導入

　きっかけは，脳血管障害の後遺症として右片麻痺と失語症があった林さん（男性，仮名）との出会いだった。失語症というものが何なのか，まだよくわからなかった時期であるが，話すことも，文字を書くことも，絵を描いて表現することはおろか，簡単な図形の模写すらままならなかった林さんは，苛立ちと悔しさに満ちた表情で自らの思いを訴えようとされたが，意思の疎通は思うようにならなかった。かっとなって妻に暴力を振るうことがあり，林さんは最終的に自宅には戻れず，単科精神病院にて心臓発作で突然亡くなられた。失語症の過酷な現実を思い知らされた。林さんの場合は前頭葉損傷のために感情の抑制力が低下していたのかも知れない。しかし，ひょっとして箱庭があったら，少なくとも感情のはけ口にはなったかも知れないと悔やまれ，箱庭の道具を購入した。プリガターノは描画を用いて脳損傷者の情緒的面のケアを行っていたが，高齢でかつ脳損傷があって絵を自発的に描ける人は実に稀なのである。でも箱庭なら，使える方の手でミニチュアを選んで

置くだけでよい。当時，脳損傷者に対する箱庭療法の先例は国内外を探しても見あたらなかったが，試みる価値があると筆者は考えた。

　筆者はリハビリテーション科へ依頼が来たさまざまな患者／クライエント（内科疾患，精神科疾患の方も含む）に箱庭療法を行った。認知機能の低下が著しかったり，意識が混濁していたりなどで，自ら動きだせない方も確かに少なくなかった。その一方で，言葉では表現し得なかったであろう，意味のある表現がなされることもあった。それらの一部については，学会や雑誌で発表している（秋本，1993, 1996, 2007a, 2007b; Akimoto, 1995）が，ここでこの時期に出会った例をいくつか挙げておく。

　事例1：70代の女性金沢さん（仮名）（Akimoto, 1995）は，脳出血（左視床，脳室穿破を伴う）左片麻痺で当初はおそらく幻視で誰かの姿を見て話しかけていらっしゃるように見えた。意識レベルが低下しているなか（せん妄），「棄てられた」「死にたい」という抑うつ状態を思わせる言葉も口にされた。初回の箱庭には小石，トンネル，五重塔，大仏，野球のバットを持つ少年，何台かの自動車，線路が置かれた。橋はあるがどこに川があるかわからない混乱した場面ながら，「洪水になった。大仏様が守っている」と説明された。WAIS知能検査の特に動作性検査は計測できる下限より下であった。しかし，箱庭は作るたびに変化していき，やがて，初めはつなげることができなかったプラレールの線路がきちんとつながり，新幹線が右向きに走るように置かれた。8回目の箱庭では，桃太郎が誕生し，「（その桃を）カメさんが押している」という場面を作られ，昔話，おとぎ話のキャラクターを一列に並べて「みんながお祝いしている。楽しいねえ」とおっしゃった。そして，退院前の最終セッションでは，「『立ってごらん』と言われて立ち上がろうとしたら，一人ですっと立てた夢を見た」と本当に嬉しそうに話された。希望を抱いての新たな旅立ちとなったのである。

　脳出血の発症は，部分的であれ，当事者にとって，ひとつの身体的・精神的死に匹敵する。そこから，壊れた自己像を再構築し，再生することがここでは象徴的に行われたと考えられる。しかし，もし知能検査の結果から悲観的予測を立てていたら，このような"死と再生（death and rebirth）"（Jung,

1969）の儀式の表現はなされなかっただろう。

事例2：70代の女性高野さん（仮名）（秋本，1996）は，脳梗塞（左中大脳領域）で右片麻痺に加えて失語があった。初回セッションでは右腕の下に枕を入れなければ体が右側に倒れてしまう状態で，表情に張りはなく，しきりに言葉を話されるものの，ほとんどがジャーゴン[2]で，意味がわかる言葉はほとんどなかった。しかし，神経心理学検査では困難ながら頭をひねって考え抜こうとしておられる印象だったので，数セッション後に箱庭にお誘いした。濡れた砂に左手を入れるなり，力強く砂を掘り返し，「海で波が来て危ない」というような説明をされ，汽車を，向きを考えながら置いたり，先に置いたお地蔵さんの脇の砂をしっかり固めたりなど，45分間憑かれたように取り組まれた。付き添っていたセラピスト（＝筆者。以下Thと略す）はそのエネルギーに度肝を抜かれた。木1本の置き方にしても，長い時間をかけてこだわり，自身の意思がきわめて明確だった。家が多く置かれ，汽車の他に新幹線が使われ，自身が向かうべき先はどこでどのような手段でそこに至るのか，過去から未来への方向性が模索されているように思われた。やがて意識レベルが上がった。言語面は時折状況に即した明瞭な発語がある他は障害が残り，車いすで自宅への退院となった。背筋をきちんと伸ばし，ご自身でスプーンを持って食事をされているご様子を見ると，入院時とはうって変わってきりっと締まった表情であった。「几帳面で粘り強い人」であることはご家族からお聴きしていたものの，神経心理学的検査のみでは，高野さんが持てる力をセラピストが知ることはなかったであろう。

脳血管障害という脳損傷は，言わば自己の心身の破壊，混沌（カオス）へ投げ込まれること，自己が身体的基盤から揺るがされることを意味するのであり，箱庭上にはその表現がなされるのではないか。そして，身体的基盤である砂との接触からやり直し，そこにしっかりと植物が植えられる（立てられる）こと，居場所である家が確保され，もう災難が降りかかる心配がないよう守られ（大仏，五重塔など），道筋（レール，道，乗り物）がつけられ，方向性が見えてくるさまが箱庭の中で演じられるのではないか，と考えられ

---

[2] ジャーゴン（jargon）：錯語が頻発したり新造語が頻発したりして，意味を理解できない発話。（石合純夫（2012），p. 25 より）

た。そうなると，神経心理学的な症状も，心身の破壊による混沌と，そこから再生しようとする生命の営みとして理解できるのではないだろうか，などと考えていた。

京都 NPSA スタディ・グループとの出会い

　筆者のリハビリテーション領域での臨床活動は，間に10年のブランクを挟み，二つの高齢者専門病院にわたっている。二つめの病院に勤務していた2003年か2004年に，*The Brain and the Inner World: An Introduction to the Neuroscience of Subjective Experience*（Solms & Turnbull, 2002）という本の存在を知った。また，それを京都大学大学院医学研究科におられる平尾なる人物が翻訳中，という情報も得た。まず，この原書を読んでみたところ，これが非常に面白かった。神経科学（neuroscience）と精神分析が，実は同じところを目指して歩もうとしていたにもかかわらず，歴史のいたずらにより別々に発展してきたこと，しかし今や神経科学の進歩によって，両分野，主観的世界と客観的世界をつながることが可能になったということ。まるで推理小説を読むような面白さがあり，自分が探し求めていたものに出会ったという感激があった。

　次に，これの事例編である *Clinical Studies in Neuro-Psychoanalysis: Introduction to a Depth Neuropsychology*（Kaplan-Solms & Solms, 2002）を買って読むと，筆者が経験したクライエントとそっくりな事例が出ており，「私はこのケースを知っている！」と思ったほど，びっくり仰天した。そこには，病態失認という，右脳損傷に典型的に現れる神経学的症状を，"抑圧"として精神分析的に解釈するという画期的な理論と実践例が書かれていたのだ。そして，ぼんやりと抱いていた直観のような，あるいは夢のようなものを，理論にしてまとめている臨床家・研究者がいることにいたく感激した。

　そこで，平尾先生にメールを書き，たまたま当時大学院の紀要のために執筆していた原稿（秋本，2007c）をお送りした。すると，「私自身あれこれ考えていたことを先生が書かれていたので，ちょっと不思議な感じもし，そして嬉しく思いました」というメールが返って来た。また，翻訳中の *Clinical*

Studies in Neuro-Psychoanalysis: Introduction to a Depth Neuropsychology の一部も送られてきた。急に眼の前の世界が開けていくのを見る思いであった。2007年の新春のことである。

　続いて，岸本寛史先生からは，過去の学会の様子と感想を書いたメールが届き，神経心理学史上最も研究されてきた患者，健忘症のH. M.氏（Corkin, 2013）がneuropsychoanalysisの国際学会で取り上げられ，精神分析の立場の人から鋭い質問がなされたことなどを知り，非常に興味深く感じた。

　筆者は，大学に移り，リハビリテーションの現場から離れた。しかし，日本でのニューロサイコアナリシスについての論文（平尾，2008, 2011）などを読み，興味を持ち続けていた。出会いから6年の時を経て，平尾先生・岸本先生・山先生・成田先生・久保田先生らのKyoto NPSA Study Groupに加わり，冒頭に書いたように国際学会に参加することと相成った。平尾ら（Hirao et al., 2008）による2008年の発表の後を受ける形で，2013年の南アフリカの大会では，くも膜下出血後の女性の事例（Akimoto et al., 2013）を共同発表の演者として報告，さらに2014年にニューヨークで開催された第15回大会では，脳梗塞と認知症を併せ持つ女性の事例（Akimoto et al., 2014），2015年にアムステルダムで開催された第16回大会では，くも膜下出血後に保続が目立った男性事例（Akimoto et al., 2015）を報告した。

　ニューロサイコアナリシスは，神経諸科学（神経心理学を含む）と精神分析，分析心理学，精神医学という，もともとは方法論がまったく異なる分野の間に橋を架け，同じ土俵の上で論じるための枠組みを提供してくれた。脳損傷者のリハビリテーションが出発点であったが，他の章で紹介されているように，一般の精神疾患にも応用されている。脳損傷について言えば，神経心理学的症状を深層心理の表れとしても説明し，逆に精神的症状も神経科学基盤を用いて説明しようとする。客観的科学と主観的科学の間の相互の対話が可能になったのである。

事例を通しての理解

　ではここで改めて，脳損傷の事例を，ニューロサイコアナリシスの観点を

入れて検討してみたい。いずれも，入院時からリハビリテーションチームの一員であった筆者がセラピスト（Th）として関わった事例である。

1．右半球損傷の事例：半側空間無視

事例3：松本さん（70歳台，男性）（秋本，2006）
診断・概要：脳出血(右頭頂葉皮質下)，左片麻痺(上下肢ともBrummstrom stageⅠで重度の弛緩性麻痺)，感覚障害，交差性失語（通常は左半球損傷で失語が生じるが，右半球損傷で失語が生じる）。

　初回面接時，妻に付き添われて車イスで入室されるが，顔が不自然に真横（右）を向いたまま，まるで固定されているかのようであり，一見して左半側空間無視（unilateral space neglect. 以下USNと略す）とわかった。名前などを尋ねると，「マンマンマンマン……」と言葉は同じ音を繰り返す再帰性発話のみで，意思を伝えることが困難な重度の運動性失語があった。右手こぶしに力をこめて震わせながら一生懸命表情で訴えようとなさったり，〈言葉が出なくてお困りなんですね〉に必死の表情でうなずかれたり，ときどき悲しそうに眼を伏せたり，眼を急に見開いたり，時には茶目っ気たっぷりの表情になったりと，感情はとても豊かで，それを全身で表現されているようだった。詳細は省くが，言語を使った認知機能検査は施行困難であり，そうでなくても困難な課題が続くと心理的負担が増すと考えられたことから，フラストレーションを表現する場として，3回目のセッションで箱庭療法を提案した（図9-1：口絵1）。

　すぐに興味を示されて砂に触れ，首をかしげたり笑ったりなさりながら，ミニチュアを置いていかれた。頭は完全に右を向いており，砂箱の右端しか視界に入らないので，松本さんが乗った車イスを左向きにして，砂がこの空間の左端から右端までの全体が少しずつ視界に入るように，Thが車イスを動かしていった。ご自身が見逃していた空間が視界に入るたびに，松本さんは驚きを声と表情で表された。ミニチュアはやはり右側に集中していて，左側空間に木はあっても，人や動物は置かれず，寂しい感じがある。しかし全体としてはカラフルで，興味・関心や意欲，感情，対人関心，ユーモアなどが窺われた。

第 9 章　脳損傷のリハビリテーションとニューロサイコアナリシス

図 9-1

　Th は嬉しく思い，妻や同席していた長女からも感嘆の声が上がった。長女が，芝生に立っているワニの人形を指して，「お父さんはゴルフの打ちっぱなしが好きだった。このワニはゴルフクラブを持っているみたい」とおっしゃった。なるほどそう見える。すごい。Th が，頭を抱えている男の人の人形を指して，「今，こういうお気持ちでしょう」と言うと，そうなんだ，そうなんだ，とでも言うように嬉しそうに Th の肩を叩かれた。もともと社交的で優しく凝り症で，本物そっくりの細密画を描くのがご趣味だったという。

　神経心理学的検査では，幾何学的形態や空間配置の認識に混乱があり，手指や左右の認識も障害されている可能性があった。5 回目のセッション（1 月 19 日）で，幾何学図形のはめ込みパズルをしたが，顔は右を見たままで，左側にあるピースにはまったく気付かず，左を見落としていることを指摘してもなかなか顔を左に向けられなかった。Th が誘導して，松本さんの前にある机の左端がどこにあるかを繰り返し右手で触って確かめていただいたが，まるで，それだけの空間の拡がりがあることが信じられないかのように，不思議，不可解という表情を繰り返し見せられた。

171

図 9-2

【6回目セッション（1月20日） 箱庭の2回目】（図9-2；口絵2）
　4人の小人，ブランコ，滑り台などを置き，初めは公園の風景になるかと思われたが，ブランコは片づけ，砂場をひっくり返して手前に置かれる。ベンチの上に牛を立たせる。砂を少し掘って中央右寄りに赤い橋を置き，少し離れた右側にも小さな赤い橋を置く。端のそばにクジャクと熱帯魚を置く。左側に白っぽい猫を右向きに置く。右側には家，柿の木も置かれる。橋によって空間が左右に分断されたかのように，左側が開いた状態で残った。しかしよく見れば，わずかに底の青色が出るまで掘られているところが橋の左側にあり，橋の下に川の流れがあることを予感させた。この回では，Thは意図的な操作を加えたくない気がして，無理に左側への注意を促すことは控えた。
　橋は手前の空間と向こう側の空間を縦につないでいるように見える。しかし，後から思うと，脳梁，すなわち左右の大脳半球を結ぶ神経線維の束のように見えなくもない。このように，身体や脳内の現象がイメージとして表現されることは，「無意識的身体心像」（山中，1991；岸本，1999）として捉えることができる。積木4個の構成が困難で神経心理学的には"構成障害あ

172

第9章　脳損傷のリハビリテーションとニューロサイコアナリシス

図 9-3

り"だが，箱庭となると全体のまとまりはさほど崩れていない。

【9回目セッション　箱庭3回目】（図9-3；口絵3）
　右側に小人，キリン，シマウマ，赤いハクチョウ，オンドリ，輪投げの道具を置かれる。大根の下の部分を砂に埋め，そばにメロンとジャガイモをざるに入れて置く。ベンチを二つ並行に起き，右側のベンチにはハクチョウの親子，左側のベンチには乳牛を載せる。乳牛を立たせたのがユーモラスな感じで，付き添いのご家族からも笑いが起こった。中央左寄りに橋があり，ウサギが橋の前で左を向いている。左端から4分の1ぐらいのところに柵を置き，その左で観音像がひっくり返っている。松本さんにとって，左側空間あるいは左半身は異世界，あの世なのだろうか。自分のコントロールが及ばない領域，あるいは自分には見えない世界があるという現実をわかることは，リハビリテーションの過程で通らねばならない段階である。しかしそれは，壁に突き当たった状態として感じられているのかも知れない。このとき既に，現在の住まいでは車イス生活ができないことから，転院して他病院でリハビリテーションを継続することが話し合われていた。

図 9-4

【16回目セッション　箱庭5回目】（図9-4；口絵4）
　妻，長女と一緒に，たまたま学校が休みだからと小学生の孫（女の子）が「おじいちゃんの箱庭が見たくて」と来室する。Thは，毎回の箱庭の写真をお渡ししていたが，このとき，このお孫さんが「アルバムに整理している」ということがわかった。松本さんご本人のご希望で，全員が見守る中での箱庭制作となった。右側には前回と同じように植物を置き，水色の服を着た小人を取って，孫を指差しながら，これは彼女であるというようなジェスチャーをなさるので，他のご家族から「ほうっ」と思わず感心するような笑いが起こった。Thもまるで符号が合わさってそれまでの謎が一気に解けたような驚きと喜びを感じた。松本さんと孫の間に良い関係が築かれていることが窺われ，こころ温まる場面であった。左側に赤い橋を置き，その左側にはチェロを弾いているイヌを斜め左向きに置かれた。その前には"石の上にネコがすわっている"ミニチュアを置かれた。「『石の上にも三年』と書かれていますね」とThが指摘すると，松本さんは「おおっ」と声を上げ，指摘されて気づいたか，読めてはいらっしゃらなかったことがわかった。しかしこれが置かれたのは偶然ではないだろうとThは思った。全体としても明る

174

第9章　脳損傷のリハビリテーションとニューロサイコアナリシス

い印象の作品であり，少しほっとするものを Th は感じた。この後のセッションで，左側を見落とすことは少し減っていった。向かい合わせで"あっち向けホイ"をしたときには，パッと左を指差せたことがあり，妻と Th を驚かせた。他方で，四つの積木の模様を手本と同じにするコース立方体テストでは，四つの積木があることは認識できたものの，全部を同じ色にしてしまう保続[3]が続いていた。

　転院が決まったため，心理療法は 20 セッションで終了となった。転院の当日に，来室していただき，「さまざまな困難はあるが，左側に気づきやすくなったり，柔軟な対処が少しずつできるようになったりと，良い変化が見られ始めたところであること，これからもリハビリテーションを続けることで効果が得られる可能性があること，松本さんには箱庭で表現されたような，豊かな世界がある」由をお伝えしてお別れをした。

　松本さんに劇的に現れていた半側空間無視は，とても不可思議な症状だ。ご本人の体験を追体験することはなかなか難しい。しかし，神経外科医であるオリヴァー・サックスは，脳腫瘍の手術後，右側の視野が大きく欠けるようになったときに，次のように書いている。

　　（半側空間無視について）しかし，自分が（原因はもちろん脳の問題ではなく目の問題だが）ほぼ同じ状況になってはじめて，どういうことなのかがよくわかった……中略……ケイトがいなくなっていた……中略……私は彼女が来るのを待った。すると右側から声が——彼女の声が——聞こえた。「誰を待っているんですか？」私は唖然とした——右にいる彼女が見えなかっただけでなく，彼女がそこにいることを想像さえしなかったことに。「そこ」は私には存在しなかったのだ。そのような状況では，文字どおり「視界の外は心の外」である（Sacks, 2010）。

　松本さんの箱庭作品は，この「視界の外は心の外」を，象徴的に表している。箱庭3では，左右にまたがる橋があり，左右の空間をつなごうとしてい

---

[3] 保続：注意を転換できず，前と同じことを繰り返すこと。（石合純夫（2012），p. 225 より）

175

るかのようだが，柵で隔てられた左側では観音像がひっくり返っている。右側には動物も小人も，作業療法で使う輪投げも食べ物もあり，日常的な要素があるが，左側は，非日常，異世界，あるいは通常の感覚では捉えることのできない異次元の世界として感じられていたのであろう。ユングの言う"集合的無意識"から来ている表現だと思われる。

2．左半球損傷の事例：失語症

事例4：深川さん（仮名）80歳台　女性
診断：脳出血（左側頭葉皮質下）

生活歴についての情報はほとんどなし。夫や子どものうち一部は既に他界されており，末の息子さん（ご長男）と同居なさっていた。

現病歴：X年1月6日会話がちぐはぐし始めたところから来院，脳出血と診断され，入院となる。右片麻痺（ごく軽度），失語症（感覚性失語，重度）右半側空間失認を伴う右同名半盲，見当識障害，汎性注意障害，保続，思考・判断力低下，軽度の視覚認知－構成の障害が見られた。また，情緒面で，些細な刺激でも泣いてしまう感情失禁が認められた。

小柄な方で可愛いおばあちゃまという印象をThは持った。礼儀正しく，病棟ですれ違うスタッフ皆に，丁寧に丁寧に何度もおじぎをして看護師やリハビリ療法士のことも「先生，先生」と読んで慕う様子が印象的であった。独歩可能だが，右側に部屋があっても気づかずに通り過ぎることがあった（右側半側無視）。心理セッションでは，一箇所に視線を向けたまま，一方的に饒舌に興奮気味に話される。発話には錯語（単語レベル，あるいは音韻レベルでの言い違い），保続（同じ言葉の繰り返し）が多く，ジャーゴンになっていたものの，感情表出を伴いジェスチャーも使用するので，内容の推察はかなり可能であった。

初回セッションで〈困っていること〉をお尋ねすると，「私ちょうど，今年の6月ですから10月に入ったばっかりで，6月のときにまだ，ばかしのときに具合悪くて6か月，じゃない（首を横に振る），すぐそのまんま，病院に移されていろいろお話伺って今4か月になるんです。全部，6月の1になったばっかしで（指を折って），まだ5か月にならない……立って歩け

るようになりました。きちっとわかって，日にちもすっかりわかって，ちゃんとしてるんですけど，ただ先生のお話わかるんですけど言いにくいところがある……」というような話しぶりであった。また，「お勉強すればすぐに治ると思っていたのに，ずいぶん経っても治らない」と，涙をぽろぽろこぼされる姿に Th は胸が痛む思いがした。

　病気の発症，入院が1月6日であったことから，神経学的症状とすると，数字の保続があった。

　認知機能検査では，言語で答えるものだけでなく，図形を模写したり組み合わせたりするものでも，なかなか教示自体を状況から推測することが困難であった。「上に描いてある図形と同じように下に描いてください」と教示をすると，「みんなおなじ　ひとりおんなじ」と文字を描かれ，Th が繰り返しデモンストレーションをしてみせてようやく，丁寧に丁寧に図形を描き，少しでも歪むと上からなぞり描きすることを繰り返すなど，几帳面さ，不全感の強さが見受けられた。

　1か月以上してから WAIS-R を施行してみたところ，言語性 IQ 62，動作性 IQ 61，全検査 IQ 58 で，評価点は数唱8，積木模様8，それ以外は2〜4点，特に絵画完成と絵画配列の粗点は0点であった。

【4月1日（発症より2か月半）箱庭】（図9-5）
　箱庭のやり方を説明すると，いったんミニチュアが置かれている棚を覗きこむも，「易しいのでいいですね」と指でチューリップと串に刺したお団子を描かれた。「チューリップは好きで，家に植えている。お団子は，子どもの頃に近所で売っていた」というような話と Th は理解した。「1月から病気になって1か月ちょっとになる」と話し，「私80歳過ぎで初めて病気になって，何もわからなくなった」と，子どもが泣きじゃくるような感じであった。右側の空間が少し空いており，そこへ注意が向かなかったようだ（右側半側空間無視）。作品としては，幼い子が砂場で絵を描いたかのような単純なものだが，砂に直に触れるという行為は，後述するように，"遊び"を促し，治癒を促進したと思われる。

図9-5

【箱庭2回目】（図9-6；口絵5）
　箱庭の2回目。再びやり方を説明したところ，青い花を手に取りしばらく眺めていらっしゃった。緑の木についても同じように，しかし置くのではなく，どうもそれらを砂の上に写生されているようだった。丁寧に，没頭して細かく描き，見ながらとは言え，前回よりも細かく描かれた絵で，あたかも急激に発達の段階が上がったような感じだった（右端の木，左端の花は深川さんがモデルとしたもので，Thが写真を撮る際に添えたもの）。

【バウムテスト】（図9-7；口絵6）
　2月中に自宅退院となり，その後は外来にて心理療法を継続した。X年5月12日。バウムテストのつもりだったが，この花を描かれる。"木"という日本語の聴理解ができなかったのだろうか。あるいは，砂の上にも花を描かれたし，デイ・サービスでも絵を描いていらっしゃるらしいので神経学的には保続反応である。しかし，花が深川さんにとっては重要なのであろうと解

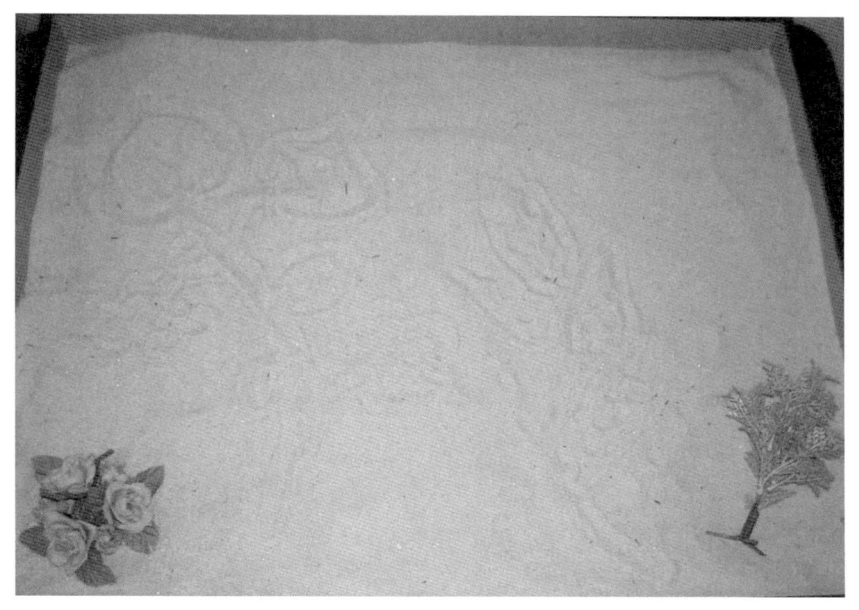

第9章 脳損傷のリハビリテーションとニューロサイコアナリシス

図 9-6

釈することにした。右側には花びらが少なく，葉も1枚しかない。茎と葉は枯れた色である。右半身が元気でなく，どこか抑うつ的な感じがする。しかし，花が枯れておらず赤いことには救われる。

6月8日に同居の次男さんにお会いする。「家族としては，思いのほか良くなってびっくりしている」「初めはこちらの言うことが30%くらいしかわからなかったのが，80%くらいわかるようになった。週3回デイ・サービスに行っている。朝ごはんは自分で用意できるようになった。コンビニに一人で買い物に行けるようになった。信号は人が渡った

図 9-7

179

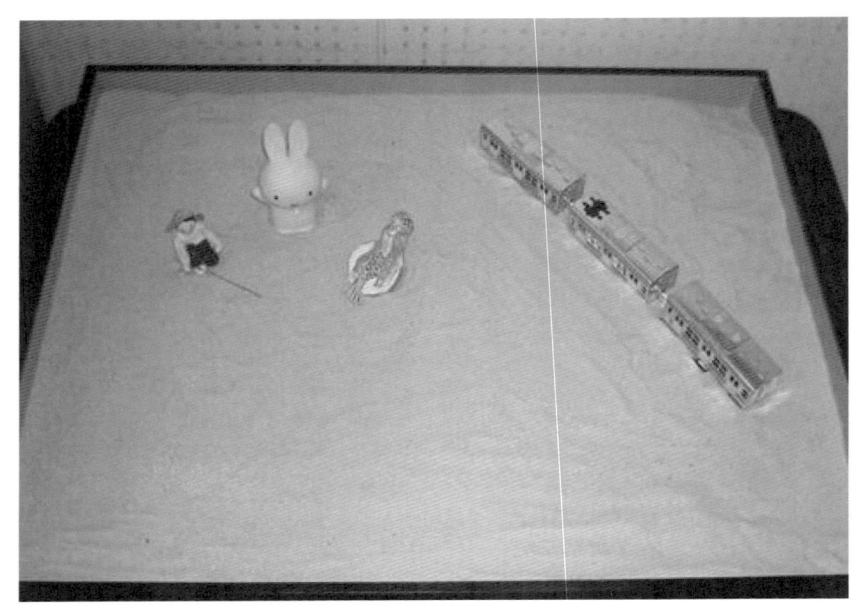

図 9-8

ら渡る，と教えている」とのお話で，日常生活で進歩していることが窺われた。

【箱庭3】（図9-8）
　発症から半年の7月8日。箱庭3回目。初めてミニチュアが置かれた。しかしながら，「自分の好きなものばかりを置いて，もっといろいろきれいなものが置ければいいのに」と自身の理想と置いているものがそぐわないという不全感を表された。左側の世界と右側の世界が異質に見え，左側は掘られてはいないが釣り人と人魚がいて海を連想させる。その間に目立つ大きさのミッフィーの人形がある。手前の方が空いているが，電車があり，どちら方向なのか右側が動き出している感じがある。スムーズで自然な動きだろうか。

第 9 章　脳損傷のリハビリテーションとニューロサイコアナリシス

図 9-9

【箱庭 5】（図 9-9：口絵 7）
　X 年 10 月 14 日。一つ一つ吟味しながら置いていかれる。秋か冬の風景だという。それに合うか合わないかを吟味される。白い木が気に入っているとのこと。全体としては不出来だと感じられていて不全感を表されるので，Th は「きれい」との感想を繰り返して伝えた。左右のバランス，種類の統一性が考慮されているかに見える。しかし，中央が空いている。右側に実のなった柿の木があることが救い，と思われる。
　11 月 25 日の図形模写は，ずいぶん手本に忠実になり，線が若干左に傾いているぐらいだった。まだストロークに自信がなく，なぞり書きはあるものの，ずいぶんと落ち着いてしっかり描いておられた。HDS-R（長谷川式簡易知能評価スケール）は初期アセスメント時には 30 点中 3 点だったが，12 月 2 日には 11 点になった。

【箱庭 6】（図 9-10；口絵 8）
　X+1 年 1 月 17 日。「（ミニチュアが置かれている）棚をぐちゃぐちゃにしたらいけない，落としたら大変」と気遣い，発想がなかなか広がらずにつら

181

図 9-10

そうなので「植物は」「家は」とヒントを出してみた。「好きなもの」「かわいいもの」を置いたということだが，全体の統合度が高まり，にぎやかで明るい印象となった。一番中央に近いところにウサギが置かれたが，ウサギのミッフィーが3回目の箱庭にもあった。ウサギは耳が長いことから，「聴いて理解する」ことの困難（＝感覚性失語ゆえの症状）と関係しているかも知れない。

　深川さんは，「きちっと」「ちゃんとしていなくてはいけない」という，強迫観念とも言えるとらわれをお持ちであった。図形模写や計算課題などのプリントを宿題としてお渡ししていたが，「ちゃんとできていない」と Th の前に差し出すのもおそるおそるで，つらそうなので，簡単にできるものを1,2枚にとどめるように工夫した。

【箱庭7】（図9-11；口絵9）
　Th の転勤により最終回となった3月3日の箱庭制作では，「バナナが好きで，私毎日食べてるんです」と話し始め，バナナの木に合うのは何かと自問自答なさりながら，マントヒヒ，ゴリラ，チンパンジーを置かれた。「う

第9章　脳損傷のリハビリテーションとニューロサイコアナリシス

図 9-11

れしい，とっても気に入りました」。初めてご自身の作品を肯定され，とても朗らかであった。

「若い人たちがみんな出かけて昼間一人でいると言葉も思い出せず，このまま頭がおかしくなって死んじゃうのかしら，なんて思うんです」と不安や孤独感を吐露される一方で，「デイ・サービスや病院に出かけると，朝は言葉が出なくても昼ごろにはだんだんしゃべれるようになって，うちに帰ると"三越"以外のお店の名前もどんどん出て来る」と，社会と関係を持つことの喜びも話された。ここへ至ってようやく，深川さんの中に閉じ込められていた遊び心，無邪気な子どもが持つ創造性が花開き始めたのではないかと思われた。

精神分析の祖ジークムント・フロイトの最初の著作が，実は『失語論』（Freud, 1891）だったということはとても興味深い。もともと神経学者として失語症者の"錯語"について論じたことがゆくゆくは"言い間違い"の無意識的な意味の分析（Freud, 1916-1917）につながったらしい。深川さんが誰に対しても「先生，先生」と呼んで慕っていらっしゃったのは，権威

183

に対する不安や依存欲求を表すと思われた。また，話の中で，発症日１月６日の数字や"花"が繰り返し登場した"保続"という神経心理学的現象も，偶然ではなく，ご本人にとって大事な意味のあることが繰り返されていたと捉えられる。深川さんは，もともと権威に対して不安，場合によっては恐怖に近いものを抱き，きちんと従い務めを果たして拠りかかることで生き抜いて来られた方ではないかと思われる。会うスタッフ皆にお辞儀をしていらした姿，言葉遣い，箱庭や宿題に対する強迫観念がそうしたことを物語る。80歳を過ぎるまでそうして穏やかに過ごせていたのに，突然脳出血のため，身体能力と言語によるコミュニケーション能力を奪われた。ますます人に依存しなければ生活できない立場に置かれ，まるで小さな子どもになったような，圧倒的な無力感，喪失感，抑うつ感情に苛まれていたに違いない。言語的手段によるコミュニケーションが困難な中で，箱庭も最初は，指で絵を砂に描くところから始まった。生まれたばかりの赤ちゃんが頼りとする最も原初的な触覚の刺激から始めて，発達のやり直しが，セラピストとの関係性の中で行われたのではないだろうか。

　フリードル（Freedle, 2007）は，「……箱庭療法では感覚レベルで砂との相互作用を持ちながら場面を作るので，参加者は自らの身体，感情，創造的なエネルギーと直接つながる。このつながりは，次に自己発見や新しい可能性に導く」とし，このプロセスを"箱庭の感覚フィードバック・ループ"と名づけている。これは，セッションの度毎にクライエント-セラピストの場で繰り返されて重要性を増し，やがて参加者の日常生活の中での新しい洞察が現れるという。「感覚フィードバック・ループは，認知機能の制限のバイパスとなって，参加者の残存する脳機能に直接行く」。

　回を重ねるうちに，景色らしいものになって行き，左右の領域の分断もなくなった。日常生活でも回復が見られる。言語障害ゆえ人との直接的な交流は持ちにくいままであろうが，心理力動的に見れば強迫的で自由な衝動を抑圧，神経心理学的には見れば保続とされる柔軟性の低下が目立った深川さんが，後の方の箱庭では，伸び伸びとまったく新しい構図を試していらっしゃるのは，前頭葉で担われる柔軟性や創造性の高まりの表れであると思う。

第 9 章　脳損傷のリハビリテーションとニューロサイコアナリシス

ニューロサイコアナリシスから見た脳損傷者に対する心理療法

　ニューロサイコアナリシスのこれまでの研究は，フロイト流の伝統的な精神分析を中心として行われてきている。しかし，今後，箱庭療法がベースとしているユング派の分析心理学と協同していく動きもある（Wilkinson, 2006；Prigatano, 2012）。ユングは心理療法の目標は個性化であるとしている。プリガターノは個性化にも触れており，脳損傷や加齢により少なからぬ喪失を前にしたとき，自己の限界を受け容れ，それらの限界を前にして意味のある人生を再構築できるようになることが，心理療法の主な目標だとしている。脳に損傷を負った人でも個性化は起こり得るのだろうか，との疑問は湧くかも知れない。が，たとえば本稿で挙げた事例の方々は，人生の後半に脳血管障害という一大危機に直面した。しかし，それぞれに苦悩されながらも，堅い抑制的な生き方が，ゆとりやユーモアのある生き方へと変化していったので，病前には隠れていた潜在的・無意識的なこころの部分が，現れて統合されていったのではないだろうか。

　ニューロサイコアナリシスの一つの代表的な新しい理論をここで採り入れて考察してみよう。*The Archeology of Mind: Neuroevolutionary Origins of Human Emotions*（Panksepp & Biven, 2012）の著者パンクセップ（ソームズによれば「精神生活に関しフロイト以来の重要な理論家」）（Panksepp & Biven, 2012 裏表紙）は，ネズミ（rat）を対象にした研究により，七つの情動システムの存在を提唱している。これらは SEEKING, RAGE, FEAR, LUST, CARE, PANIC/GRIEF, PLAY であって，人間にも当てはめることができるという。「遊び PLAY」を，人を含む動物にとって一次情動（primary emotion）としてとらえていることは画期的である。この場合の PLAY は，"一次的情動" であり，脳の皮質下で組織される基本的な遊び，すなわちネズミで言えばとっくみあい（rough-and-tumble play）のことである。パンクセップは，ネズミがこのような形の "遊び" をするときに喜びの声を出し，ドーパミンやオピオイドのように肯定的感情につながる物質が脳内で分泌されていることなどから，遊びは報酬としての度合いがきわめて高く，

自信や社会的絆，ひいては共感能力の形成，精神的な安定に役立ち得るのではないかと述べている。さらに遺伝子レベルでは，遊びが新皮質においてエピジェネシス（epigenesis）[4] を通じ向社会行動の新しい神経回路を作り出すこと，遺伝子発現パターンの長期的な変更がなされる可能性が高いことも示唆している。その際，遊びを誘発するのは，視覚でも嗅覚でも聴覚でもなく，何よりも触覚であり，ネズミであれば首の後ろに触れられることをきっかけに遊びが始まるが，その部分に麻酔をかけると，遊ぼうとしなくなる。触れられると，一方ではその触覚刺激についての認知的情報が新皮質に行き，他方では，触れられたことで生じた感情（affective feelings）が視床に行く。とっくみあいの遊びには後者が重要だというのである。そして，たとえば，鳴いているヒヨコを手の中で優しく包むと鳴き止むように，触れることでオピオイドが分泌され，癒しの効果が起こるという（Panksepp & Biven, 2012）。

このように，パンクセップは，触覚刺激が遊びを誘発することと，遊びが社会性や精神的安定，ひいては人間らしさを育むのに必須であることを，神経科学の立場から実証している。さらに興味深いことに，高次の脳領域は遊びの中でなんの役割も持たないわけではなく，特に象徴的な遊び（symbolic play）において機能を果たすが，その際には「皮質は下からの祖先のメッセージに熱心に耳を傾ける」として，音楽，演劇などの芸術活動やゲームの発明などに対しても遊びへの原初的な衝動が大きな影響を与えると述べている。

したがって，触覚刺激となる砂をベースにした遊びである箱庭療法は，遊びを誘発しやすい仕掛けを持ち，一次的な情動を促すだけでなく高度な象徴活動までを可能にし，脳内に癒しや快感をもたらす強力な手法であることが裏書きされる（Panksepp & Biven, 2012）。

さらに，セラピストが母親的な肯定的・共感的関わり（これをパンクセップはCAREシステムと呼んでいる）をすれば，「遺伝子発現のパターンにおけるエピジェネティック（epigenetic）な変化が動き出し，さまざまなスト

---

[4] エピジェネシス・エピジェネティクス：DNA塩基配列の変化によらない遺伝子発現の変化が細胞世代を超えて継承される現象およびそれらを研究する学問領域のこと。（Epigenetics. Nature Insight（2007）. 447(7143), 396-440.）

レッサーに対しても頑丈で長期に持続する抵抗力，回復力を持つようになる」とあるので，クライエントの脳が変化する可能性はより高くなろう。

パンクセップも注目しているように，神経回路は壊れもするが，自ら新しい回路を作り，再生し，変化する可能性，すなわち神経可塑性あるいはシナプス可塑性[5]を持っている。

箱庭療法とは，この脳の可塑性に強力に働きかける威力を持ち，かつその変化のプロセスを可視化してくれるツールであると考えられる。箱庭上で展開される変化，死と再生の表現は，脳の中の実にダイナミックな，絶えず流動する変化——生命活動そのもの——まさに生きているということ，を象徴的に——筆者なりに解釈すれば，祖先から受け継いだ歴史をその個人独特のやり方でなぞるようにして——表現するものなのではないだろうか。

おわりに

本章では，筆者が脳損傷者のリハビリテーションに関わり箱庭療法を行った歴史と，そこにニューロサイコアナリシスがどう加わって1本の道筋になりつつあるかを，いくつかの事例を挙げて論じた。2013年，2014年，2015年の国際学会では病態失認やそれより程度の軽い病態無関心，作話など，脳損傷者に見られる重要な現象について神経科学と臨床心理学の両方から考察されていたが，紙面の関係で，それらは次の機会に譲りたい。

箱庭療法は，クライエントの弱い面，障害の面よりむしろ，障害の向こうに息づいている可塑性，可能性にアプローチし，治癒力を引きだす手立てであり，その可能性をまず信頼して寄り添うことがセラピストの務めなのだ（秋本，2007b）ということが，ニューロサイコアナリシスの観点からも支

---

[5] 神経（シナプス）可塑性：神経ネットワークの構造上の変更と密接に関係するメカニズムで，シナプス，スパインや樹状突起，神経新生の数，脳代謝や体積，行動レベルでの機能などの変化を含む。参考文献としてたとえば以下がある。Kuhn, M., Höger, N., Feige, B., Blechert, J., Normann, C., Nissen C. Fear extinction as a model for synaptic plasticity in major depressive disorder. PLOS ONE, 2014.

持されたと考える。

　箱庭療法が脳の次元で，実際にどのような変化を及ぼすかについての検討も現在進めつつあり，いずれ結果を出したいと考えている。

　謝辞：筆者に数々の発見と洞察を下さり，発表を快諾して下さった，クライエントの皆様，ご家族の皆様，そして筆者の元勤務先のスタッフの皆様に厚く感謝します。

文献

秋本倫子 (1993). 失われた言葉の向こう. 箱庭療法学研究, 6(2), 61-72.

Akimoto, M. (1995). Application of sandplay therapy in brain-injured elderly. *Journal of Sandplay Therapy*, 5(1), 71-83.

秋本倫子 (1996). 重度脳障害老人に対する箱庭療法の試み――死と再生のプロセスについて. 臨床精神医学, 25(3), 309-316.

秋本倫子 (2006). 重度失語症と左半側空間無視を呈した高齢男性に対する箱庭療法の一例. 箱庭療法学研究, 19(1), 35-48. から許可を得て転載 (2004年日本箱庭療法学会第19回大会にて発表)

秋本倫子 (2007 a). 83歳の脳血管障害患者のリハビリテーションの一事例. 心理臨床学研究, 24(6), 653-663.

秋本倫子 (2007b). 失われた言葉の向こう――高齢者の箱庭表現. 臨床心理学, 7(6), 771-776.

秋本倫子 (2007 c). "脳の傷つき" から "こころの傷つき" へ――脳・身体・心をつなぐ臨床心理学的な試み. 東洋英和女学院大学心理相談室紀要, 10, 38-46

Akimoto, M., Hirao, K., Narita, K., Kanemaru, A., Yama, M., & Kishimoto, N. (2013). A psychotherapy for an elderly woman with right prefrontal damage. The roles of image in neuropsychoanalysis. The 14th International Neuropsychoanalysis Congress, August 24, 2013 (*Neuropsychoanalysis: Interdisciplinary Journal for Psychoanalysis and Neurosciences*, 15(3), 201).

Akimoto, M., Kishimoto, N., Hirao, K., Narita, K., Yama, M., Kubota, Y., & Kato, T. (2014). Psychotherapy for an elderly woman with anosognosia: Images of trauma expressed in sandplay and baumtest. The 15th International Neuropsychoanalysis Congress, August, 2014.

Akimoto, M., Kishimoto, N., Hirao, K., Narita, K., Yama, M., Kubota, Y., Kanemaru, A. (2015). 'It's nature itself' ―plasticity and repetition in a post-stroke patient. The 16th International Neuropsycholanalysis Congress, July, 2015.

Corkin, S. (2013). *Permanent Present Tense: The Unforgettable Life of the Amnestic Patient H.M.* Basic Books. 鍛原多惠子(訳) (2014). 僕は物覚えが悪い――健忘症患者H・Mの生涯. 早川書房.

Freedle, L. R. (2007). Sandplay therapy with traumatic brain injured adults: An exploratory qualitative study. *Journal of Sandplay Therapy*, 17(2), 115-134.

Freud, S. (1891). *Zur Auffassung der Aphasien. Eine kritsche Studie.* Leipzig und Wien: Franz Deuticke. 金関 猛・石澤誠一(訳) (1995). 失語論——批判的研究. 平凡社.

Freud, S. (1916-1917). *Vorlesungen zur Einführung in die Psychoanalyse. Gesammelte Werke, Bd. XI.* 懸田克躬・高橋義孝(訳) (1971). 精神分析入門(正・続). フロイト著作集1. 人文書院.

藤本利明 (1986). 心理療法. 日野原重明(総監修) 松村 秩・大山好子(責任編集) リハビリテーションナーシングマニュアル. 学習研究社.

Hirao, K., Naka, H., Narita, K., Futamura, M., Miyata, J., Tanaka, S., Hayashi, A., & Kishimoto, N. (2008). Self in conflict: Recovery from non-fluent aphasia through sandplay therapy. A poster presentation at the 9th International Psychoanalysis Congress, Montreal.

平尾和之 (2008). 心理療法と脳科学のコラボレーション. 臨床心理学, 8(2), 228-233.

平尾和之 (2011). 神経精神分析（ニューロサイコアナリシス）——心理療法と脳科学のコラボレーション. 臨床心理学, 8(2), 282-283.

Kaplan-Solms, K. & Solms, M. (2002). *Clinical Studies in Neuro-Psychoanalysis: Introduction to a Depth Psychology.* Second Edition. LLC, New York: Other Press.

岸本寛史 (1999). 癌と心理療法. 誠信書房.

小山充道 (1985). 脳障害者の心理臨床——病める心のリハビリテーション. 学苑社

Jung, C. G. (1969a). Synchronisity: An acausal conneting principle. *Collected Works 8.* Princeton: Princeton University Press, pp. 417-458.

Jung, C. G. (1969b). Concerning rebirth. *Collected Works 9, The Archetypes and the Collected Unconscious Part 1.* Second Edition. Princeton: Princeton University Press, pp. 111-147. 林 道義(訳) (1991). 個性化とマンダラ. みすず書房, pp. 3-48.

Panksepp, J. & Biven, L. (2012). *The Archaeology of Mind: Neuroevolutionary Origins of Human Emotions.* New York: Norton.

Prigatano, G. P. & Others (1987). *Neuropsychological Rehabilitation after Brain Injury.* Baltimore and London: The Johns Hopkins University Press. 八田武志ほか(訳) (1988). 脳損傷のリハビリテーション——神経心理学的療法. 医歯薬出版.

Prigatano, G. P. (1999). *Principles of Neuropsychological Rehabilitation.* Oxford, New York: Oxford University Press, p. 28. 中村隆一 (監訳)(2002). 神経心理学的リハビリテーションの原理. 医歯薬出版.

Prigatano, G. P. (2012). Jungian contributions to successful neuropsychological rehabilitation. *Neuropsychoanalysis,* 14(2), 175-185.

Sacks, O. (2010). *The Mind's Eye.* New York: Picador. 大田直子(訳) (2011). 心の視力——脳神経科医と失われた知覚の世界. 早川書房.

Solms, M. & Turnbull, O. (2002). *The Brain and the Inner World: An Introduction to the Neuroscience of Subjective Experience.* Other Press. 平尾和之(訳) (2007). 脳と心的世界——主観的経験のニューロサイエンスへの招待. 星和書店.

山中康裕 (1991). 老いの魂学（ソウロロギー). 有斐閣.

Wilkinson, M. (2006). *Coming into Mind: The Mind-Brain Relationship: A Jungian Clinical Perspective*. London: Routledge.

第10章

ニューロサイコアナリシスの臨床研究

平尾和之

はじめに

　神経精神分析という学際的ムーブメントには，臨床・研究面でさまざまな活動の広がりがある。方法論的にも，分子生物学やイメージング（MRI, PET）など最新の神経科学的手法を用いる基礎研究もあれば，日々の臨床において神経科学的視点と精神分析的視点をつきあわせる臨床研究もある。本章では，はじめに，神経精神分析の原点である脳損傷をもつクライエントへの心理療法の領域で，次に，精神科臨床における薬物療法と心理療法の領域で，神経精神分析の視点に立った臨床研究（とその可能性）を紹介したい。

脳損傷をもつクライエントへの心理療法

1．脳損傷をもつクライエントに心理療法は必要か？

　脳卒中や外傷により脳に損傷を受ける患者は非常に多い。2011年の厚生労働省による患者調査では，脳卒中だけでもわが国の総患者数は124万人である（がんの総患者数は153万人）。脳損傷による高次脳機能障害に対しては，神経心理学的評価とそれに基づく認知リハビリテーション（言語療法を含む），および薬物療法が，標準的な治療になっている。一方，患者には情動や社会性の障害，さらには心理的な問題がみられることも多く，心理療法

的な対応が必要になる事例も少なくない。しかしながら，この分野の心理療法的環境はまだ十分に整っているとはいえない。

カプラン＝ソームズとソームズ（Kaplan-Solms & Solms, 2000）による *Clinical Studies in Neuro-Psychoanalysis*（『神経精神分析の臨床研究』）には，さまざまな脳部位の損傷をもつクライエントへの心理療法の事例がまとめられている。ここでは，神経科学的なアプローチと精神分析的なアプローチを同等に尊重する姿勢が明確である。一つひとつの事例で，神経心理学的な視点と精神分析的な視点が対等につきあわされ，クライエントを主観的視点，客観的視点の両面から理解しようとする。さらに，脳損傷の部位に従って事例を体系的に分類することで，科学的な普遍性にも通じている。この本には，私たちが臨床の現場で心理的な視点と医学・脳科学的な視点をつなげていく，ひとつの方法論が提示されている（岸本，2010）。

脳損傷をもつクライエントへの心理療法に関しては，日本においても小山（1985），秋本（2006, 2007）らの先駆的活動がある。筆者らも，神経精神分析の入門書『脳と心的世界』（Solms & Turnbull, 2002/2007）の翻訳出版を機に，Kyoto NPSA Study Group をつくり，活動を行っている。そのような中で，脳損傷をもつクライエントへの心理療法に関しても，専門領域や学派を超えて，同じようなテーマ，関心をもつ方々とのやりとりが広がってきた。

2．箱庭療法を通じた失語からの回復
——主観的イメージと客観的イメージのコラボレーション

ここで脳損傷をもつクライエントへの心理療法の臨床事例研究を紹介したい。この事例は，Kyoto NPSA Study Group のメンバーである廣瀬（旧姓中）がセラピストとして経験したものである。事例の詳細については廣瀬による報告をご参照いただくとして，ここでは神経精神分析的観点から私たちの研究グループで検討を重ね，2008年にモントリオールで開催された第9回国際神経精神分析学会で，日本から初めて発表した内容について紹介する（Hirao et al., 2008）。脳梗塞から失語状態に陥ったクライエントの回復過程を，脳画像（客観的イメージ）を用いた神経心理学的視点と，クライエント

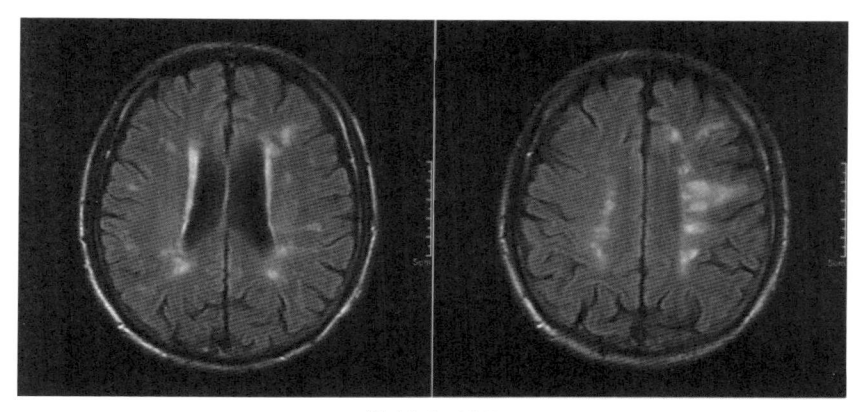

図 10-1　MRI

の内的世界が表現された一連の箱庭作品（主観的イメージ）を通しての心理療法的視点の両面から，検討してみたい。

　Aさんは 63 歳右利きの男性。以前より内向的で吃があった。ある朝，気分不快，ふらつき，転倒，うまくしゃべれない状態が出現し，病院へ搬送された。神経学的には右半身麻痺と運動性失語が認められ，MRI（図 10 - 1）からは左前頭葉白質に脳梗塞，MRA（血管撮影）からは左中大脳動脈の水平部に血栓が生じ（図 10 - 2 左・矢印），血流が途絶えたことによるアテローム血栓性梗塞が A さんの脳で起こっていることが窺えた。

　発症 1 か月後，神経学・神経心理学的評価では，麻痺と失語（理解，読字，書字，復唱）はほぼ改善したが，吃や「あのー」を頻繁に伴う非流暢な発話が依然として続いていた。主治医はこれを心理的な問題と評価し，心理療法を勧めた。しかし，主観的には，Aさんは脳梗塞前よりもずっと強くしゃべりにくさを感じていた。当初，A さんは心理療法を拒否していたが，「言葉以外で表現することで表現力が豊かになり，言葉の表出につながっていく可能性がある」という言語療法士の説得により，言語療法に加えて心理療法を行うことを，しぶしぶ了解された。

　心理療法の導入前にセラピストによる心理面接で描かれたバウムテスト（図 10 - 2 右）からは，A さんの固く，防衛的なところが感じられる。さらに不思議なことに，幹の中ほどから右に伸びる枝の詰まり具合は，MRA か

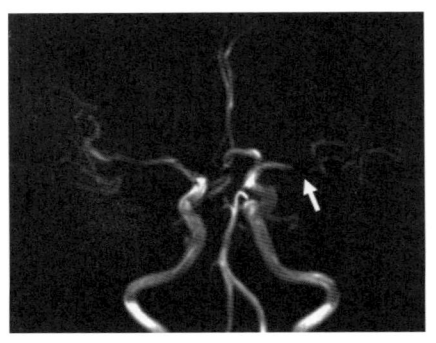

図 10-2　MRA とバウム

ら窺われる血管の狭窄部位に重なっているようにもみえる。これは，山中（1985）が提唱した無意識的身体心像，すなわち身体レベルで起こっていることがクライエントのイメージに無意識的に表現されるという現象とも受け止められる（岸本，2009）。

　セラピストは言葉を使わずに自由に気持ちを表現できればと箱庭療法を提案し，当初は抵抗の強かった A さんも徐々にコミットしていった。箱庭①（図 10-3；口絵 14）では，「森の中に人知れずある町」が表現される。「心理カウンセラーには自分の低俗な人格を見破られると思いまして警戒していたのですが，ここに来た限りできるだけのことはやってみようと思いまして」と話された。箱庭②では，砂箱全体にアイテムが置かれ，箱庭①の町の中の様子が表れたといった印象。そして，青い服の男の子と彼を見守る医師と消防士，緑の服の男性が現れる。とくに目を引くのは青い服の男の子であり，セラピストはこれは A さんの自己像かもしれないと感じた。床に屈み，アイテムの入った箱や缶を取り出す A さんの姿は，まるで子どものようであり，遊びの世界へと退行し始めたように感じられた。セラピストは A さんの生い立ちが気になり故郷の話を持ち出したが，A さんはあまり話したくないようであったので，それ以上聞くのはやめた。言語療法では，緊張した状態では吃様症状が出現していた。

　箱庭③の制作過程では，アイテムを吟味し，エネルギーを集中させている様子が強く伝わってくる。全体の配置が緩み，「ファンタジーの世界」が表現される。「あのー，島ですね。小さな島に電車が通ってる。しかし，現実

第10章　ニューロサイコアナリシスの臨床研究

図 10-3　箱庭①

にはありえないですね」。動物たちの登場，そして電車や線路からは，エネルギーが出て，つながり始めたことが示唆されるが，電車は先頭車両がなく，方向は定まっていない。セラピストが思わず，〈みんな，電車の方を見てるんでしょうかねえ……？〉と言うと，Ａさんは「あ！」と言われ，ピンクの人形を動物たちの世界に向けた。そして，「一つ殻が破けた気がします」と。この作品は，外界から内界へ向かう移行的な箱庭とも考えられる。言語療法では，迂遠的な話し方が改善してきた。

　このとき，主治医より，「言葉が改善してきたため，入院してまでのリハビリは必要ない」とＡさんに話がある。それに対し，言語リハビリの継続を希望すると，両親が亡くなったときでさえ泣かなかったというＡさんが涙を流された。このような状況の中，箱庭④（図 10-4；口絵 15）でＡさんは「思い切って」最初に弥勒菩薩を置き，一気に宗教的な世界を表現された。「あのー，あのー，今は，絶体絶命ですね。あのー，そこに，一筋の光があるっていいますか……。まあ，それが仏像ですね」と。「あのー，これ

195

図 10-4　箱庭④

は，暗いですね。あのー，あのー，まあ，なりふりかまわずっていうか，あのー，これまでのものは，なりふりかまってましたね」。言語療法では，「社会に戻るための命綱が言語のリハビリだと思っています」と話される。

　次のセッションでは，箱庭⑤が作られる。白い屋根の家に加え，茅葺屋根の家が並べられ，その間をさまざまな人がさまざまな方向に動き出す。町が活気づき，エネルギーが再灌流し始めたようである。上界と下界をつなぐ井戸や，内界と外界をつなぐポストも置かれる。その中で青い服の男の子だけが真ん中でうつむいて立っている。箱庭をつくられた後，Ａさんは初めて幼少期のトラウマについて語られた。冷静を装いながらも，怒りと苦しみの入り混じった様子で。「あのー，前回のはまさに絶体絶命でした」，「けれど，あれを作ってから，これじゃいけないと思いました」，「言葉のリハビリにしましても，100％良くなるのが理想です。しかし，それだけに固執していては駄目だなと思いました。ですから，できる限りのことは努力しなければいけませんけれども，"あー，Ａはこんな話し方をする奴なんだな"と周りに

理解してもらえればいいかなと思うようになりました」,「言葉がしゃべりにくくなったことと,幼少期のトラウマと関係あるかどうかわかりませんが,しかし,幼少期にそういうことがあったのは,今でも私のトラウマになっています」,「けれども,これはあくまで私の言い分かもしれませんね。相手には相手の言い分があるかもしれません」。少し顔つきがすっきりし,どことなく笑顔もみえる。「いずれにしましても,前回あの箱庭を作って,"あ,こんなに暗いのはいけないな"と思いました。完璧を目指さなくてもいいな,と……」。箱庭④から箱庭⑤にかけて,「絶体絶命」の状態から「あ,これじゃいけないな」と気づいた瞬間に反転が生じた。それは,死から生への反転であり,また,ポストにみられるように,内界から外界への反転とも考えられる。さらに,「相手にしてみれば相手の言い分があるかもしれない」という視座の変化もみてとれる。これはユング心理学的な視点からは「エナンチオドロミア」と捉えられるだろう。

　箱庭⑥では,「社会に出ていく」ように町が広がり車の往来がみられ,動きの流れが出てくる。詰まっていた状態から何かが流れ始めたという印象である。左上に青い服の男の子。右隣りに緑の服の男性,左隣りに郵便配達人と郵便ポスト。「自分の世界に引きこもっていちゃいけない」と,町に出てきたようである。言葉についても「100点を取らなきゃいけない,っていう気持ちじゃなくなりましたね。リラックスして話そうと思うようになりました」と。言語療法では,社会生活に向けて前向きな発言あり,反対意見を含め,自分の意見や気持ちをしっかりと相手に伝えられるようになってくる。言葉の質自体も改善してきた。

　最後のセッションで,Aさんは,箱庭⑦（図10-5；口絵16）を置かれる。線路を砂箱の中でつなげていく。没頭し,つなげることが難しくてもあきらめない。右下から左上へと大きく線路が伸び,中央辺りで右上と左下へと曲がる線路もできる。電車が走り,そこには『ニュータウン』という名の駅。駅の横には青い服の男の子とピンクの服の女の人。家や車,お城や飛行機などが置かれ,町ができる。完成。久しぶりに沈黙が流れる。「『自由への願望』といったところでしょうか」,「ま,ここに住みたいというよりは,こういう所を旅行したいですね」,「あのー,あの,おどろおどろした箱庭を作ってから,変わったように思います。何が変わったかというのはわかりま

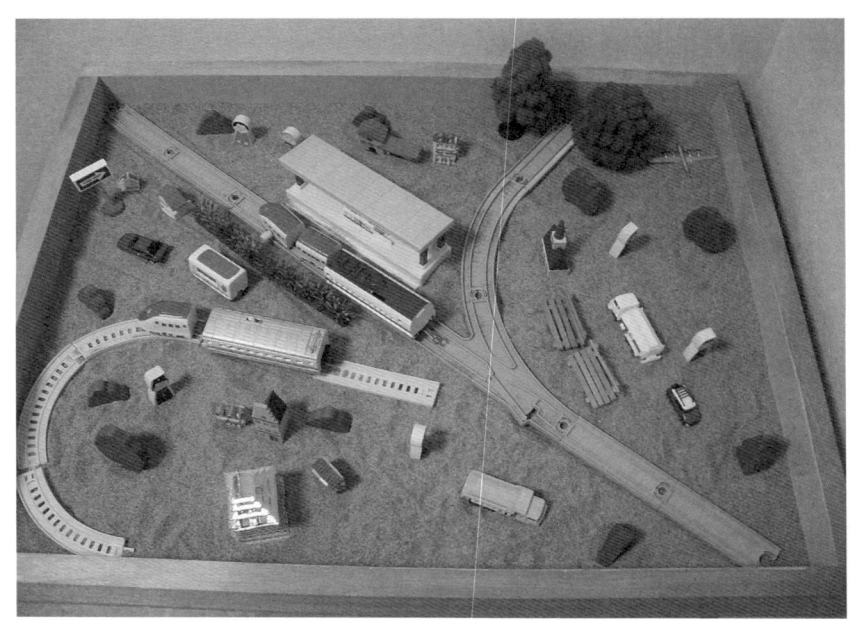

図 10-5　箱庭⑦

せんけど……」。線路はつながり，電車には先頭車両が付き方向も決まる。「自由への願望」，「こういう所を旅行したい」という思いは，退院や出立のテーマと重なる。この頃の A さんは自分の中で起こっていることを言葉で表現できるようになっており，心理療法は終結した。吃は改善し，言葉が豊かになっていた。

　客観的な神経学・神経心理学的評価と A さんの主観的な感じには隔たりがあった。神経学的視点からは，吃を伴った A さんの非流暢な発話・葛藤について，脳梗塞による運動性失語からの回復過程という見方もできるだろう。

　一方，箱庭療法には「遊び」を通じての退行と，非言語表現による象徴化という，ユニークな特徴がある。抵抗の後，A さんは箱庭療法の中で退行し，宗教的世界を表現するにまで至った。ここで反転が生じ，A さんの行き詰まった状態が，身体（脳），心，そして言葉のそれぞれのレベルで再活性化され，流れ出したとも考えられる。

心理療法的な観点からは，損なわれた機能に対するリハビリテーションと同時に，クライエントに残された機能にコミットしていくことも重要であると思われる。また，病を経て障害を抱えながら，それぞれのクライエントが今後の自分自身の生き方を見出していく過程を見守り支えることも，セラピストの重要な役割になる。

箱庭がなければ，私たちはクライエントの非言語的な主観的経験をフォローすることができなかったであろう。この事例研究では，脳イメージングと，いわば「心のイメージング」とでも呼べるような箱庭を組み合わせる，ひとつの可能性を提案した。引き続いて成田も，脳外科領域において，バウムテスト（成田，2009）や風景構成法（Narita et al., 2010）を用い，主観と客観，心理臨床と医学のコラボレーションを実現した活動を報告している。

わが国においては，たとえば，箱庭療法や描画療法といった非言語的なやりとりを中心とするアプローチのように，日本の文化・日本人の気質に合った形でユニークな発展を遂げてきた心理臨床の豊かな経験がある。そのようなわが国固有の心理療法経験に基づいて脳科学や精神医学とのつながりを考え，世界に発信していくことも重要であると思う。

精神科臨床における薬物療法と心理療法

1．精神科医と臨床心理士のコラボレーションは うまくいっているか？

日々の臨床において薬物療法と心理療法はどのようにかみ合っているのだろうか。たとえば，そのような問いに答えようとするとき，私たちは私たちの専門領域の背景になっている医学・生物学的視点（普遍的・客観的視点）と心理的視点（個別的・主観的視点）が，現在あまりにも離れたものになってしまっていることに気づく。

大学を卒業して内科研修医をしていた頃，2000年の日本内科学会総会で河合隼雄先生の特別講演があった。その中で河合先生はNarrative Based Medicine（NBM）[1]を紹介され，近代科学に基づく現在の医学パラダイムか

ら必然的にこぼれおちる，主観的・個別的な視点，人生を生きるその人独自の物語を，医療の枠組みの中に取り戻すことの大切さについて語っておられた。

　精神医学の世界でも現在は生物学的な流れが隆盛となっている。客観的な診断（DSM, ICD）に基づいて標準的な薬物療法を行えるようになることが大事で，精神科の研修医の先生は診断・治療マニュアルを片手に修行をしている。このような面で精神科は「精神内科」になっていくようである（この頃は患者さんからもよく「精神内科」という言葉を聞くようになり，はっとすることがある）。

　一方，町のメンタルクリニックなどには「カウンセリング」を希望して精神科に来院される患者さんもますます多くなってきた。このような中で，精神科医としてはその方の薬物療法の必要性を評価した上で，心理療法の併用，あるいは心理療法のみへの導入を行うことになる。そのようなわけで，精神科臨床における「心の臨床」では，心理療法の専門家である臨床心理士とのコラボレーションがたいへん重要になってくる。

　筆者自身は精神科医になってから，精神科臨床と心理臨床を行き来していた。薬物療法が非常に効果的な患者さんたちがいる。また，心理療法の中で自らのテーマにじっくり向き合っていくクライエントの方々がいる。そのようなお互いの長所は，しかし，双方ともに意外とまだまだ知られていない。そのような中で，心理療法を必要とされていながら薬物療法のみで漫然とフォローされているケースや，薬物療法によって主観的にずいぶん楽になるだろうと思われるようなクライエントの方が心理療法だけで必死に格闘しているケースにも出会ってきた。

　精神科臨床と心理臨床のお互いのフィールドで「難しい」とされるケースの中には，おそらく両方がうまくかみあうことが必要な場合がある。そのような一方だけの視点では「難しい」ケースが（紹介なく）ときに相手のほうに受診し，相手がいったい何をやっているんだ，という誤解や不信感が生ま

---

[1] 客観性を重視する Evidence Based Medicine（根拠に基づく医療：EBM）を補完するものとして，主観的な患者の物語りを大切にする視点を医療の中に取り入れようとするムーブメント。EBM を始めたイギリスの総合診療医たち自身によって始められた（Greenhalgh & Hurwitz, 1998）。

れることもある。

　なぜこのような状況になっているのか，ということについては，少なくとも二つのレベルでの議論があるように思う。ひとつには臨床のレベルでの精神科医と臨床心理士の連携が，いくつかの理由から，まだまだうまくいっていないということもあるだろう。このことについては，たとえば，お互いの距離が近いような場（精神科医の診察と臨床心理士のカウンセリングの両方が可能な施設）における日々の臨床の中で，実りあるコラボレーションが実現しているケースもある。しかしながら，精神科医と臨床心理士のコラボレーションがかみあわないことのある，いまひとつの理由には，私たちお互いのよって立つパラダイムの違いもあると思われる。近代科学の一部としての客観性・普遍性を重視する医学の立場と，主観性・個別性を重視する心理の立場の違い。実際，専門化し，細分化されながら，それぞれの領域の溝はますます大きくなってきているようにもみえる。そのような現状は，目の前の一人の患者さん／クライエントにとっては不幸なことに違いない。

2．情動と記憶——私たちの心の状態とその内容

　神経精神分析的な視点に立つとき，精神科医と臨床心理士は，あるいは薬物療法と心理療法は，どのようにコラボレーションしていけるのだろうか。情動と記憶についての神経精神分析的な理解から，その可能性を探ってみる。

　私たちはふだんの生活の中でさまざまなものに出会い，いろいろなことを感じながら，それを体験する。そのとき，脳のレベルではどのようなことが起こっているのだろうか。

　身のまわりのさまざまな対象の知覚は，私たちの「大脳」の後ろ半分に表象される。一方，「速い経路」によって私たちの身体はすぐさま反応し，そのときどきの身体の状態が，大脳の基底部に位置する「脳幹」内のいくつかの神経核群に入力される。そのような入力を受けた神経核からドーパミン，セロトニン，ノルアドレナリンといった神経伝達物質が大脳全体にわたって投射され，そこに表象された外界からの情報を修飾する。つまり，身体のそのときの状態が，私たちの意識の背景に，ある特定の質をもった「感じ」を

吹き込み，そのような背景の上に外界の対象が表象されるのである。身体内部の状態を反映したブルーやピンクのページに，外界からの内容が書き込まれる，とでも言えるだろうか。精神科医は薬物療法の中でこのような神経伝達物質を調整している。

　このような脳のメカニズムが私たち人間みなに共通している一方で，私たちはそれぞれの個人的な体験を生きている。そのような体験はそれぞれの脳に刻み込まれ，私たちは自らに固有な内的世界をつくりあげていく。このときに「海馬」がかかわるような形で記憶されれば，私たちはのちに，そのような過去の経験を「エピソード記憶」として意識的に思い出すことができる。このような記憶は思い出されるそのときに，再び自らの内部環境と結びつけられる。たとえば，危険な目にあった出来事が思い出されると，私たちは怖さや不安を「再体験」する。逆に，そのときの気分によって，思い出される内容が彩られることもある。

　このような脳の仕組みを考えると，精神科医がおこなう薬物療法は，クライエントの心の大まかな枠組み・状態を調整し，臨床心理士がおこなう心理療法はその内容を扱っている，というひとつの役割分担も考えられそうである。しかし，ここで興味深いのは，そのような心の状態と内容がお互いに影響しあっているようにみえることだ。

　うつ状態においては思考の内容がネガティブな色彩に染まる。また思い出す内容自体もネガティブなものになりがちである。そこで神経と神経のつなぎめであるシナプス間のセロトニン濃度を上げるようなSSRI（選択的セロトニン再取り込み阻害薬）を服用すれば，不安や内的攻撃性が減少し，うつ状態が回復基調に転じる。そのような中でクライエントが語り，表現する主観的な内的世界の内容は当然変わってくる。しかし，精神科医の日常臨床の中でそのようなクライエント固有の心の内容の変化を十分に受け止めるのは難しいところもある。一方，薬物療法の調整具合を知らなければ，臨床心理士も心理療法の中でクライエントが表現する心の内容の変化に薬物がどれほどの影響をおよぼしているのか，評価しかねるだろう。

　ここに，臨床の場での両者のコラボレーションによって生物学的な視点と心理的な視点を重ねることのできる，ひとつの領域がある。神経精神分析的な臨床研究として，薬物療法によるアプローチと心理療法によるアプローチ

を同等に尊重し，一つひとつの事例で，薬物療法的な視点と精神分析的な視点を対等につきあわせ，クライエントを主観的視点，客観的視点の両面から理解すること。さらに，精神分析的・心理療法的視点から得られたクライエントの心の動きについての知を，脳損傷の部位にしたがって体系的に分類するように，ドーパミンやセロトニンといった神経伝達物質により修飾される脳の状態にしたがって体系的に分類すること。そのような方法論によって，一つひとつの臨床事例研究から得られた知が科学的な普遍性にも通じる知となっていく，ひとつの可能性がある。このような方法論を用いた先駆的な神経精神分析的研究として，オストウやクラインらの取り組みがある（Kline, 1959; Ostow, 1962, 1980; Ostow & Kline, 1959）。

おわりに

　以上，本章では，神経精神分析の臨床研究として，脳損傷をもつクライエントへの心理療法と，精神科臨床における薬物療法と心理療法について，論じてきた。このような臨床研究は，分子生物学やイメージングのように高価な機器設備が必要なわけではなく，私たちの日々の臨床において，神経精神分析的な視点を持てば，すぐにでも始められる営みである。そして，あらためて私たち人間が心と身体を持つ生き物であることを思うとき，目の前のクライエントを心と脳の両面から理解しようとするこのような神経精神分析的態度は，クライエントをより全体として理解するための手がかりになるのではないだろうか。神経精神分析の方法論を援用しつつ，人の心についての心理的視点（個別的・主観的視点）と医学・生物学的視点（普遍的・客観的視点）をつなぐ可能性を探求していきたいと考えている。

文献
秋本倫子（2006）."脳の傷つき"から"こころの傷つき"へ——脳・身体・心をつなぐ臨床心理学的な試み．東洋英和女学院心理相談室紀要，10, 38-46.
秋本倫子（2007）．83歳の脳血管障害患者のリハビリテーションの一事例——箱庭によって語られた物語．心理臨床学研究，24, 653-663.
Greenhalgh, T. & Hurwitz, B. (1998). *Narrative Based Medicine*. London: BMJ Books. 齋

藤清二・山本和利・岸本寛史（監訳）（2001）．ナラティブ・ベイスト・メディスン．金剛出版．
平尾和之（2008）．心理療法と脳科学のコラボレーション．臨床心理学，8(2)，228-233．
Hirao, K., Naka H., Narita, K., Futamura, M., Miyata, J., Tanaka, S., Hayashi, A. & Kishimoto, N. (2008). Self in conflict: Recovery from non-fluent aphasia through sandplay therapy—collaboration between subjective and objective image. The 9th International Neuropsychoanalysis Congress in Montreal.
Kaplan-Solms, K. & Solms, M. (2000). *Clinical Studies in Neuro-Psychoanalysis*. London: Karnac Books.
岸本寛史（2009）．病の意味／無意識的身体心像／脳と心．臨床心理学，9(3)，430-432．
岸本寛史（2010）．脳科学から見たフロイトとユング．山中康裕（編）心理学対決！フロイトvsユング．ナツメ社，pp. 178-181．
Kline, N. S. (1959). *Major Problems and Needs in Psychopharmacology Frontiers*. Boston, MA: Little Brown.
小山充道（1985）．脳障害者の心理臨床──病める心のリハビリテーション．学苑社．
成田慶一（2009）．脳梗塞を発症した中年男性への急性期病棟における心理援助──医療と心理臨床をむすぶ複合的視点．心理臨床学研究，27，312-322．
Narita, K., Hirao, K., Sasaki, R., Naka, H., Miyata, J., Tanaka, S., Yama, M., & Kishimoto, N. (2010). Congenital Prosopagnosia or Dissociation? : How psychotherapy works in neurological fields. The 11th International Neuropsychoanalysis Congress in Seattle.
Ostow, M. (1962). *Drugs in Psychoanalysis and Psychotherapy*. New York: Basic Books.
Ostow, M. (1980). *The Psychodynamic Approach to Drug Therapy*. New York: Van Nostrand Reinhold.
Ostow, M. & Kline, N. S. (1959). The psychic actions of reserpine and chlorpromazine in psychopharmacology frontiers. Kline, N. S. (Ed.) *Major Problems and Needs in Psychopharmacology Frontiers*. Boston, MA: Little Brown.
Solms, M. & Turnbull, O. (2002). *The Brain and the Inner World*. New York: Other Press. 平尾和之（訳）（2007）．脳と心的世界──主観的経験のニューロサイエンスへの招待．星和書店．
山中康裕（1985）．老人の内的世界．山中康裕ほか（編）老いと死の深層．有斐閣．〔後に，『老いの魂学（ソウロロギー）』有斐閣（1991）所収〕

第11章
コンシャス・イド

岸本寛史

二つの身体

1．体に心を配る

　ここで紹介するコンシャス・イド（Conscious Id, 意識的なイド）という概念は，精神分析の中核をなす「意識」と「無意識」の概念に根底から見直しを迫るものである。ソームズは，このアイデアをおそらく初めて発表した2011年の第12回国際神経精神分析学会の閉会の辞で，フロイトの『夢判断』以来の大発見かもしれないと聴衆を笑わせていたが，それはあながち冗談ではなく，ソームズの本心なのかもしれないと感じた。

　2011年にベルリンで行われた第12回国際神経精神分析学会のテーマは「体に心を配る（Minding the body）」というもので，バッド・クレイグ（Bud Craig），アントニオ・ダマシオ（Antonio Damasio），ヴィットリオ・ガレーゼ（Vittorio Gallese），ヤーク・パンクセップ（Jaak Panksepp）など錚々たるニューロサイエンティストが，それぞれ最新の知見を紹介し，神経心理学におけるエンボディメント（身体化）について，特にヒトのそれについて，活発な議論が交わされた。そして閉会の辞で，ソームズは，コンシャス・イドという概念について述べたが，興奮しながら語っていたソームズの様子や語り口が印象に残っている。

　その後間もなくして，2013年の国際神経精神分析雑誌には「コンシャス・イド」（意識的なイド）というタイトルの論文（Solms, 2013）が，多くのコメントともに掲載され，さらに，それらに対するソームズの再コメントも示

された。これらのやり取りをみていると，ソームズの真意を掴むのはなかなか難しいと感じるが，このような議論を重ねながら概念や理論が精緻になっていくのを目の当たりにするのはなかなか爽快である。

　本章では，筆者なりに理解したところを紹介してみたい。ソームズの論文（Solms, 2013）に拠りながら論を進めるが，意識と無意識については，ゼルナーとの共著論文（Solms & Zellner, 2012）も参考になるので，こちらも適宜参照している。

　なお，明言されているわけではないが，この論文（Solms, 2013）も，第4章で述べたニューロサイコアナリシスの基本的な方法論（と筆者が考える方法）に添っている。今回はまずニューロサイエンスの知見が引き金となって，それに対応するフロイトの概念が見直されたので，ニューロサイエンスの観点からみていくことにしよう（第5章の欲動の場合とは論じる順序が逆になる）。これまでの常識を覆すこの概念を受け入れるのはなかなか容易ではないかもしれないが，まずはソームズの考えるところを辿っていくこととする。

2．ニューロサイエンスからみた二つの身体

　そもそも「コンシャス・イド」という概念は，身体イメージについての考察から着想されたものである。ソームズは，第12回国際神経精神分析学会の閉会の辞において，学会では身体に関するさまざまな発表があったが，身体の二つの側面が混同されていて，混乱を招いているのではないか，と指摘した。そしてこの身体の二側面について考えを巡らせる中で着想されたものと思われる。

●外来的身体

　ソームズは，身体の二つの側面を区別する必要があるとして，一方を外来的身体（external body），もう一方を内来的身体（internal body）と呼んでいる。外来的身体とは，体の部位に関するイメージ（somatotopic image）で，いわば体の地図である。体の表面から脳の表面に一対一に対応する形で投影され，感覚受容器（視覚，聴覚，嗅覚，味覚，触覚）ごとに体表から脳

の表面（視覚野，聴覚野，体性感覚野など，口絵10, 11の濃い青の部分）に向かって信号が送られる。その信号が，連合野（口絵10, 11の青い部分）に収束して形作られる身体イメージである。これは一般にボディ・イメージ（身体像）とよばれるものに相当する。

　ここで重要なのは，外来的身体は，外界の事物とまったく同じ仕方で知覚され認識されるという点である。これが意味するところはすなわち，外来的身体は，一言でいえば「もの（object）」と変わりない，ということである。これは鏡で見ることのできる身体でもある。

　また，このような身体地図は，感覚のみならず，運動にも用いられる。体性感覚野は運動野（口絵10, 11の緑の部分）とも隣接しており，運動地図と連動して随意運動を可能にしている。感覚が動きを生み，動きが感覚を生むという形で両者は密接に関連しながら統合された機能単位を構成している。

●内来的身体

　身体の第二の側面は，身体内部の環境に関わるもので，脳の皮質表面には投影されず，脳の低位で深部に表象される。解剖学的構造としては，視床下部を中心に，傍腕核，孤束核などが関わる（口絵10, 11の赤の部分）。脳のこれらの部位は，自動的に，体の自律的な状態をモニターする（入力）だけでなく，調節もしている（出力）。身体のこのような側面を，ソームズは内来的身体と呼んでいる。入力系と出力系が近接しているのは，外来的身体の場合と同様である。

　内来的身体の機能は，ほとんど自動的に調節されているが，外界においては，外来的身体に対して，内来的身体の欲求に見合うように，覚醒させる（arouse）という働きもする。この刺激を行う解剖学的構造は，脳幹上部の拡張視床網様賦活システム（口絵10, 11の紫の部分，第5章も参照）と考えられている。

　重要なのは，この二つの身体の間には，階層関係が存在するという点である，とソームズは指摘する。情報の流れも調節も双方向性に生じるが，外来的身体は，常に，脳幹上部の内来的身体からの賦活に随伴して立ち現れるが，内来的身体は外来的身体がなくても生み出されるので，内来的側面は外

来的側面の必要条件だが十分条件ではないということになる。この階層性は，後で意識と無意識の局在化を考える上でも重要になってくるので，頭の片隅に留めておいていただきたい。

◉二つの身体と意識

　これらの身体の二つの側面は，それぞれ，異なる種類の意識を生み出す。外来的身体を生み出す脳の部位は，いわゆる五感と関連している。内来的身体を生み出す部位は，「意識の状態」，たとえて言うなら，意識の内容が書き込まれる紙面，を生み出す（この点については後で詳しく述べる）。なお，このように二種類の身体を区別しておけば，いわゆる心身の結合問題（binding problem）を解く答えが一つ得られるのではないか，とソームズは言う。内来的身体から，意識の状態・背景が生み出され，それを基盤にして，外界を知覚し，分析することによって生み出された「もの」が書込まれるというわけである。

　内来的身体（これをソームズは主観的身体 the body-as-subject ともよんでいる）が生み出す「意識の状態」には，さらに二つの異なる側面が区別される。一つは睡眠から覚醒に至るさまざまな「意識のレベル」，もう一つは，さまざまな感情として体験される「意識の質」である。視覚，聴覚，などの五感が外界を知覚するモダリティ（知覚様式）であるのと同じく，「感情」は，内界（身体の状態）を知覚する[1]モダリティであるといえる。

　第5章で述べたように，内来的意識，すなわち感情的意識（affective consciousness）の第一層は快−不快原則によって与えられ，その鍵となる部位は中脳水道周囲灰白質（PAG）である。生物学的に「いい感じ」とか「悪い感じ」というように価値づけがなされる。そしてソームズは，これこそ意識の起源だと考える（第5章参照）。外的に知覚されるものに，良い感じ，悪い感じという価値づけがなされることで意識が生まれるのである。内来的意識の第二層は，パンクセップの「基本的情動」に相当し，さまざまな感情が「意識の状態」を彩り，感情ごとに神経伝達物質も異なる。外来的身体は，場所的，空間的な特異性があるのに対し，内来的身体は化学的特異性が

---

[1] ソームズは qualify という言葉を使っており，（意識の内的状態に）「質感を与える」と記す方がより正確かもしれない。

あるといえる。

3．フロイトの身体図式

このように，ニューロサイエンスの観点からみると，身体イメージには二つの異なる側面が区別される。この区別を意識してフロイトの理論を眺めると，フロイトもやはり身体の二つの側面を意識して概念形成を行っていたことが見えてくる。ソームズがフロイト全集の英訳の改訂を準備していることについては第5章で述べた通りだが，そのようにフロイトの理論に精通しているソームズだからこそ，身体イメージに関する脳科学の知見を聞きながら，フロイトの概念との照合を即座に行いつつ，本章で述べるような新たな概念の着想に至ったのではないかと思う。それはともかく，自我の身体的起源に関して，ソームズは，次のフロイトの記述を取り上げる。

> 自我とはとりわけ，身体的な自我である。それは単に表面に位置するものであるだけでなく，それ自体，表面の投影でもある。ちょうどこれにあたる解剖学的類似物を見出すとすれば，すぐに思い当たるぴったりのものは，解剖学者たちのいう「脳の中の小人」（皮質のホムンクルス，cortical homunculus）である。それは，大脳皮質で，逆立ちして踵を上方に伸ばし，後方を見ている小人で，よく知られているように，左側に言語野をもっている。（Freud, 1923/2007）

さらに英訳版にはフロイト自身によって認可済みとの記載を添えて，次のような注が付け加えられている。

> 自我は究極的には身体的感覚，とりわけ身体の表面から発する感覚から生じる。それゆえ，自我は，身体の表面の心的投影と見なすことが可能であり，さらに，既に見たように，心的装置の表面と見なすことができるかもしれない。（Freud, 1923/2007）

フロイトは，外来的身体を自我の発生基盤と考えていたことがこれらの引

用から明らかであろう。一方，イドの身体的起源については，ソームズは，次のフロイトの記述を取り上げている。

> イドは，外界から切り離されて，それ自身の知覚世界を持っている。イドは，非常な敏感さで，自分の内界の変化，特に欲動的な欲求の緊張度の揺れの変化を探知する。そして，その変化が，快不快の系列における感じ feeling として意識される。これらの知覚が，どのような手段によって，どのような感覚終末器官の助けを借りて生じるのかを述べることは難しい。しかし，自己知覚——一般的な［漠然として全身的な］感覚と快-不快の感覚——がイドの力を専制的な力で支配していることは確かである。イドは有無を言わせぬ快原理に従う。(Freud, 1940/2007)

フロイトのイドは，内来的身体の概念とよく合致し，特に感情の第一層をフロイトが重視していることがわかる。このように，フロイト自身，自我とイドの身体的な起源に関して局在化を行い，自我は外来的身体に，イドは内来的身体に由来すると考えていた。そして，機能的にも，外来的身体と自我，内来的身体とイドの間には，相関性が認められる。フロイトは，心的装置を，常に身体に埋め込まれたものと考えていたのである。

意識と無意識

非常に単純化していえば，自我―外来的身体―大脳皮質，イド―内来的身体―脳幹上部および間脳（視床下部）という並行性が強く認められる。ここまでは比較的理解がしやすいのではないかと思うが，これらを意識・無意識という観点から考え始めると多大な混乱がもたらされる。その混乱の元は，フロイトが意識は皮質の機能であるという前提を微塵も疑っていなかったという事実にある，とソームズは指摘する。ニューロサイエンスの知見と照らしてフロイトの理論を見直すと，イドは本来意識的であるという結論に到達する。そして，こう考えることで，フロイト理論におけるさまざまな矛盾をより明快に説明できるようになるのではないか，というのがソームズの主張

である。これは，イドを無意識とするフロイト理論の根本的な改訂である。しかし，結論を急がず，まずは，ニューロサイエンスと精神分析のそれぞれの観点から，意識と無意識に関する知見を概観しておこう。

1．ニューロサイエンスからみた意識・無意識

◉皮質なしの意識

意識は皮質の機能であるという前提は，19世紀の神経解剖学者が抱いていた古典的な前提である。現在でも多くのニューロサイエンティストがこの立場を採る。たとえば，扁桃体の研究で有名なルドゥー（LeDoux）も恐怖の意識は皮質によって生み出されるという，皮質中心主義の見解を採っている。島皮質（insula）研究の第一人者クレイグも，内来的身体の投射領域が島後部にあると信じており，この皮質領域を，主観的身体を表象する部位と見なしている（Craig, 2009）。

しかしながら，近年のニューロサイエンスの研究は，皮質を意識の坐とする皮質中心主義的な見方は誤りであると示唆している。たとえば，例の学会ではダマシオは両側の島がヘルペス脳炎で損傷を受けた事例に言及したが，クレイグの想定に反して，自己の感覚は完全に保たれていることを報告している（Damasio, Damasio, & Tranel, 2012）。もしクレイグのいうように，ここが内来的身体を生み出すのに重要な部位であるとすれば，その部位が損傷すれば自己の感覚が著しく損なわれるはずだからである。

さらにソームズは，水頭症のために皮質のほとんどが吸収されて消失し，残存している皮質もまったく機能をしていない子どもの例に言及している。このようなケースは，当然ながら目も見えず，外界の知覚に基づく意識はない。しかし，彼らには覚醒と睡眠のリズムは保たれており，「欠神発作」（意識を消失するてんかん発作の一種）を生じることが知られている。また，シューモンらは，これらの子どもが，グラスゴー昏睡尺度により，意識があると判断されるだけでなく，はっきりした情動反応を示すことを詳細に報告している（Shewmon, Holmse, & Byrne, 1999）。

◉意識は脳幹上部で生み出される

　皮質中心主義は近年見直されるようになってきたのとは対照的に，意識の生成部位については，すでに 1949 年にモルッツィとマグーンが，脳幹の上部に，電気刺激して，睡眠から覚醒へと至る「意識の状態」を調節する部位があることを見いだしていた（Moruzzi & Magoun, 1949）。この部位が損傷を受けると意識は完全に消失する。1954 年に，ペンフィールドとジャスパーは，ヒトにおいて，皮質の一部に病巣を持つてんかん発作は意識のごく一部に影響を与えるにすぎないのに対し，意識が完全に失われてしまう発作は脳幹の上部に引き金があると観察していた（Penfield & Jasper, 1954）。その後，特に PAG がその引き金として重要であることが確認されている（Merker, 2007 を参照）。これらを総合して考えると，「意識の状態」全体は，脳幹の上部（口絵 10, 11 の紫の部分）で生み出される，と考えるのが理にかなっている。

　さらに近年，パンクセップやダマシオによって，これら脳幹上部によって生み出される「意識の状態」は，生来的に「感情的」（inherently "affective"）であることが強調されるようになった。意識は皮質ではなく脳幹で生み出され，本来，外界の知覚に由来するものではなく，内来的で感情的なものである，というわけである。

◉大脳皮質で「心的固体」が生み出される

　それでは皮質はどのような役割を果たしているのだろうか。外界を知覚した際，皮質が行っている主な仕事は，外界の知覚の再表象的（representational）イメージを生み出すことである。もう少し俗な言い方をすれば，皮質はヴァーチャルな空間を創り出し，そこに外界で知覚した「もの」（対象）を，ヴァーチャルな「もの」として再表象するのである。いわば，知覚された対象を固める（stabilize）のである。ソームズはこれを「心的固体（mental solids）」と呼んでいるが，移ろいやすい波のような状態を心的固体に変えることによって，詳細な分析を，さまざまな知覚様式の間で同期しながら行うことが可能になる。なお，フロイトはこれを「もの表象（object presentation）」と呼んでいる（皮肉なことに，フロイトは「もの表象」は「無

意識システム」で優勢になると述べている）。皮質は「もの（objects）」を生み出すのである。

　そして，そのような知覚情報の処理には意識を必要としないことは，すでに認知心理学が十分な根拠を持って示しており，フロイトの抑圧的な無意識と区別して，「認知的無意識」と概念化されている（Kihlstrom, 1987）。大脳皮質における情報処理と，それを意識するかどうかは分けて考える必要がある（皮質で情報処理がなされているからと言って，それが意識されているとは限らないということである）。

　さらに，皮質における情報処理において，伝統的に「生まれながらに配線されている（hard-wired）」と考えられてきたものの大部分が，学習されたものであることが明らかとなってきた。皮質の知覚は，皮質による認識と同じく，記憶のプロセスに由来する。実際，現在明らかになっている限りにおいては，皮質に特異的とされている機能はすべて，学習によって獲得されたものである，とソームズは言う。

　そのような安定した表象が一度確立されると，外来的にも内来的にも始動できるようになり，ものを知覚できるだけでなく，認識できるようになる。皮質による表象は，それ自体無意識だが，脳幹の意識生成メカニズムによって皮質の表象が賦活されると，意識が「感情（affects）」から「もの（objects）」に変わり，ワーキングメモリーにおいて思考できるようなものになる。しかしこの変化は終了するということはなく，意識的な再表象を主体は絶えず体験し続けるので，ワーキングメモリーには認識的な意識と感情的な意識の両方の要素が含まれることになる。ただし，ほとんどの認知心理学者は，感情成分を無視している。

◉予測誤差と意識

　知覚情報の処理は無意識になされるのであれば，なぜ意識される必要があるだろうか。それは，意識によって，再表象された「もの」に価値が与えられるからである。学習によって内来的な意識と外来的な再表象との間に関連づけが確立されるが，それを主導するのが，両者の出会いによって生み出される「感じ（feelings）」なのだ，とソームズは捉えている。

　そして，両者が出会い，ステレオタイプな本能的行動だけでは足りないと

き，言い換えれば予想外のことが生じたとき（これを予測誤差という）に，「思考」が必要になる。思考のためには，反応を遅らせる必要があるが，この遅延は，皮質の表象の安定性の上に成り立つものである。なぜなら，固体化によって「心に留めておくこと」が可能となるからである。

　予測誤差をコード化することによって，知覚された特徴に目を奪われて即座に行動を起こすという一連の反応を抑えようとする，進化論的発達論的な圧力（これはフロイトの「現実原則」にあたる）が，運動を引き起こす神経伝達を抑えることになる，とソームズは言う。そのような誤差のコード化は，実際には，感情的意識のホメオスタシス機能によって調節され，それが，あらゆる「もの」への注意の生物学的価値を決める（フロイトの「恒常原則」を参照）。それによって引き起こされる，心的装置の運動端の抑制には，欲求不満足に対する寛容が求められる。この欲求不満足が新たな思考を生み，新たな学習をもたらし，長期的に見れば，より効率のよい生物学的な満足を保証することになる。

2．フロイト理論からみた意識・無意識

◉意識・無意識モデルから自我・イドモデルへ

　フロイトにとって，無意識は中心的な重要性を占めるテーマであった。フロイトはまず心の中でも無意識的な部分の自然史に取り組み，心的症状，失策，ジョーク，夢などを研究して，その機能的な性質を記述しようとした。彼はまず，二つのタイプの無意識，前意識と無意識そのものとを区別した。前者は注意を向けるとすぐに意識されるもの，後者はじっくり考えても無意識に留まるものである。

　フロイトの偉大な貢献の一つは，目に見えない力が働いて後者の心的プロセスとその内容を意識的な気づきから隔てたままにしていると主張したことである。この力をめぐって，フロイトは心を二つの主なシステムに分割した。この力の届かない意識-前意識（Pcs-Cs）とこの力が及んでいる無意識（Ucs）である。そして，上記の研究から，前者が従う法則は後者のそれとは異なるとした。しかし，フロイトは，結局，この単純な分類を手放すことにした。それは，意識にはもたらすことはできなくても，無意識システムの

この特異な法則に従わないものが多数あると認識したからである。フロイトは，無意識の中にも，あらゆる点で，合理的で現実志向的な認識と同じだが，意識には決してもたらすことのできないような無意識的心的プロセスがあることを見いだした。この種の簡単な例として，手続き記憶と呼ばれるプロセスがある。自動化された実行機能も同様である。なお，無意識のこの側面は，ここ数十年の間に，認知心理学において再発見され，いわゆる「認知的無意識」として概念化されていることについては既に触れた。

　これらのことを考えて，フロイトは，心のモデル全体を作り直した。改訂版では，二つの主要なシステムを分ける重要な分割線を，意識の有無におくのではなく，二つのシステムの機能的な性質において，Pcs-Cs と Ucs はそれぞれ，「自我」と「イド」と命名し直された。新しい理論では，自我とイドの双方が，意識的でも無意識的でもあり得る。多くの自我のプロセスが無意識なままに留まる（たとえば手続き記憶）。反対に，イドの内容も，夢や精神病状態などでみられるように，意識に届き得る。両者を分かつのは，現実の制約，論理のルールを認識するその度合いである。単純にいえば，自我はそれを認識し，イドはしない。自我は，意識的であれ無意識的であれ，二次過程，つまり合理的で現実志向的な現実原則に合わせて機能する。イドは，意識的であれ無意識的であれ，一次過程と快原則に合わせて機能する。

　もうひとつの重要な区別は，自我の内容は獲得されたものであるのに対し，イドの内容は，生来備わったものであるという点である。しかし，獲得された自我の内容の一部はイドへと抑圧され得るという事実は，この区別を曖昧なものにする。こうして，個人的な体験の一部が，本能的欲動の衝動的な力を得て振る舞うようになる。フロイトにとって，自我は，現代のニューロサイエンスの言葉を使えば，心の中で単に実行機能を司る部分ということになる。そして，イドは本能的な部分ということになろう。フロイトにとって，意識の内容や行動を評価するときに重要であったのは，実行機能と本能の，どちらの行為主（agency）が心をコントロールしているか，ということであった（以上はソームズら（Solms & Zellner, 2012）による）。

●フロイト理論における皮質中心主義

　一方で，フロイトは，当時の解剖学における基本的な前提，すなわち，意

識は皮質が生み出すという前提を微塵も疑っていなかった。ここに混乱の元があると気付いたのがソームズの慧眼ということになるのだが，まずはフロイトの考えからみておこう。

> 意識が生み出すものは，本質的には，外界からやってくる興奮の知覚と，心的装置の内部からのみ生じる快−不快の感じとからできている。それゆえ，知覚−意識システムの空間的な位置づけを行うことが可能となる。すなわち，そのシステムは，外と内の境界に存在し，外界の方に向けられて，他の心のシステムを覆うものでなければならない。ただし，このような仮定によってわれわれは新たなことを企てているわけではなく，意識の「座」を脳皮質，つまり，中枢器官のもっとも外側をなす被覆層におく脳解剖学の局在説に準拠しているに過ぎない。意識はなぜ，解剖学的に，脳の最内奥の安全なところではなく，脳の表面に宿るのかを，脳の解剖学が考える必要はない。（Freud, 1920/2006）（強調はソームズ）

よく知られた自我とイドの図式（口絵13）を想定しながら上の文章を読むとフロイトの言いたいことが理解しやすくなるかと思う。一方で，フロイトは，意識には，「心的装置の内部からのみ生じる快・不快の感じ」も含まれることを認識していた。そして，このような側面が，意識の生物学的な目的を決定するものであるとさえ示唆していた。しかし，先の前提からすれば，意識のこのような側面も皮質にあることになる。実際，フロイトは次のように明言している。

> あるものが意識的なものになるというプロセスは，とりわけ，われわれの感覚器官が外界から受け取る知覚と結びついている。したがってそれは，局所論的観点から言えば，自我の一番外側の皮質層で生じる現象である。もっとも，われわれは感じという，身体の内部から来る知らせをも受け取っており，それはわれわれの心の生活に，外界の知覚以上に有無をいわせぬ力で影響を及ぼすことさえあるし，特定の状況では，感覚器官もまた，その器官に特有の知覚以外に，感じや痛みの感覚を伝える。しかし，それらの感覚もまた，（意識的知覚とは区別して感覚と呼ばれるとはいえ）同様に終末器官に

由来するものなので，われわれはこれらのすべてを皮質の延長，分岐と理解することができ，先の主張を維持することができる。唯一の違いは，感覚と感じの終末器官という点で，身体自身が外界にとって代わっているということであろう。(Freud, 1940/2007)（強調はソームズ）

フロイトは，感じ（feeling），すなわち感情的意識も，皮質で生じるものと考えていたのである。

◉イドは本来意識的である

フロイトは，意識されるか否かを軸として心のモデルを作ることには問題があると考え，快原則と現実原則という二つの原則を軸にして自我とイドからなる心のモデルを提唱するに至った。ところが，皮質中心主義の前提から抜けられなかったために（当時の科学の状況を考えれば無理からぬことであるが），さまざまな齟齬を生じることになったのではないか，とソームズは考え，この前提を疑って，フロイトの理論を見直そうというわけである。

既にみたように，ニューロサイエンスによって，内来的身体が脳幹上部の構造に由来することが示されている。イドが内来的身体に由来することを考えると，イドと脳幹上部の機能との間に相関をみることは無理な仮定ではない。実際，外界から切り離されて，それ自身の知覚世界を持ち，非常な敏感さで，自分の内界の変化，特に欲動的な欲求の緊張度の揺れの変化を探知する（Freud, 1940/2007）というイドの機能は，ほとんど自動的にホメオスタシスを調整する脳幹上部の諸構造（口絵10, 11の赤の部分）の機能とよく呼応することについては，既にみたとおりである。

さらに，これもすでに述べたように，脳幹上部の構造のうち，拡張視床網様賦活システム（口絵10, 11の紫の部分）は「意識の状態」を生み出すことも明らかとなっている（本章 pp. 207-208, p. 212, 第5章を参照）。感情的意識が意識の状態を色付ける。さらに，外界においては，外来的身体に対して，内来的身体の欲求に見合うように，大脳皮質を覚醒させる（arouse）という働きもする。これらのことを考え合わせると，意識はイドで生み出される，と結論せざるを得なくなる。つまり，意識は，身体内部から生じる欲求状態によって駆り立てられる部位，そして，それに動機づけられて本能

的・情動的な行動を始動させる部位で，生み出される，ということになるのである。

さらに，大脳皮質における活動が意識されるためには，脳幹上部からの全般的な賦活が不可欠であるという事実を鑑みると，自我意識はイドに由来するのであって，その逆ではない，ということも認めなければならなくなる（先に指摘した内来的身体と外来的身体の階層性から必然的に導き出される見解である）。このことが精神分析の治療概念にもたらす影響については本章の最後で触れることとする。

3．一次過程と二次過程

◉一次過程と「もの表象」

イドは本来意識的だと述べた。しかしそれは内来的身体の生み出す「状態的意識」という意味の意識であり，外来的身体と関連する「もの的」な意識ではない。ここで両者を区別するために，前者を「感情的意識」，後者を「もの的意識」と呼ぶ（これは筆者の命名であり，ソームズの用語ではないことに留意されたい）。イドは本来意識的である，という場合，それは感情的意識であって，もの的意識ではない。イドを特徴づける「一次過程」を「感情的意識」と「もの的意識」という点から見るとどうなるだろうか。

大脳皮質において，外界の知覚は再表象的にイメージされる。脳幹による波のような移ろいやすい意識状態とは異なり，そのようなイメージは比較的安定していて，ソームズはそれを「心的固体」と呼び，フロイトはそれを「もの表象（object presentation）」と呼んだ。「もの」世界の再表象は，外来的にも内来的にも賦活される。そしてそれらは知覚と認識の両方に役立つ。これらのプロセスは，それ自体無意識である。

このプロセスに脳幹上部から賦活された意識（意識的イド）が参与すると意識されるようになる。フロイトは，イドがもの表象へ加わることを，一次過程と呼んだ。「もの表象」に「感情的意識」が加わると「もの」として意識されるようになる（「もの的意識」が生じる），と言えるだろう。

過去に経験した「もの」を意識させるのは何かというと，現代風にいえば，報酬強化（incentive salience），すなわち，究極的には，快-不快系列に

おける生物学的な価値ということになる。こうしてフロイトが幻覚的願望充足（hallucinatory wish fulfillment）と呼ぶプロセスが生み出される。しかしながら，生物学的に目を引く（salient）出来事に受動的に反応してしまうのは，効率の良い認識方法ではない。そこで，抑制的な制限が必要になってくる。この制限は，心的装置の運動端で起こる。行動の抑制は，一次過程の要求を踏みにじることであり，欲求不満足に対する寛容が求められる。しかし，もっと効率的で安全な形で生物学的な満足を得られる方が，長い目で見たときには安上がりである。フロイトはこれを二次過程と呼び現実原則に役立つものとした。

◉二次過程の目的

　自我を特徴づける「二次過程」は，欲動の「自由」エネルギーを拘束することに基づいている。エネルギーが拘束（抑制）されることで，緊張をはらんだ賦活化の貯蔵庫が創り出され，それが思考機能を大いに促進する。このような働きをフロイトは自我の機能の属性であるとした。実際，フロイトの初期の自我概念の定義は，「持続的に備給される」ニューロンのネットワークで，抑制的な効果を持つ側副路を相互に持つものとされる。

　この考えから，カーハート＝ハリスとフリストン（Carhart-Harris & Friston, 2010）は，フロイトの自我の貯蔵庫を，現代の認知神経科学のことばでは，「デフォルト・モード・ネットワーク」に当たるとした。フリストンは，フロイトと同じく，ヘルムホルツのエネルギー概念を基礎にして，予測誤差，あるいは「サプライズ」（自由エネルギーと同じものと見なされる）は，外界についてのモデルを改良し，それをコード化することで最小化される，というモデルを提唱したが，これはフロイトのモデルと完全に一致する。彼のモデルは，フロイトの「現実原則」を，情報科学の用語で見事に概念化したものであり，量的に扱うことが可能で，実験的なモデルを作れるという利点もある。

　この観点からすると，自由エネルギーは，未分化な情動（untransformed affect）であり，予測から外れた誤差（現実原則への抵触）のために，拘束状態から解き放たれたエネルギー，あるいは拘束状態に入ることを阻害されたエネルギーといえる。

フリストンのモデルでは，予測誤差は，知覚と認知における報酬強化を増すので，生物学的にいえば，「悪いこと」「望ましくないこと」である。脳が世界に対して抱く予測モデルが真相に近づくほど，驚きは減り，目立たなくなり，意識されなくなり，より自動化される。

　最初は二次過程の（抑制的な）認知を生み出す，現実原則の目的はまさに，自動化であり，意識の必要性を除くことになる。認知の理想は，再表象的な（皮質の）処理をなしですますこと，そして，それを連想的な処理（associative processing）に置き換えること，エピソード記憶から手続き記憶へと（つまり，皮質から背側基底核へと）シフトさせることである。認知における意識は，一時的な手段であり，妥協の産物なのだ。しかし，現実とは不確実で予測不可能なもので，常に驚きに満ちているというのが実際のところなので，ゾンビのように意識をまったく持たずにすますという危険はほとんどない。いずれにせよ，ここでの要点は，皮質を中心とする二次過程の目的は，意識化ではなく，予測誤差を減らし，自動的に応答できるようにすること，意識の関与をより少なくすることにあるという点が重要である。

　イドの参与は「もの表象」を「もの」として意識させるようにするのに対し，自我の目指すところは自動化（無意識）であるという点は非常に対照的である。

◉言葉ともの

　文字通り一次過程の思考に浮かんできた（come to mind），願望された「もの表象」は，フロイトによると，二次過程の思考に，再び再表象（re-represented）される。フロイトはこのレベルの再表象を「語表象（word-presentation）」と呼んでいる。フロイトは，言葉の価値は，他の認知表象と同じく，知覚に，この場合は特に聴覚に由来し，それゆえ意識的になることができると考えた。言葉は，具体的な思考対象の間の関係を表象することができるという力も持っているため，抽象的な認知を「陳述可能なもの」にするのである。

　言語の主な価値は，イドの不完全なプロセス（これをフロイトは無意識的なものと考えたが）を意識的なものに変えることができる力にあるのではなく，「もの」の間の関係を表象し，それらを抽象的に再度再表象する

(re-represent）能力にある。単にものごとを考えるのではなく，ものごとについて考えることを可能にする。これが三人称的な視点の基礎となる。

◉反省的な自我，超自我

　外来的身体は，外界にある他の事物と同じ素材からできている。つまり，身体的な自我は，意識のページの上に，他の事物と同じように書き込まれるのである。それは，意識的主体によって固められた再表象，心的固体であり，意識的主体によって体験されるものである。この一次的な意識的主体（主観的身体）とは，イドである。身体的な「自己」は，イデア（理念）であって，自己の，学習された表象である。

　この「もの表象」に対して，名前が付与される。これが「語表象」であるが，これは本当の私でもなく，一種の抽象である。そうするために，主観的な「存在」("presence")と，身体のものとしての（対象的な）再表象との関係について，もう少し述べておかねばならない。

　意識の主観は，自分自身を外来的身体（もの表象）と同一視する。（子どもがテレビアニメの主人公と同一化するのとまったく同じである）。そして，この再表象が，急速に，自己感覚を付与する。ペトコヴァとエールソン（Petkova & Ehrsson, 2008）の身体交換実験は印象的である。被験者はビデオモニター付きのゴーグルを装着し，そのモニターには，他人の目もしくはマネキンの目におかれたカメラから見た情報が送られる。そうすると，すぐに被験者は，そのカメラが装着されている人もしくはマネキンの体を自分の体と錯覚するようになる。

　外来的身体の学習された性質は，ミラーニューロンの現象によっても示される。ミラーニューロンは，自分の身体が動いているときでも，他人が同じような動作をしているときでも区別なく発火する。それでは，どうやって自分の体と他人の体を区別しているのだろうか。明らかに，皮質の（ミラーニューロンの）運動野の活動に何かが付け加えられている。この何かとは，（島の後部の活動を抑える）前頭葉による抑制であると考えられている。ガレーゼは，統合失調症の患者でこの抑制が欠如しているために，自分自身の身体と他人のそれとを適切に区別できないのではないかと示唆している（Ebisch et al., 2012）。

「私」と「私でないもの」とを区別する上では，反省的意識における言葉の役割が重要である。この抽象的なレベルでの再-再表象によって，意識の主観が，その具体的な「存在」を超えて出ることが可能となるので，ものとしてのそれ自身と，他のものとを分離できるようになる。このプロセスは三つの体験レベルで展開するように思われる。①主観としての自己の，現象的もしくは感情的（affective）なレベル（1人称）。②ものとしての自己の知覚的もしくは再表象的なレベル（2人称）。③他のものとの関係におけるものとしての自己の，抽象的もしくは再-再表象的なレベル（3人称）。

　一次的な主観的自己と再-再表象的な「陳述的」な自己とのギャップを認識していないと，多くの混乱が生じる。有名なベンジャミン・リベット（Benjamin Libet）の実験をみておこう。運動前野の活性化が生理的に認められてから，動こうと意識的に決断するまでの間に，0.4秒の遅れが認められる。この結果は通常，自由意志というのは幻であることの証だというように解釈されるが，上述の自己の三つのレベルを認識していれば，混乱は避けられる。内来的な自己，フロイトのイドは，あらゆる意識を生み出す泉であり，外来的な自己，フロイトの自我は，それ自体無意識的な，学習された再表象であり，イドによって備給された時に，意識的に「考えられる」ものとなり，それが超自我の内省的な土台を提供する。

もしイドが意識的だとしたら……

　イドが意識的だと考えると，精神分析に示唆するところは多数ある。以下に，ソームズが挙げているいくつかの点について紹介し，本章の結びとしたい。

1．無意識をめぐる矛盾

　「もの」を意識させるのは報酬強化（incentive salience）であると述べた。このニューロサイエンスの知見は，認識のもっとも原初的な形式（一次過程の願望備給）は幻覚的願望充足（hallucinatory wish fulfillment）を必然的

に伴うというフロイトの見解とよく合う。しかし，この幻覚的プロセスは，定義上，意識的なものでなければならない。しかるに，そのような願望的空想は，無意識系の核を形作ると言われている。これが意味するところは，無意識を抑圧された幻覚的空想のネットワークを中心に展開するものと考えるということである。しかし，それでは無意識は，かつては意識的であったものの残渣の集まりにすぎなくなってしまい，自我や前意識が，無意識より先行してあることになってしまう。この矛盾に気づいたのは，ソームズによれば，オパトウのみだという。だから，フロイトが「イド」という概念を導入せざるを得なかったのは驚くに当たらない。

2．抑圧の見直し

　イドが意識的だとしたら，抑圧はどのようなメカニズムになるだろうか。抑圧は，意識に受け入れられない衝動を無意識へと追いやることではなく，「陳述的な」意識を除くことと捉えられることになる。「陳述的」「エピソード的」な認知プロセスを，「連想的」なプロセスへと還元する効果を持つ。抑圧の主体は，当該の「もの表象」を依然として活動させているが，（「もの表象」間の）連想的つながりは，もはや，表象的，反省的な気づきを引きつけることはない。
　これは，自我発達の本来の目的でもある。学習の目標は心的プロセスの自動化であり，予測性を増し，驚きを減らす。イドの感情的な「存在」を必要とするのは，生物学的に目を引く予測誤差である。それゆえ，自我が心的課題を習得するとすぐに，それに関連するアルゴリズムは自動化される。これが抑圧のメカニズムであるが，それは，反省的な気づきが，未熟なまま退却するものである。勘定に見合う前に，行動のアルゴリズムが，未熟なまま自動化されるのである。この文脈で，勘定に見合うとは，現実原則に従うことを意味する。未熟な自動化はそれゆえ，持続的に予測誤差を生み，抑圧された認知的な素材が注意を引きつけようとする危険が常につきまとう。これが神経症の古典的メカニズムとされている「抑圧されたものの回帰」の基礎となる。精神分析の治療作業は，抑圧を止めて，反省的な主体が，それらが表象する「ものの関係（object relations）」を適切に習得して，正統に自動化

できるようにすることである。

3．談話療法

　談話療法（talking cure）も見直しが迫られることになる。フロイトにとって，言葉は，外界の知覚に由来するような自我の記憶痕跡であり，それ故に言葉には意識を生み出す力があると考えられた。そして，それ自体は無意識的な，心の深部（イド）で進行するプロセスに，言葉が付与されることで意識化される，これが談話療法の核心である。しかし，本来無意識なのはイドではなく自我なのである。外界に由来する知覚は，（自我ではなく）イドから生み出された意識に形を与えたり，制限を加えたりする。先の抑圧の構造の見直しと併せて，談話療法を「意識的なイド，無意識を目指す自我」という観点から見直すことが求められる。

4．感情の役割

　フロイトは，意識は皮質の機能だと述べながら，随所で感情の特別な役割についてもよく認識していた。感情は直接に感じられるものであると認識し，外界のものと同じようには表象されないこともよくわかっていた。ニューロサイエンスの知見は，フロイトのこの観察をさらによりよく理解する助けとなるものであるといえる。

5．快原理をめぐる矛盾

　フロイトが「快－不快の感じがイドにおける出来事の流れを専制的な力で支配する」と述べたことについて，イドが無意識であれば，その「感じ」は皮質で感じられることになる。しかしそれでは皮質がイドをトップダウン的に支配するということになってしまう。これは明らかに誤りである。イドは本来意識的であると考えることでこの矛盾が解消される。

第11章　コンシャス・イド

ソームズはフロイトの信奉者ではない

　第4章でも述べたことだが，ニューロサイエンスは，精神分析の最終法廷ではない。精神分析の最終法廷は，臨床実践の場にあるとソームズは最後に強調している。筆者も同感である。ニューロサイエンスの知見をもとに，新たな観点から臨床実践を見直す。その中で，その新たな見方が妥当かどうかを見ていくという姿勢が大切だと思う。

　ソームズはフロイトの盲目的な信奉者であるかのように批判されることもあるが，ソームズは脳科学の知見とフロイトの概念とを丁寧に照合しながら，採るべきところは採り，改めるべきは改めるという態度を貫いている。精神分析がその外部に脳科学という参照枠を持つことにより，本書第2章で平尾が述べるように「視点バイアスが減じ」，自らの理論や概念を検証し改訂していくことが可能となるのではないかと思われる。

文献

Carhart-Harris, R. L. & Friston, K. J. (2010). The default mode, ego functions and free energy: A neurobiological account of Freudian ideas. *Brain*, **133**, 1265-1283.

Craig, A. D. (2009). How do you feel—now? The anterior insula and human awareness. Nature Reviews. *Neuroscience*, **10**, 59-70.

Damasio, A., Damasio, H., & Tranel, D. (2012). Persistence of feeling and sentience after bilateral damage of the insula. *Cerebral Cortex*, **23**(4), 833-846.

Ebisch, S., Salone, A., Ferri, F., et al. (2012). Out of touch with reality? Social perception in first-episode schizophrenia. *Social Cognitive & Affective Neuroscience*, **8**(4), 394-403.

Freud, S. (1920). *Beyond the Pleasure Principle. Standard Edition*, **18**, pp. 7-64. 須藤訓任（訳）(2006). 快原理の彼岸．フロイト全集第17巻．岩波書店．

Freud, S. (1923). *The Ego and the Id. Standard Edition*, **19**, pp. 12-59. 道籏泰三（訳）(2007). 自我とエス．フロイト全集第18巻．岩波書店．

Freud, S. (1940). An outline of psychoanalysis. *Standard Edition*, **23**, pp. 144-207. Hogarth Press. 津田 均（訳）(2007). 精神分析概説．フロイト全集第22巻．岩波書店．
　（※　フロイト全集からの引用に際しては，筆者が訳を適宜改変している。）

Kihlstrom, J. F. (1987). The cognitive unconscious. *Science*, **237**, 1445-1452.

Merker, B. (2007). Consciousness without a cerebral cortex: A challenge for neuroscience and medicine. *Behavioral Brain Sciences*, 30, 63–134.

Moruzzi, G. & Magoun, H. (1949). Brain stem reticular formation and activation of the EEG. *Electroencephalography and Clinical Neurophysiology*, 1, 455–473.

Penfield, W. & Jasper, H. (1954). *Epilepsy and the Functional Anatomy of the Human Brain*. Oxford: Little & Brown.

Petkova, A. & Ehrsson, H. (2008). If I were you: Perceptual illusion of body swapping. *PLoS ONE*, 3, e3832.

Shewmon, D., Holmse, D., & Byrne, P. (1999). Consciousness in congenitally decorticate children: Developmental vegetative state as a self-fulfilling prophecy. *Developmental Medicine and Child Neurology*, 41, 364–374.

Solms, M. (2013). The Conscious Id. *Neuropsychoanalysis*, 15(1), 5–19.

Solms, M. & Zellner, M. R. (2012). Freudian unconscious today. Fotopoulou, A., Pfaff D., & Conway, M. A. (Eds.) *From the Couch to the Lab*. Oxford.

おわりに

　ニューロサイコアナリシスの金字塔とも言える，ソームズ夫妻の *Clinical Studies in Neuro-Psychoanalysis*（Kaplan-Solms & Solms, 2000）を読んだとき，私は，やられた，と思った。脳科学と精神分析の統合を目指すというのだから，fMRIやPETなどを用いた基礎研究成果と，精神分析の概念とを照合しているのかと思いきや，繙いてみると，それは事例研究であった。それまで，（神経心理学的な評価はなされても，心理療法の対象とはみなされることがほとんどなかった）脳の器質的損傷をもつ患者たちに，精神分析的なアプローチを試み，その治療的な取り組みについて論じるだけでなく，脳の損傷部位と自我の統合度へのダメージとの間にある程度の相関があることを見いだした。つまり，自我の統合度が損なわれている程度に応じて事例を並べ替えると，それに対応する脳の損傷部位にある程度の規則性が見られ，これをもとに，自我などの精神分析の概念に呼応すると想定される脳の部位や機能を推定していく（これを臨床解剖学的方法と呼ぶ）のであるが，そのコロンブスの卵ともいえる着想に舌を巻いた。

　夢見についても同様のアプローチを行って，それまで定説とされていたハーバード大学教授のホブソンの説を覆し，ソームズは一躍脚光を浴びることとなった（Solms, M.（1997）. *The Neuropsychology of Dreams: A Clinico-Anatomical Study*. Psychology Press）（第1章および第3章参照）。ニューロサイコアナリシスの嚆矢となったこの2冊の著書がいずれも事例研究であるという点も魅力的であった。近年，心理臨床の領域でさえ事例研究を軽視する兆しが見え始めているが，脳科学と精神分析の統合を目指すというニューロサイコアナリシスの最前線の取り組みにおいて，事例研究をニューロサイエンスの知見と対等に尊重するというそのスタンスに強い魅力を感じる。

　このスタンスは二面的一元論と呼ばれ，後に書かれた一般向けの入門書『脳と心的世界』（Solms, M. & Turnbull, O.（2002）. *The Brain and the Inner World*. New York: Other Press. 平尾和之（訳）（2007）. 脳と心的世界──

主観的経験のニューロサイエンスへの招待．星和書店）の中でも，また専門家向けの論文（Solms, M. & Turnbull, O.（2011）. What is neuropsychoanalysis? *Neuropsychoanalysis*, 13(2), 133-145.）の中でも，ニューロサイコアナリシスの重要な哲学的基盤と位置づけられている（本書第4章参照）。

　個人的なことで恐縮だが，筆者がニューロサイコアナリシスと出会ったのは2003年の12月，ユング派分析家のロバート・ボスナック先生を通してであり，最初に手にしたのは『脳と心的世界』であった。とても興味をそそられたので，本書の分担執筆者の一人でもある後輩の平尾和之君にも早速紹介し，結局，彼が翻訳をしてくれた。年に一度開催される国際学会に，平尾君は2006年のロサンゼルスの学会から毎年，私は2008年のモントリオールの学会の後，2年のブランクを挟んで2011年のベルリンの学会からは毎年，参加している。

　脳科学の専門家と精神分析家とが一堂に会するこの学会では，専門外の基礎的な知識も得られるようにとの配慮から，初日のエデュケーショナル・デイに，その年のテーマに関連した基本的概念や研究成果をコンパクトにまとめたレクチャーが，精神分析と脳科学の双方からなされるが，これがとても勉強になる。脳の器質的損傷を根本的なモデルに据えるニューロサイコアナリシスは，がん患者の診療に携わる筆者の臨床から距離があると思われるかもしれないが，オピオイド，感情，神経の可塑性などさまざまな点で，筆者自身の臨床にも豊かな示唆を与えてくれ，毎年新たな発見がある。「がん患者へのニューロサイコアナリシス的アプローチ」というテーマで一書をまとめたいと思うほどである。

　本書の出版にあたっては，誠信書房の児島雅弘氏に大変お世話になった。この場を借りて心からの感謝を申し上げる。また，われわれのグループを暖かく見守ってくださり，折にふれて励まして下さったリース滝幸子先生に感謝申し上げる。本書が心理臨床と脳科学の双方のフィールドに関心を促すきっかけとなることを願っている。

　　　2015年9月1日

　　　　　　　　　　　　　　　　　　　　　　　　　　　岸本寛史

人名索引

ア 行

秋本倫子　Akimoto, M.　166 〜 170, 188, 192
アゼリンスキー　Aserinsky, E.　7
アマノ　Amano, T.　130
アルブレヒト　Albrecht, A.　119
アンセルメ　Ansermet, F.　24
アントロバス　Antrobus, J.　12
イェイツ　Yeates, G.　23
イェフダ　Yehuda, R.　118, 122
イオアニデス　Ioannides, A. A.　44
イチョズ　Içöz, F. J.　156
イヌカイ　Inukai, K.　156
ヴァン・デル・ヴェストハイゼン　van der Westhuizen, D.　153
ヴィイルミエ　Vuilleumier, P.　102, 103
ウィルキンソン　Wilkinson, M.　24, 185
ウィンソン　Winson, J.　51
ヴーン　Voon, V.　103
ウエダ　Ueda, K.　147
ウェッサ　Wessa, M.　136
ウォルピ　Wolpe, N.　104
エイベック　Aybeck, S.　103
エーデルマン　Edelman, G. M.　60
エールソン　Ehrsson, H.　221
エビシュ　Ebisch, S.　221
オール　Orr, S. P.　126
オール＝アンドローズ　Orr-Andrawes, A.　96
オールズ　Olds, J.　82, 149
岡野憲一郎　24
オストウ　Ostow, M.　14, 46, 47, 203
オドネル　O'Donnell, T.　119
小幡邦彦　147

カ 行

カーソン　Carson, A. J.　97
カートライト　Cartwright, R. D.　52
カーバー　Carver, C. S.　152
カーハート＝ハリス　Carhart-Harris, R. L.　129, 131, 219
カーメリ　Carmeli, Z.　60, 63
カールソン　Karlsson, G.　60
カーンバーグ　Kernberg, O.　22
カチョッポ　Cacioppo, J.　19
カナーン　Kanaan, R. A.　102
カヒル　Cahill, S. P.　119
カプラン　Kaplan, K.　7
カプラン＝ソームズ　Kaplan-Solms, K.　21, 168, 192
カメダ　Kameda, T.　156
カルフ　Kalff, D. M.　165
カレ　Carré, A.　153, 156
ガレーゼ　Gallese, V.　23, 205, 221
河合隼雄　199
川村光毅　147
カンデル　Kandel, E.　4, 6, 14 〜 16, 20, 22, 46, 61, 64
カント　Kant, I.　59
キールストロム　Kihlstrom, J. F.　213
岸本寛史　169, 172, 192, 194
北村英哉　145
ギルバートソン　Gilbertson, M. W.　122
クールヴィル　Courville, A. C.　135
久保田泰考　Kubota, Y.　44, 169
クライン　Kline, N. S.　203
グリーン　Green, A.　22
グリーンハル　Greenhalgh, T.　200
クリック　Crick, F.　37, 51, 60
クレイグ　Craig, B.　205, 211
クレイトマン　Kleitman, N.　7
クロニンジャー　Cloninger, C. R.　152
ゲイル　Geir, P.　153
ケーニッヒス　Koenigs, M.　138
コーエン　Cohen, L. M.　113
コーキン　Corkin, S.　169
コーシ＝カブレラ　Corsi-Cabrera, M.　44
コーネリアス　Cornelius, R. R.　145
ゴールドバーグ　Goldberg, L. R.　153

229

小山充道　*164, 192*

サ　行

サヴィッツ　Savitz, J.　*156*
サックス　Sacks, O.　*22, 175*
シェリン　Sherin, J. E.　*122*
霜山德爾　*163*
ジャクソン　Jackson, P.　*25*
シャクター　Schacter, D. L.　*22*
ジャスパー　Jasper, H.　*212*
シャルコー　Charcot, J. M.　*10, 98, 99*
ジュヴェ　Jouvet, M.　*7, 8*
シューモン　Shewmon, D.　*211*
シュワルツ　Schwartz, J.　*16*
ジョーンズ　Jones, E.　*110*
ジョーンズ　Jones, J. B.　*67*
シラー　Schiller, D.　*138*
ジンガー　Singer, W.　*23*
新宮一成　*72*
ストレイチー　Strachey, J.　*66*
スーン　Soon, C. S.　*102*
ストーン　Stone, J.　*97*
セイリング　Saling, M.　*57*
ゼルナー　Zellner, M. R.　*23, 66, 71, 72, 74, 81, 83〜85, 206, 215*
ソームズ　Solms, M.　*4〜7, 9〜17, 19, 21, 22, 28, 32, 34, 38〜46, 49, 50, 56〜63, 66〜68, 70〜72, 74〜76, 79, 81〜85, 90〜93, 143, 148, 149, 162, 168, 185, 192, 205, 206〜208, 210〜218, 222, 223, 225*
ソロモン　Solomon, A.　*23*

タ　行

ターンブル　Turnbull, O.　*11〜13, 19, 21, 22, 49, 56, 58, 59, 61, 62, 68, 143, 148, 162, 168, 192*
田中泉吏　*145*
ダマシオ　Damasio, A.　*22, 23, 87, 205, 211, 212*
ダマシオ　Damasio, H.　*211*
田村雲供　*109*
タリン　Tarin, J. J.　*113*
チャウイシュカン　Çalıṣkan, G.　*119*
ツツ大主教　Tutu, D. M.　*162*

デイヴィス　Davis, K.　*152, 153*
ディセティ　Decety, J.　*25*
テオ　Theo, A. C.　*24*
デネット　Dennett, D.　*60*
デルガド　Delgado, M. R.　*138*
トイチ　Toichi, M.　*127*
トラネル　Tranel, D.　*211*

ナ　行

成田慶一　Narita, K.　*143, 156, 169, 199*
ニューリン　Newlin, D. B.　*127*
ネイダー　Nader, K.　*138*
ネメロフ　Nemeroff, C. B.　*122*
ノーソフ　Northoff, G.　*23, 146*
ノフジンガー　Nofzinger, E. A.　*34*

ハ　行

ハーウィッツ　Hurwitz, B.　*200*
パーキン　Perkin, G. D.　*97*
ハースト　Hurst, L. C.　*96*
ハートマン　Hartmann, E.　*39*
バーン　Byrne, P.　*211*
バーントソン　Berntson, G.　*19*
パヴロフ　Pavlov, I. P.　*133*
バクヴィス　Bakvis, P.　*101*
パスカッチオ　Pascazio, L.　*153, 156*
パッペンハイム　Pappenheim, B.　*109, 112*
パフ　Pfaff, D. W.　*79*
バレット　Barrett, F. S.　*153, 156*
バレット　Barrett, L. F.　*145*
パンクセップ　Panksepp, J.　*19, 22, 23, 39, 68, 71, 72, 80, 81, 87, 88, 90, 91, 93, 94, 144〜146, 148, 151〜155, 185〜187, 205, 208, 212*
ビヴン　Biven, L.　*71, 81, 88, 144, 148, 185〜187*
ピットマン　Pitman, R. K.　*121*
平尾和之　Hirao, K.　*19, 143, 169, 192, 225*
廣瀬晴美　*192*
ピンゴルト　Pingault, J. B.　*153*
ファリネッリ　Farinelli, M.　*153*
フィードル　Freedle, L. R.　*184*
フィッシャー　Fisher, H. E.　*79*
フェダー　Feder, A.　*120*
フェルプス　Phelps, E. A.　*138*

人名索引

フォウクス　Foulkes, D.　*12*
フォトポーロー　Fotopoulou, A.　*23*
フォナギー　Fonagy, P.　*22, 23*
フォンゾ　Fonzo, G. A.　*130*
福田正治　*145*
藤本利明　*164*
プフェファー　Pfeffer, A.　*56*
ブラウン　Braun, A. R.　*13, 34, 40～42, 44, 49, 50*
ブラウン　Brown, V. W.　*130*
ブラス　Blass, R.　*60, 63*
フリードル　Freedle, L. R.　*184*
プリガターノ　Prigatano, G. P.　*164, 165, 185*
フリストン　Friston, K. J.　*49, 129, 131, 219, 220*
ブルーム　Bluhm, R. L.　*131*
ブロイアー　Breuer, E.　*96, 98, 110～113*
フロイト　Freud, S.　*6, 7, 9, 10, 14, 19, 28, 32, 34, 36～39, 41, 43, 45, 47～52, 57, ～59, 61, 66～70, 72～76, 79, 80, 83～94, 96, 98～101, 104, 110～112, 121～125, 128, 129, 131, 132, 134, 135, 139, 148, 149, 183, 205, 209, 210, 212～220, 222～225*
フロー　Flor, H.　*136*
ブローカ　Broca, P.　*10, 12*
ベイカー　Baker, D. G.　*118*
ヘイズ　Hayes, J. P.　*130*
ペイス=ショット　Pace-Schott, E. F.　*42*
ペトコヴァ　Petkova, A.　*221*
ベンツ　Bentz, D.　*119*
ペンフィールド　Penfield, W.　*212*
ボアグ　Boag, S.　*48*
ボウルビィ　Bowlby, J.　*93*
ボーシュ=ヤコブセン　Borch-Jacobsen, M.　*112*
ボートン　Bouton, M. E.　*138*
ホームズ　Holmse, D.　*211*
ホッパー　Hopper, J. W.　*126*
ホブソン　Hobson, J. A.　*8～14, 17, 28, 32, 34, 36, 38～44, 47～50*
ホワイト　White, C. S.　*152*
ホング　Hong, C. C.　*44*
ボンヌ　Bonne, O.　*131*
本間直樹　*72*

マ　行

マーカー　Merker, B.　*212*
マースキー　Merskey, H.　*96*
マイネルト　Meynert, T. H.　*50*
マグーン　Magoun, H.　*212*
マクリーン　MacLean, P. D.　*146, 147*
マケット　Maquet, P.　*34*
マジストレッティ　Magistretti, P.　*24*
松尾幸治　Matsuo, K.　*130*
マッカーリー　McCarley, R.　*8, 10, 12, 32*
マッセン　Madsen, P. C.　*34*
ミチソン　Mitchison, G.　*37, 51*
ミュラー　Mueller, D.　*119*
ミラッド　Milad, M. R.　*138*
ミルナー　Milner, P.　*82*
メイバーグ　Mayberg, H.　*23*
メイヤー　Mayou, R.　*96*
モーリー　Morey, R. A.　*130*
モルッツィ　Moruzzi, G.　*212*
モンタグ　Montag, C.　*153*

ヤ　行

山　愛美　*169*
山中康裕　*172, 194*
ユー　Yu, C. K.　*47, 153*
ユング　Jung, C. G.　*14, 41, 165, 166, 176, 185*
ヨヴェル　Yovell, Y.　*23*
吉村晋平　Yoshimura, S.　*147*

ラ　行

ライザー　Reiser, M.　*50～52*
ラカン　Lacan, J.　*113*
ラマチャンドラン　Ramachandran, V. S.　*22*
ラムス　Ramus, F.　*63*
ランク　Rank, O.　*124*
リベット　Libet, B.　*102～104, 222*
ルドゥー　LeDoux, J.　*22, 51, 211*
ルリア　Luria, A. R.　*13, 57, 61*
レイクル　Raichle, E. M.　*130*
レイニウス　Lanius, R. A.　*130*
ローウェ　Rowe, J. B.　*104*
ロスバウム　Rothbaum, B. O.　*120*
ロック　Rock, A.　*5, 6, 9, 10, 14, 17, 48*

231

事項索引

アルファベット

AIM モデル　*40, 50*
ANPS　*152, 153, 156*
BIS/BAS 尺度　*152*
CARE システム　*88, 92, 94, 144, 150, 185, 186*
DMN　*130, 131*
DSM　*96, 200*
DSM-Ⅲ　*120*
D-サイクロセリン　*120*
EMDR　*130, 139*
FEAR システム　*88, 92, 144, 150, 185*
fMRI　*129, 130, 136, 138*
GABA 作動性　*150*
GnRH　*114*
HDS-R　*181*
HPA　*118*
ICD　*200*
LUST システム　*88, 92, 144, 149, 185*
MRI　*193*
Narrative Based Medicine　*199*
NBM　*199*
NIRS　*130*
NMDA　*119*
OFC　*83*
PAG　*87, 212*
PANIC システム　*88, 92, 94, 144, 151, 185*
PET　*13, 40, 41*
PGO 波　*36*
PLAY システム　*88, 92, 144, 151, 185*
PTSD　*118～122, 125, 126, 130, 131, 133, 136～138*
RAGE システム　*88, 92, 144, 149, 185*
SEEKING システム　*81, 82, 88, 90, 91, 93, 144, 148, 149, 185*
SSRI　*107, 202*
TMN　*131*
VTA　*82, 87*
WAIS-R　*177*

ア 行

アーノルド・プフェッファー・センター　*16*
愛着　*150, 151*
　——欲求　*93*
悪魔つき　*99*
悪夢　*134*
アセチルコリン　*8, 36, 38, 40～42, 79*
　——作動性　*43*
遊び　*185*
アフェクティブ・ニューロサイエンス　*61, 68, 71, 72, 87, 93*
アフェクト　*110*
『アルプスの少女ハイジ』　*97*
アンナ・O　*96, 110, 111, 113, 115*
怒り　*88*
意識　*84, 205, 210, 213～218, 223*
　——の質　*208*
　——の状態　*208, 212, 217*
　——のレベル　*208*
　—— -前意識　*214*
意識的なイド　*205*
一次運動野　*101*
一次過程　*39, 41, 134, 215, 218～220*
一次情動　*185*
イド　*210, 214～218, 220～222, 224*
入れ子階層モデル　*146, 147*
うつ状態　*202*
運動性失語　*170, 193, 198*
運動前野　*101, 104, 106*
運動無視　*103*
運動野　*103, 104, 106, 207*
エージェンシー　*104*
『エクソシスト』　*99*
エス　*135*
エナンチオドロミア　*197*
エピジェネシス　*186*
エピソード記憶　*83, 202, 220*
エピソード的　*223*
エロス　*92*

エンドルフィン　*149*
エントロピー　*135*
オキシトシン　*149〜151*
　　——受容体　*150*
お話療法　*111*
オピオイド　*88, 185*
オフライン情報処理　*51*
オレキシン　*78*

カ 行

快　*84, 87, 88, 90, 91*
　　——の中枢　*149*
快-不快　*210, 216, 218, 224*
　　——原則　*208*
絵画　*164*
快感原則　*131, 134, 136*
『快感原則の彼岸』　*122, 134*
快原則　*215*
快原理　*39, 49, 74*
『快原理の彼岸』　*135*
外傷記憶　*133*
外傷的瞬間　*132*
外側膝状体　*36*
海馬　*40, 121, 122, 202*
回避　*120*
外来的身体　*206, 208〜210, 217, 221*
解離　*106, 107*
　　——タイプ　*130*
解離性障害　*107*
解離性同一性障害　*107*
過覚醒　*119, 120, 126*
学習　*85*
拡張視床網様賦活システム　*79, 207, 217*
学派　*62*
下前頭葉　*102*
活性化・入力源・修飾モデル　*36*
活性化統合モデル　*8, 32, 36, 40*
カテコラミン　*126*
悲しみ　*88*
感覚障害　*170*
感覚性失語　*182*
眼窩前頭皮質　*83, 87*
眼窩部　*41, 45*
眼窩野　*130*
感じ　*67, 71, 84, 201, 210, 213, 217, 224*

感情　*66, 67, 71, 208, 213, 224*
　　——失禁　*176*
感情神経科学　*61, 144*
　　——パーソナリティ尺度　*152*
感情的　*212*
　　——意識　*208, 218*
　　——なレベル　*222*
間脳　*151, 210*
完了行動　*78*
記憶　*201*
　　——の感情的組織化の原理　*51*
楔前部　*131*
基底核　*101, 103, 130*
機能的 MRI　*49*
基本感情　*80*
　　——システム　*148*
基本情動指令システム　*88*
基本的情動　*85, 91, 93, 208*
　　——システム　*94*
嗅結節　*82*
旧哺乳類脳　*146*
橋　*8, 11, 34, 38*
強化　*77, 78*
驚愕　*128, 129*
共感　*25*
強迫観念　*182*
強迫神経症　*107*
強迫性障害　*107*
恐怖　*128*
　　——-不安　*150*
局在論　*12*
近赤外光スペクトロスコピー　*130*
緊張タイプ　*130*
筋電義手　*105*
クララ　*97*
グルタミン酸　*119*
ケタミン　*120*
欠神発作　*211*
検閲　*48*
　　——説　*44*
幻覚的願望充足　*219*
顕在内容　*46*
顕在夢　*36*
現実原則　*214, 219, 220, 223*
現実原理　*39*

233

現実の真相　59
原始爬虫類脳　146
見当識障害　176
抗NMDA受容体脳炎　100
交感・副交感神経系　127
交差性失語　170
後帯状回　131
後頭葉　11, 36, 130
　　——外側　131
国際神経精神分析学会　20
心そのもの　59
心のイメージング　199
孤束核　207
語表象　220, 221
コリン作動性メカニズム　8
コルチゾール　118
コンシャス・イド　205

サ　行

再固定化　138
再-再表象的なレベル　222
再体験　120, 126〜128, 136, 202
再表象的なレベル　222
サイボーグ　105, 106
　　——化　108
錯語　176, 183
作話　3, 4
サプライズ　129, 132, 135, 219
自我　103, 131, 135, 136, 209, 210, 214〜217, 224
『自我とエス』　135
子宮の病　99
刺激-反応　104
　　——図式　74
刺激保護　122, 132
自己愛　92
視索前野　150
視床　102, 103, 151, 166
　　——核　103
　　——前核　151
　　——前部　87
視床下部　76, 78, 87, 148, 207, 210
　　——核　149
　　——-下垂体-副腎系　118
自然そのもの　59

持続暴露法　127
失語　193
　　——症　165, 176
『失語症の理解に向けて』　57
『失語論』　183
死と再生　166
シナプス　78
　　——可塑性　187
死の欲動　123, 134, 139
ジャーゴン　167, 176
自由意志　102, 103, 106
自由エネルギー　219
集合的無意識　176
主観的身体　208, 221
出生外傷　124
消去学習　136, 138
消去記憶の固定化　119
条件付け　108
　　——反応　119
状態的意識　218
象徴化　81
象徴的な遊び　186
情動　50, 67, 85, 110, 112, 164, 201
　　——シナリオ　85
小脳　101
自律神経系　127
自律神経システム　114
進化論的感情階層仮説　145
神経可塑性　187
神経症　107
神経心理学　3, 4, 6, 163
神経心理学的リハビリテーション　165
『神経心理学的リハビリテーションの原理』164
神経精神分析　20
『神経精神分析の臨床研究』　192
神経的相関物　69
心身の結合問題　208
身体言語　107, 112
身体交換実験　221
身体症状症　113
身体像　207
身体表現性障害　96, 107
心的現実性　121
心的固体　212, 218, 221

事項索引

心的装置　59, 69
新哺乳類脳　146
心理化　25
心理リハビリテーション　164
「心理療法とシングル・シナプス」　15
錐体路　101
水頭症　211
スタンダード・エディション　66, 67
ステロイド　149
ステロイドホルモン　114, 126
ストレイチー版　66, 67, 80
性愛的　92
『制止，症状，不安』　123
「精神医学の新たな知的枠組み」　16
精神分析　6, 9
性腺刺激ホルモン放出ホルモン　114
性的欲求　92
生の欲動　134
青斑核　8
「生物学と精神分析の未来」　16
セクシュアリティ　92
ゼロか一かの反応　78
セロトニン　8, 36, 37, 42, 43, 119, 201, 203
前交通動脈　3
潜在内容　47
潜在夢　36
前帯状回　87, 148
選択的セロトニン再取り込み阻害薬　202
前頭前野　89, 101, 136
　——内側　131
　——腹外・内側　130
　——腹内側　138
前頭葉　3, 24, 36, 165, 221
　——背外側部　40, 41, 43〜45
　——白質切断術　38
　——腹内側部　28, 39, 40, 45
　——腹内側部白質　34, 38
前脳基底核　40
前脳基底部　43
早期体験　85
想像妊娠　110, 112, 113
相反性相互作用モデル　8, 32
側坐核　82, 87, 148, 152
側頭葉　11, 83
存在　221

タ　行

退行　41
帯状回　130
対象認識　83
対象の置き換え　81
対象を持たない　81, 88, 90
体性感覚野　207
大脳基底核　102
大脳皮質　210
「他者」の欲望　114
多嚢胞性卵巣症候群　113
タルムード　41
探求システム　39, 40, 45, 81
談話療法　224
知覚　84
中隔野　149
中心灰白質　151
中脳　39
中脳橋被蓋　8
中脳水道周囲灰白質　77, 87, 208
中脳中心灰白質　149, 150
中脳皮質-中脳辺縁系　148
中脳皮質-辺縁ドパミン系　82
中脳辺縁系　82, 93
超自我　89, 135
追想象徴　125
追想像　124
手続き記憶　215, 220
デフォルト・モード・ネットワーク　130, 219
転移　25, 81, 108, 110〜113
転移性恋愛　108
てんかん　101
転換　107
　——症状　106〜108
転換性障害　97, 102
島　221
　——前部　87
　——皮質　211
動機づけ　164
統合失調症　38
糖質コルチコイド　118, 122
頭頂側頭後頭接合部　34, 38, 40, 43
頭頂葉　11, 130
等脳論　12

235

ドーパミン　39, 41, 42, 88, 119, 185, 201, 203
　　──仮説　43
　　──作動性　45
　　──作動性神経　82
　　──システム　93
　　──神経系　148
　　──媒介夢　41
トラウマ　107, 121～124, 127, 128, 197
　　──記憶　108, 130, 133, 134, 136
　　──の源泉　123, 129
トラウマ破綻ネットワーク　130
ドリーム・ディベート　32, 49

ナ　行

内因性オピオイド　151
内側前脳束　148
内的発話　25
内部モデル　105
内来的身体　206～208, 210, 217
二元論　5
二次過程　39, 41, 134, 215, 219, 220
二次的条件付け　136
二面的一元論　26, 52, 58, 69
認知行動療法　107
認知的ニューロサイエンス　61
認知的無意識　213, 215
脳幹　11, 36, 42, 44, 48, 79, 201
　　──橋　43
　　──上部　210, 212, 217, 218
脳血管障害　165
脳梗塞　167, 193
脳磁図　44
脳出血　166, 170, 176
『脳障害者の心理臨床』　164
脳卒中　191
『脳損傷のリハビリテーション』　164
『脳と心的世界』　192
脳の中の小人　209
ノーベル賞　16, 20
ノルアドレナリン　8, 36, 37, 42, 43, 79, 119, 201
ノンレム睡眠　8, 12, 38, 45

ハ　行

背側基底核　220

背側縫線核　8
バウムテスト　178, 193, 199
パヴロフ型条件付け　133
箱庭　167, 177, 199
　　──の感覚フィードバック・ループ　184
　　──療法　165, 166, 170, 187, 194
バソプレシン　149
パニック障害　107
パニック-不安　151
反省的意識　222
半側空間失認　176
半側空間無視　164, 170, 175
反復　108, 123, 133, 137
皮質　39, 220, 224
　　──-線条体-視床　81
　　──中心主義　211, 212, 217
　　──なしの意識　211
ヒスタミン　79
ヒステリー　85, 98, 102, 106, 107
　　──発作　86
『ヒステリー研究』　110
左前頭葉　193
　　──下部　10
左中大脳動脈　193
左半球損傷　176
左片麻痺　166, 170
描画　165
　　──療法　199
病態失認　103, 164, 168
不安　114, 124, 128
不安神経症　107
ファンタジー理論　121
フィッシャー版　66
風景構成法　199
不快　84, 86, 87, 91
腹側線条体　81, 82
腹側側頭後頭領域　40
腹側淡蒼球　87
腹側被蓋野　82, 148, 150
フロイトの亡霊　42, 50
ブローカ野　10
プロラクチン　114, 151
分界条床核　150, 151
ベイズ的機械　131, 135
ベルビュー　109

236

辺縁系　*39, 43*
扁桃体　*24, 36, 40, 43, 83, 87, 102, 103, 119, 130, 133, 138, 148, 150, 211*
　　──内側核　*149*
報酬　*77, 82, 83, 88*
　　──強化　*218, 220, 222*
　　──系　*148*
　　──システム　*81*
傍辺縁系皮質　*43*
傍腕核　*207*
母性剥奪　*15*
保続　*175, 176, 178*
補足運動野　*103*
ボディ・イメージ　*207*
本能　*67, 80*

マ　行

マイネルトの亡霊　*50*
右側半側無視　*176*
右頭頂葉　*170*
右同名半盲　*176*
右半球損傷　*170*
右半身麻痺　*193*
右片麻痺　*165, 167, 176*
ミラーニューロン　*24, 61, 221*
無意識　*84, 205, 210, 214, 223, 224*
無意識的身体心像　*172, 194*
無条件刺激　*133*
メタサイコロジー　*27, 57*
『モーゼと一神教』　*124*
目標　*82*
　　──を定めない槍投げ　*90*
モジュール的世界観　*145*
もの　*213, 214, 220, 222*
　　──的意識　*218*
　　──表象　*212, 218, 220, 221, 223*

ヤ　行

誘惑理論　*121*

夢　*32*
　　──の検閲説　*38, 39, 43*
夢見　*12*
　　──＝レム睡眠　*42, 45*
予期不安　*125, 128*
抑圧　*48, 73, 86, 124, 168, 215, 223*
　　──されたものの回帰　*223*
抑うつ状態　*114*
抑制　*86*
欲動　*51, 66, 67, 70, 73, 74, 80, 84, 104*
　　──の圧力　*79, 80*
　　──の源泉　*74, 90*
　　──の衝迫　*75, 78*
　　──の対象　*75, 80, 83*
　　──の目標　*75, 80, 81*
「欲動とその運命」　*104*
「欲動と欲動運命」　*72*
欲望　*113*
予測誤差　*214, 220, 223*
欲求　*84*
　　──行動　*78*
　　──システム　*91, 92*
読み出し理論　*71*

ラ　行

力動的局在化　*13, 57, 61*
リビドー　*92, 93, 149*
　　──的欲動　*94*
　　──的欲望　*93*
両側深部前頭葉　*11*
臨床解剖学的方法　*10, 57, 62*
レム睡眠　*7, 12, 32, 37, 38, 41, 45, 49, 50*
　　──＝夢見　*12, 17*
連想的　*223*

執筆者紹介

岸本寛史（きしもと のりふみ）【第1章，第4章，第5章，第11章】
  編著者紹介参照

平尾和之（ひらお かずゆき）【第2章，第3章，第10章】
  1999年　京都大学医学部卒業
  2008年　京都大学大学院医学研究科博士課程研究指導認定退学，博士（医学）
  現　在　京都文教大学臨床心理学部・大学院臨床心理学研究科准教授
  著訳書
　　ソームズ／ターンブル『脳と心的世界』（訳）星和書店，『臨床風景構成法』（分担執筆）誠信書房，ほか

久保田泰考（くぼた やすたか）【第6章，第7章】
  1994年　京都大学医学部卒業
  2002年　京都大学大学院医学研究科博士課程修了，博士（医学）
  現　在　滋賀大学保健管理センター准教授
  著訳書
　　『現代精神医学事典』弘文堂，『発達障害のある学生支援ケースブック』ジーアス教育新社（以上分担執筆），学術論文多数（https://www.researchgate.net/profile/Yasutaka_Kubota3/publications）

成田慶一（なりた けいいち）【第8章】
  2011年　大阪大学大学院人間科学研究科博士後期課程単位取得退学，博士（人間科学）
  現　在　京都大学医学部附属病院臨床研究総合センター特定研究員
  著訳書
　　『臨床風景構成法』（分担執筆）誠信書房，「脳梗塞を発症した中年男性への急性期病棟における心理援助」心理臨床学研究 27巻3号，「『事例研究再考』のための世界観と研究デザイン」質的心理学研究 13巻，ほか

秋本倫子（あきもと みちこ）【第9章】
  1983年　上智大学外国語学部フランス学科卒業
  1987年　上智大学大学院文学研究科教育学専攻心理コース博士課程前期修了
  現　在　東洋英和女学院大学人間科学部准教授
  著訳書
　　テイラーほか『アレキシサイミア』（訳）星和書店，『糖尿病患者への心理学的アプローチ』（共著）Gakken，『必携 臨床心理アセスメント』（分担執筆）金剛出版，ほか

編著者紹介

岸本寛史（きしもと　のりふみ）

1966 年　鳥取市に生まれる
1991 年　京都大学医学部卒業
2004 年　富山大学保健管理センター助教授
2007 年　京都大学医学部附属病院准教授
現　在　高槻赤十字病院緩和ケア診療科部長
著訳書
　『癌と心理療法』『緩和のこころ』『バウムテスト入門』『臨床バウム』（編）『臨床風景構成法』（共編）コッホ『バウムテスト［第 3 版］』（共訳）ブロンバーグ『関係するこころ』（共訳）以上　誠信書房，『緩和ケアという物語』『コッホの『バウムテスト第三版』を読む』（共著）以上　創元社，エディンガー『心の解剖学』（共訳）新曜社，ほか

ニューロサイコアナリシスへの招待（しょうたい）

2015 年 10 月 20 日　第 1 刷発行

編著者　岸　本　寛　史
発行者　柴　田　敏　樹
印刷者　西　澤　道　祐

発行所　株式会社　誠信書房
〒112-0012　東京都文京区大塚 3-20-6
電話　03（3946）5666
http://www.seishinshobo.co.jp/

ⓒ Norifumi Kishimoto et al., 2015　印刷所／あづま堂印刷　製本所／協栄製本
＜検印省略＞　落丁・乱丁本はお取り替えいたします
ISBN978-4-414-40098-4 C3011　　　Printed in Japan

JCOPY ＜(社)出版者著作権管理機構 委託出版物＞
本書の無断複写は著作権法上での例外を除き禁じられています。
複写される場合は，そのつど事前に，(社) 出版者著作権管理機構
（電話 03-3513-6969，FAX 03-3513-6979，e-mail: info@jcopy.or.jp）
の許諾を得てください。

臨床風景構成法
臨床と研究のための見方・入り方

岸本寛史・山 愛美 編

風景構成法が開発されてから四十数年を経て，従来の論考とは少し異なる角度から光を当てることで臨床研究に新たな視点を提供する。巻末には風景構成法に関する文献一覧を掲載。

主要目次
第Ⅰ部　風景構成法再考
　第１章　ストーリーとしての風景構成法
　第２章　風景構成法と時間 / 他
第Ⅱ部　風景構成法の臨床
　第４章　臨床場面における表現活動を考える
　第５章　声を失った女性が楽器と歌の奏でを取り戻すまで
　第６章　先天性相貌失認の心理臨床事例
　第７章　競技生活の滞りと「道」の描写
　第８章　アスリートの心理サポートと風景構成法 / 他
第Ⅲ部　風景構成法の深みへ
　第11章　風景構成法に身を入れる
　第12章　風景構成法の可能性を開く
　終　章　風画：ゴッホと広重 in Paris
付録──日本の風景構成法文献一覧

A5判上製　定価(本体3800円＋税)

臨床バウム
治療的媒体としてのバウムテスト

岸本寛史 編

バウムテストは，使い方によっては単なる心理テストを超えて，治療関係の醸成を促進し，新たなコミュニケーションの回路を開き，治療実践そのものを深めてくれる。本書では，そうした治療的実践論を皮切りに，臨床事例の実際，さらには新たな展開の可能性をも視野に入れ，幅広い観点から論じている。

主要目次
第１部　バウムテストのエッセンス
　①バウムの治療実践論（山中康裕）/ ②バウムテストの根っこを探る（山　愛美）/ ③バウムテスト研究の可能性（佐渡忠洋）
第２部　バウムテストの実践
　④面接前に描かれるバウムテストの意味（岡村宏美）/ ⑤手足のしびれを訴える女子大学生との面接過程（倉西　宏）/ ⑥クリニックにおける心理療法とバウムテスト（小野けい子）/ 他
第３部　バウムテストの展開
　⑪急性期病棟におけるバウムというコミュニケーション（成田慶一）/ ⑭バウムテストと洞窟壁画（岸本寛史）/ 他

A5判上製　定価(本体3200円＋税)